MUCHACHAS ORDINARIAS

MUCHACHAS ORDINARIAS

\|\|/\|\|/\|\|/\|\|/\|\|/\|\|/\|\|/\|\|/\|\|/\|\|/\|\|/\|\|/\|\|/\|\|/\|\|/\|\|/\|\|/\|\|/\|\|/\|\|/\|\|/

MEMORIAS

Jaquira Díaz

HarperCollins *Español*

Ésta es una obra de no ficción, pero también son mis memorias. He investigado la historia lo mejor que he podido, y en algunos casos consulté artículos de periódico y transcripciones y documentos jurídicos. He cambiado la mayoría de los nombres y detalles de mis amigos y parientes para proteger su privacidad. He narrado los eventos lo mejor que he podido. Así transcurrieron los hechos según mis recuerdos.

Para abuela, para mami, para Puerto Rico
y para todas mis nenas.

Vamos a arreglar el mundo y a vivir. Me refiero a vivir nuestras vidas de la forma en la que se supone que las vidas deben ser vividas. Con la garganta y los puños. Con rabia y deseo, alegría y dolor, y a amar hasta que duela, tal vez. Pero maldita sea, nena. Vive.

—SANDRA CISNEROS, «Bien pretty»

CONTENIDO

\|\/\|\/\|\/\|\/\|\/\|\/\|\

MUCHACHAS DE BARRIO

\|\|/\|/\|\|/\|\|/\|\|/\|\|/\|\|/\|\|/\|\|/\|\|/\|\|/\|\|/\|\|

Éramos las muchachas que se paseaban por la brea en los días eternos de verano; las que dribleaban entre los muchachos en la cancha. Éramos las muchachas que se montaban en el carrusel, riendo y riendo, dejando que el mundo girara mientras nos aferrábamos a él con todas nuestras fuerzas. Las muchachas que se mecían en los columpios, tirando las cabezas hacia atrás, con el pelo al viento. Éramos las boconas, las buscabullas, las bromistas. Éramos las pariseras, las que llegaban a la disco en shorts y en Jordans. Las que fumaban blunts en la playa. Éramos las locas a las que les encantaba la música y bailar. Negras, trigueñas, pobres y queer. Muchachas que se amaban.

Yo he sido una de ellas. He sido la muchacha montada en una guagua Greyhound, la muchacha homeless, en la fuga, durmiendo en los puestos de salvavidas, detrás de un restaurante en zancos, o en el banco de una estación de guaguas. La muchacha de barrio peleándose con los demás muchachos y sus hermanas mayores, e incluso con la policía, suspendida todos los años por pelear el primer día de clases, expulsada de la clase de Música por tirarle una silla al hijo de la maestra de Matemáticas; botada de dos guaguas escolares y de Preálgebra por robarse la libreta de calificaciones del maestro. La muchacha que dos policías estrellaron contra una patrulla, frente a toda la escuela, después de una garata con seis otras nenas.

También he sido otras muchachas: la muchacha delante de un juez; la muchacha sentada en el muelle la mañana después de un huracán, observando la bahía como si fuera el fin del mundo; la muchacha en el techo; la muchacha en la cornisa; la muchacha cayendo en picado por el aire. Y, años después, una mujer escribiendo cartas a una presa condenada a pena de muerte.

¿Y las muchachas con las que jangueaba? Estaba secretamente enamorada de la mitad de ellas. Eran muchachas de barrio que escapaban de sus propias vidas, intercambiando el caos de sus casas por el caos callejero. Una de ellas había abandonado su hogar después de ser agredida sexualmente por un pariente y vivía con su hermano gran parte del tiempo. Otra tuvo dos hijos antes del undécimo grado y decidió que estarían mejor sin el padre, un hombre de unos treinta años. Sólo una tenía lo que yo consideraba unos buenos padres: un papá que era dueño de un restaurante y que le pagaba las vacaciones en el extranjero, una mamá que planificaba cumpleaños y hacía la cena. Ellas fueron las muchachas que pelearon conmigo, las que fumaron conmigo y fueron arrestadas conmigo. Las muchachas que se colaron en las discos conmigo, las que aterrorizaron el barrio conmigo y se hicieron tatuajes carcelarios conmigo. Muchachas que me echaron una mano cuando estuve a la deriva y me compraron comida cuando estuve muerta de hambre; que se sentaron conmigo afuera de la sala de emergencias después de que a mi nene lo apuñalaran en una pelea callejera; que me abrazaron y lloraron conmigo en el funeral de mi abuela. Muchachas de barrio fuertes y vulnerables con las que aprendí del amor, la amistad y la esperanza.

A veces, en sueños, regreso a ellas y a estos lugares. Y todavía estamos allí todas, patinando en el malecón tablado, tendiendo nuestras toallas de playa sobre la arena bailando al son de «Work It» de Missy Elliott bajo la luna llena.

Ahora somos mujeres, aquellas de nosotras que seguimos vivas: las sobrevivientes. Por un tiempo, no estábamos seguras de si alguna lo lograría.

PRIMERA PARTE

Madre patria

Orígenes

Papi y yo esperábamos en la plaza de Ciales, frente a la iglesia católica Nuestra Señora del Rosario. Estaba callado y con expresión severa; su afro brillaba bajo el sol y su polo blanca estaba empapada en sudor. Papi era alto, musculoso y de espalda ancha. Se había criado boxeando y jugando al básquet y tenía un bigote grueso que se peinaba todas las mañanas frente al espejo del baño. Cegada por el sol, con la mano aferrada a su dedo anular, jalé el anillo de papi y me lo puse en el pulgar. Tenía seis años y estaba intranquila: era la primera vez que veía un cadáver.

El héroe de mi padre, el poeta y activista puertorriqueño Juan Antonio Corretjer, acababa de morir. La gente había venido de toda la isla y se había reunido fuera de la iglesia para escuchar su poesía mientras transportaban sus restos a San Juan. Mami y Anthony, mi hermano mayor, andaban perdidos entre la muchedumbre.

Durante el viaje de Humacao a Ciales escuchaba a papi contar la historia desde el asiento trasero: cómo Corretjer se había criado en una familia de independentistas, cómo había dedicado toda su vida a luchar por el pueblo, por la clase trabajadora y por un Puerto Rico libre. Cómo había sido amigo de Pedro Albizu Campos «El maestro», a quien mi padre adoraba, el líder del Partido Nacionalista de Puerto Rico, que había pasado más de veintiséis años en prisión por intentar derrocar al gobierno estadounidense. Cómo había pasado un año en La Princesa, la prisión donde Albizu Campos fue torturado con radiación. Luego de su excarcelación, Corretjer se convirtió en uno de los escritores y activistas más prominentes de Puerto Rico.

En el carro, mami había prendido un cigarrillo y bajado la ventanilla. Sus mechones cortos y rubios ondeaban con la brisa. Tomó una profunda calada y exhaló el humo; sus uñas rojas resplandecían. Mi madre fumaba como si todo el mundo la estuviera mirando: como si fuera Marilyn Monroe en una película vieja, o Michelle Pfeiffer en *Scarface*. Cada vez que salíamos de casa, mi madre se acicalaba desde la pedicura roja de los pies a la cabeza, con los ojos efusivamente maquillados con sombra y una gruesa capa de mascara, y el lipstick combinado con las uñas.

Mi madre fumaba, sin prestarle atención alguna a la historia de mi padre, y Anthony dormía a mi lado en el asiento de atrás del carro con la boca entreabierta. A mi hermano no le interesaban las historias, pero yo me desvivía por los cuentos de papi sobre la magia y el Robin Hood boricua; me imaginaba que era una de sus protagonistas, cabalgando un caballo negro en plena batalla, rebanando a los conquistadores por la mitad con mi machete afilado.

Mi padre fue quien me enseñó a amarrarme los cordones de los zapatos como orejas de conejo, a atrapar luciérnagas al anochecer, a comer ensalada de pulpo de los chinchorros al margen de las carreteras de Naguabo y Luquillo y a jugar al ajedrez. Me contaba historias de palmas que se inclinaban hacia el sol, de jíbaros, de sus tíos y su abuelo, que se levantaban antes del amanecer para cortar caña en los cañaverales. Historias de machetes, sudor y azúcar que precedían las carreteras pavimentadas, las tuberías caseras y el inglés. Historias de mujeres: Lucecita Benítez, una de las cantantes más famosas de Puerto Rico, que cantaba sobre la raza y la liberación; Lolita Lebrón, que peleó entre hombres, tomando las armas luego de la Masacre de Ponce; Yuíza, una cacica taína resucitada, levantándose de entre las cenizas, la arcilla y la sangre para vengar la muerte de su pueblo. Sus cuentos estaban hechos de historia y viento y poesía.

La procesión funeraria se acercaba: una caravana de carros liderada por un carro fúnebre blanco —cada uno llevaba la bandera puertorriqueña— desplazándose lentamente cuesta arriba hacia la plaza, cerca de la iglesia, donde ya estaban los arreglos de rosas, lirios y claveles. La multitud crecía: cientos de personas se acercaban a la plaza, algunas ondeaban banderas puertorriqueñas. Papi los observaba: nunca apartó la vista, incluso cuando tiré de su mano de un lado al otro o cuando tiré del dobladillo de su camisa, ni cuando recogí piedras y las lancé a las palomas en la plaza. Ni siquiera para secarse las lágrimas de los ojos. Quería preguntarle por sus lágrimas para recordarle lo que había oído decir a mami cuando Anthony, durante uno de sus tantrums, estampado contra las paredes de nuestro apartamento, luego por el piso: «Los hombres no lloran».

Papi y yo nos movimos entre el gentío, zigzagueando entre parejas, familias y estudiantes en uniforme, todos esperando su turno para pararse frente al ataúd abierto. Cuando al fin llegamos al frente, vi al hombre en el ataúd por primera vez: un hombre de unos setenta años, calvo, con parches de pelo blanco a los lados, pálido y con un bigote blanco. Intenté memorizar las líneas de expresión de la boca de Corretjer: el aspecto de su frente y el arco de sus cejas. Quería trazar con mis dedos las arrugas de su rostro inmóvil y encomendarlas a la memoria.

No sé cuánto tiempo estuvimos papi y yo frente al ataúd como en un trance, como si anticipáramos algún movimiento en el pecho de Corretjer, mi padre mudo con el sudor bajándole por el rostro. Pero yo estaba segura de una cosa: quería todo lo que mi padre quería, y si él amaba a este hombre, yo lo amaría también.

MESES DESPUÉS DE que naciera Alaina, con Anthony en segundo grado y mami trabajando en una fábrica en Las Piedras, yo pasaba los días en casa con papi. Abuela cuidaba de Alaina mientras mami trabajaba, así que tenía a papi sólo para mí. Se sentaba en la cama y me leía *Yerba Bruja* de Juan Antonio Corretjer, *Obras completas* de Hugo Margenat o *El mar y tú* de Julia de Burgos con una taza de café con leche en la mano. Mi padre, que había sido estudiante en la Universidad de Puerto Rico, había pasado sus años universitarios escribiendo poemas de protesta, estudiando literatura y las obras de independentistas y activistas.

Yo amaba los libros porque papi amaba los libros, y los suyos fueron los primeros que intenté leer. Era una nena tratando de aprender los secretos de mi padre: los misterios que él había encontrado en esas páginas y que lo mantenían tan lejos de mí durante largas horas todos los días. Imaginen mi decepción cuando descubrí que *El beso de la mujer araña* de Manuel Puig no incluía un superhéroe enmascarado que utilizaba sus poderes arácnidos para salvar a gente inocente de asaltantes y científicos locos. O que *La ciudad y los perros* de Mario Vargas Llosa no trataba de una sociedad compuesta enteramente por perros.

Me perdía en las historias de los libros de mi padre: niños a los que les brotan alas de águilas, un bebé nacido con rabo de cerdo, un hombre que pasó cien años en una prisión isleña lamentando la muerte de su amante y que jamás envejeció, y una mujer que cargó con una pistola a un edificio del gobierno y abrió fuego.

Una mañana, me desperté y encontré a papi en el cuarto que compartía con Anthony, sentado en mi escritorio, dándome la espalda. Sacaba billetes arrugados y doblados de una bolsa de basura negra, los desdoblaba y los amontonaba en pilas. Nuestro cuarto estaba apiñado con nuestras camas, la cuna de Alaina, la montaña de libros de papi en una esquina, el reguero de juguetes en el piso. Desde mi cama, debajo de una colcha náutica cosida por mi madre, observé cómo contaba, agrupaba y sujetaba el dinero con gomas elásticas hasta que el escritorio terminó repleto de dinero.

Hubo otra mañana, luego otra y después otra más. Aprendí a no hacer preguntas, a que no se me escapara que sabía acerca del dinero y de los escondites de papi: la tablilla superior del clóset, donde Anthony y yo no podíamos alcanzar, la pequeña maleta debajo de la cama de mis padres, y la caja de herramientas de papi.

Cada tarde, cuando mi madre llegaba de la fábrica, mi padre se iba a la placita del caserío. Cada tarde le suplicaba que me llevara con él, pero se negaba. Podía jugar afuera, pero la plaza no era un lugar para una nena, decía.

«¿Y por qué es que Anthony siempre puede ir?» le preguntaba a mami gritando y golpeando los puños contra el counter de la cocina. A Anthony nunca se le prohibió ir a ninguna parte, podía hacer lo que quería porque era varón.

Pero mami no soportaba nada de esa mierda. Me agarraba por el brazo y me enterraba las medias lunas de sus uñas en la piel y me callaba enseguida. Me dejaba sollozando, anhelando que algo me liberara del peso de ser nena.

UNA TARDE AFUERA de nuestro complejo de apartamentos, me quité las chancletas y corrí por la grama, descalza, buscando el moriviví. Esta pequeña planta con hojas que se cierran como pequeños puños cuando las tocas y que finge su propia muerte, reabriéndose cuando dejan de molestarla, crecía por todo el barrio. Me incliné a tocarla, deslizando el dedo sobre las hojas, hasta que mi amigo Eggy, que vivía a dos cuadras, apareció en su bicicleta.

—¿Quieres dar una vuelta? —me gritó desde la calle.

Eggy era mi mejor amigo y siempre andaba en la calle porque su mamá no se ocupaba de él ni de su hermano, Pito. Era trigueño, tenía una pizca de pecas en la nariz y en los cachetes, un afro siempre despeinado y una camiseta siempre muy pequeña o muy grande con agujeros al frente. Eggy era demasiado inteligente para su propio bien, siempre reconocía los asuntos de los demás: sabía qué fulano había chocado el carro contra la barbería, quién había besado a quién detrás de la escuela elemental o qué nenes habían pillado mirando por debajo de las faldas de las nenas en el patio de recreo.

Me volví a mirar nuestro edificio, nuestro balcón y las ventanas abiertas de nuestro apartamento. Mami me había dicho que me quedara donde ella pudiera verme, pero papi estaba en la plaza y me moría por saber qué hacía allí y por qué no nos dejaban ir a las nenas. Así que me monté en el manillar de la bicicleta de Eggy.

—¡No me dejes caer! —le dije.

Eggy pedaleó fuertemente, doblando a la izquierda hacia el edificio al otro lado de la calle, y luego por su edificio. Fuimos por la parte trasera: el viento me golpeaba la cabeza, los rizos revoloteándome por la cara. Me sujeté al manillar, mis pies descalzos al aire.

Cuando por fin llegamos a la plaza, que estaba rodeada de dos edificios de dos niveles y refugiada bajo la sombra de una ceiba y varios flamboyanes, me bajé de la bicicleta.

Al lado de uno de los edificios estaba tendida la ropa de unos niños. Un homeless dormía en un sofá descartado, tostándose bajo el sol. Cuatro maleantes, tres hombres y una mujer, jugaban al dominó sobre una mesa improvisada: una lata enorme de pintura, y cuatro cajones de leche que usaban como sillas. Papi estaba de pie entre sus amigos con cara de póquer. Los tecatos se acercaron a papi, le dijeron algo que no pude escuchar, le dieron dinero y luego desaparecieron entre los edificios.

—Sabes lo que están haciendo, ¿verdad? —preguntó Eggy.

—¿Qué están haciendo?

—Tu pai les está vendiendo perico.

Sabía lo que era el perico, como también sabía lo que era un tecato: Eggy me lo había explicado. Me contó que su madre había vendido todas sus prendas y el televisor para comprar perico. Habría vendido la comida de la nevera de haberla tenido.

Eggy se bajó de su bicicleta y se reclinó contra el edificio.

Busqué a mi hermano entre los hombres, sintiéndome traicionada, preguntándome cuánto sabía, y si éste era un secreto que él y papi compartían, algo más que me habían ocultado. Pero Anthony no estaba.

Con el rostro ardiendo y el labio superior sudado, me volteé y caminé de vuelta a casa.

—¿A dónde vas? —preguntó Eggy.

Seguí caminando, ignorando su pregunta. Caminé descalza sobre la grama, luego en la acera, de puntillas, tratando de no pisar los vidrios rotos mientras cruzaba la calle. Al acercarme a la fachada de mi edificio, encontré una de mis chancletas allí, justo donde la había dejado. La otra no estaba. Me incliné y pasé los dedos por los morivivíes. Cada uno de ellos se marchitó, hoja por hoja, muriendo sus muertes falsas. Y yo fingía que había estado allí todo este tiempo por si mami se asomaba por la ventana, salía al balcón y me preguntaba que dónde había estado.

Durante las noches cálidas en el caserío, me estiraba en la hamaca de nuestro balcón del primer piso y escuchaba la melodía de los coquíes mientras hacían eco por todo el barrio. Cada noche, y a todas horas, los amigos de papi venían a preguntar por él. Yo llamaba a mi padre cuando los veía acercarse, y observaba cómo se llevaba los billetes enrollados y les entregaba las bolsitas por encima de la barandilla. Algunos venían todos los días. Otros varias veces al día.

Me estaba meciendo en la hamaca cuando uno de ellos caminó hasta nuestro balcón: un hombre con una cicatriz curva y dentada en la cara que se extendía desde la comisura de los labios hasta el ojo.

—¿Tu padre está en la casa? —preguntó.

— No —dije, sabiendo que sí estaba.

Mentí sin titubear y sin saber por qué. Quizás pensé que estaba protegiendo a mi padre. Quizás presentí que algo de este hombre era peligroso.

—¿Quieres saber lo que tengo aquí? —preguntó el hombre mientras se acercaba. Echó un vistazo a la sala por la puerta—: Tengo algo para ti.

Me levanté de la hamaca y caminé hacia él, pensando que quizás me pasaría un par de billetes para dárselos a mi padre. Tenía muchas ganas de creerle. Pero justo cuando miré su pantalón, más allá de su cadera, se sacó el bicho.

No era como los que yo había visto antes: el de mi hermano, el de mi primito o el de Eggy, que vi cuando lo sacó para orinar sobre un sapo muerto. El de Eggy no había sido gran cosa. Había estado más interesada en el sapo: en su cadáver desgarrado y lleno de gusanos vivos. Aquellos otros habían sido pequeños y arrugados. Pero éste era otra cosa. Era el bicho de un hombre: hinchado, grueso y venoso. Horroroso.

Primero pensé que había sido un error: que quiso sacar otra cosa de su bolsillo, o que algo se había caído. Pero luego vi la sonrisa en su rostro y las esquinas de su cicatriz en forma de hoz. Di un brinco hacia atrás.

—¡Papi! —grité con todas mis fuerzas. El hombre arrancó a correr por al lado de nuestro edificio en dirección a los cañaverales detrás del caserío.

Papi salió al balcón, descalzo y rascándose los ojos del sueño. Pero ¿cómo podría explicarle lo que acababa de pasar? Mi madre me había enseñado que el cuerpo de las nenas era especial, que debía mantener distancia de los hombres, en quienes no se debía confiar, y que no podía dejar que los nenes miraran mis partes privadas ni yo dejar que ellos me enseñaran las de ellos. ¿Cómo podía explicarle lo que ese hombre me había hecho sin admitir que se lo había dejado hacer por tonta? Años después recordaría

ese momento, cómo pensé que había sido mi culpa. Cómo, avergonzada, lo consideré un secreto que debía ocultar.

Allí parada, con el corazón queriéndose salir de mi pecho,
no dije nada cuando mi padre se acercó deprisa, extendiendo sus
brazos alrededor de mí y me preguntó:

—¿Qué pasó? —Me toqué la barriga, preparada para que
brotaran las lágrimas, mientras papi me preguntaba una y otra
vez—: ¿Qué pasó?, ¿Dónde te duele?

Pero no dije nada, sólo lloré y lloré, muriendo como el moriviví en sus brazos.

Yo ADORABA A mi padre. Era el centro de mi universo y añoraba,
más que nada, ser el centro del suyo. Todo ese año, tuve a papi
casi para mí sola la mayor parte del día. Pero cuando no, al menos
tenía sus libros.

De los libros de mi padre aprendí sobre el genocidio de los
taínos, del nombre taíno de la isla, «Borikén», que luego pasó a
llamarse «Borinquen» y, luego, «Puerto Rico». Sobre los africanos
que fueron traídos por el comercio atlántico de esclavos, incluyendo parte de nuestra familia negra, aunque la mayoría del lado
de papi llegaron de Haití justo después de la Revolución Haitiana
y se asentaron en Naguabo. En los libros de mi padre, y en sus
propios cuentos, descubriría nuestra historia:

Ponce, 1937

LUEGO DEL PRIMER arresto de Pedro Albizu Campos en La Princesa, los miembros del Partido Nacionalista de Puerto Rico y
otros ciudadanos organizaron una marcha de protesta. Los puertorriqueños querían la independencia de los Estados Unidos y

de Blanton Winship, el gobernador nombrado por el gobierno estadounidense que no había sido elegido por el pueblo. Habían asegurado todos los permisos pertinentes, invitado una banda de marcha y se habían reunido con sus familias luego de la misa. Hombres, mujeres y niños se unían al desfile donde celebrarían el Domingo de Ramos con música y pencas de palma.

Cientos de personas marcharon mientras la banda tocaba «La Borinqueña». Cientos de policías abrieron fuego con sus Tommy Guns hacia la multitud de civiles desarmados. Bajo las órdenes de Winship, los policías rodearon a los manifestantes, dejándolos sin ruta de escape.

Algunos dicen que el tiroteo duró unos trece minutos. Otros insisten en que fueron quince.

Los policías asesinaron a diecinueve personas e hirieron a unas doscientas treinta y cinco, incluyendo una niña de siete años, un hombre que protegía a su hijo y un joven de dieciocho años que miraba por su ventana.

Los testigos dijeron que mientras los policías caminaban entre los muertos y los que agonizaban, los golpeaban con sus macanas. Hay evidencia de que a la mayoría de las víctimas que yacían muertas en la calle les habían disparado por la espalda al huir de las balas.

Aunque la investigación liderada por la Comisión de Derechos Civiles de los Estados Unidos determinó que el gobernador Winship había ordenado la masacre, ninguno de los asesinos fue condenado, ni siquiera juzgado*.

A la larga, aprendería que ésta era nuestra historia. Veníamos de revueltas en contra del régimen colonial, de la esclavitud, de

---

* Denis, N. A. (2015). *Guerra contra todos los puertorriqueños: Revolución y terror en la colonia americana*. Nueva York: Bold Type Books.

las masacres y del olvido. Cargábamos con historias de resistencia y de protesta a nuestras espaldas.

TAMBIÉN APRENDERÍA QUE mi padre, aunque pasó sus días vendiendo perico, imaginaba otro tipo de vida. Durante todo ese tiempo perdido en sus libros, todas esas noches escribiendo poesía y pintando, y mientras escondía cada dólar, papi soñaba con otro lugar donde sus hijos pudieran jugar afuera y no tuviera que vender drogas nunca más. Un día me contaría todos sus secretos, todas las historias que no eran para niños: la otra mujer que amó, el bebé que murió antes de que yo naciera, sus días en el ejército. Y yo lo anotaría todo, determinada a recordar.

Prohibido olvidar.

El caserío

Y aquí es donde empiezo. Vengo de la pobreza, del caserío Padre Rivera, de un proyecto de vivienda pública, y hay historias de aquí que jamás quiero olvidar.

En el caserío, Anthony y yo pasábamos los días de verano jugando afuera. Era un mundo de hombres, de violencia, un lugar que no solía ser seguro para mujeres ni nenas. Había tiroteos en las calles y teenagers de catorce años portando armas mientras corrían sus bicicletas hacia la tienda de dulces fuera del complejo. Una vez vimos cómo apuñalaban a un hombre frente a nuestro edificio, y vimos a los policías, a quienes llamábamos «los camarones», entrar y allanar los apartamentos buscando drogas y armas. Los desconocidos no eran bienvenidos. Los desconocidos eran problemáticos.

Éramos pobres, como todos los que vivían allí, pero no conocíamos nada mejor. A veces el caserío era como el Viejo Oeste, pero lo que no sabías, a menos que vivieras allí, era que la mayoría de la gente sólo intentaba criar a sus hijos en paz, como en cualquier otro lugar. Los vecinos echaban un ojo a todos los nenes, les daban de comer, los llevaban a la escuela y hacían trick-or-treat en Halloween. Por todo el barrio la gente contaba cuentos. El caserío fue donde aprendí del peligro, de la violencia y de la muerte, pero también donde aprendí a vivir en comunidad.

El caserío estaba compuesto de edificios de dos pisos construidos de bloques de cemento, cada uno con cuatro apartamentos en el primer piso y otros cuatro en el segundo. Cada apartamento tenía dos balcones, uno mirando hacia al frente, el otro hacia la parte trasera. Algunos edificios, como el nuestro, daban a la calle, pero algunos tenían vistas a la plaza, a la cancha o a la escuela elemental del final de la calle principal.

A veces jugábamos a pillo y policía, pero Anthony y sus amigos no querían compartir con las nenas: tenía que suplicar para que me dejaran jugar. Yo siempre era el pillo, la que era baleada por los policías. Como ellos eran nenes, podían cargar armas y tirotear. Las nenas no podían tener armas, ni cuchillos, ni pistolas, ni machetes, así que: ¿cómo se suponía que iba a robar un banco? Aun así, no mostraban ninguna piedad y disparaban seis y siete veces. Tenía que tirarme en la acera y hacerme la muerta.

Casi todos los días corría libre por el caserío, muriéndome por janguear con los nenes, o con mi hermano cuando estaba, para ser el nene que creía que mi padre quería. Pero mi hermano no se parecía en nada a mí. Yo estaba bronceada tras pasar días enteros bajo el sol, y era un desastre absoluto. Pasaba horas trepándome en las ramas de los flamboyanes, corriendo bicicleta con Eggy, descalza, chapoteando en los charcos, atrapando lagartijos, metiendo las manos en el fango, sacando gusanos. A veces jugaba al básquet. Si no había nenes alrededor, brincaba la doble cuica con las trillizas que vivían en el edificio contiguo y cantábamos nuestra versión en español de «Rockin' Robin» de los Jackson Five.

Mi hermano era el favorito: nunca se metía en problemas por empujarme, por pegarme en la cabeza o hacerme tropezar al caminar. Al final, aprendí a defenderme, a adelantarme y a pegarle de vuelta. Anthony era gordito, tenía los ojos turquesa intenso como mi madre, y era rubio de piel clara. No trepaba árboles ni corría por las calles inundadas durante las tormentas, ni se colgaba boca abajo en los pasamanos: ésa era yo. Mi hermano se quedaba en la casa la gran parte del tiempo, viendo televisión o dibujando. Podía dibujar cualquier cosa en menos de un minuto. Con lápiz y papel, te miraba una sola vez y te convertía en una caricatura. Dibujaba ciudades y mundos submarinos y el Millennium Falcon. Dibujaba a nuestra familia: a mami con su barriga de embarazada, a papi con sus guantes de boxeo y sus high-tops, a abuela meneando la olla gigante de sancocho, y a mí con una nariz de tucán, dos cuernos de diablo y una cola puntiaguda. Yo era igual que papi, con la misma nariz ancha, ojos oscuros, rizos ensortijados y la piel que se doraba fácilmente tras un poco de sol. Era la salvaje, siempre corriendo, siempre sucia, siempre sudada, marimacha. Anthony tenía los ojos verdes-azulados, era blanquito y dorado. Yo era marrón, marrón, marrón como la tierra. Pero, aunque tuviéramos una madre blanca, abuela nos recordaba que veníamos de una familia negra, y que todos sus nietos eran negros, sin importar cuán blancos le pareciéramos al mundo. Incluso Anthony, con su pelo dorado y sus ojos claros.

UNA TARDE, ANTHONY y yo nos encontramos con otros nenes fuera de nuestro edificio: con Pito, Eggy y otros niños. Pito, el mayor de todos los nenes del caserío, era el que mandaba. Estaba en sexto grado, pero era de menor estatura que el resto de los nenes, tenía un afro corto y la cara llena de pecas. Eggy era más alto, menos pecoso y menos mandón.

—Más les vale que estén preparados para la guerra —dijo Pito. Tiraba una piedra de una mano a la otra.

Pito decidió que todos íbamos a ser taínos y que era nuestro deber defender a nuestra isla de los españoles que venían a matar y a esclavizarnos. Si Pito trepaba un árbol, nos trepábamos también. Si decía que entráramos sin permiso en el apartamento de alguien, lo hacíamos. Así que, cuando dijo que íbamos a declararle la guerra al viejo Wiso, recorrimos el caserío buscando rocas y piedras para usar como balas y granadas: las suficientes para vencer a un ejército completo.

El viejo Wiso se pasaba el día sentado en su balcón en el segundo piso, observando el barrio. Estaba sentado tranquilamente cuando corrimos nuestras bicicletas hasta la entrada de su edificio y Pito empezó una pequeña fogata para que cocináramos jamonilla Spam como lo hacían los soldados de antaño.

Frente al edificio de Wiso estaba el árbol más alto del caserío: una ceiba con un tronco más grueso que mi torso. Todo el mundo decía que el viejo Wiso estaba loco, que los nenes debían dejarlo quieto y no meterse con él. Pero Pito decía que Wiso había matado a miles de taínos en Vietnam, que eso fue lo que lo volvió loco, y que ahora se lo íbamos a hacer pagar.

Pito se llenó los bolsillos de rocas, piedrecillas y de piezas de vidrios rotos. Algunos de los nenes no tenían bolsillos, así que llenaron los bolsillos de mi mameluco con sus municiones, aunque yo tenía prohibido tirar piedras. (Según Pito y Anthony, todos sabían que las nenas no podían tirar piedras). Cuando Pito dio la orden, marchamos por las aceras agrietadas y estrechas, cortando por la grama y los morivivíes hasta llegar al edificio del viejo Wiso al otro lado del caserío. Él estaba justo donde lo esperábamos: sentado en su balcón, abanicándose con su gorra desgastada y gris de repartidor de periódico.

Pito tiró la primera piedra y cayó en medio del patio frente al edificio. Wiso ni se movió.

—¡Ataquen! —ordenó Pito con el puño en alto.

Entonces, todos a la vez, los nenes empezaron a tirar piedras, arrojándolas contra los tiestos y la bicicleta oxidada que Wiso guardaba en el balcón, algunas aterrizando en el patio o golpeando las ventanas de los vecinos. Anthony, Eggy y Pito metían las manos en mis bolsillos para recoger sus piedras y tirar una detrás de otra.

—¡Levántate! —gritó Pito—: ¡Baja y pelea!

Pero Wiso siguió inmóvil.

Saqué una piedra de uno de mis bolsillos, me preparé para arrojarla, pero Anthony me la arrebató sin decir palabra, como si se la estuviese dando a él. Vi cómo la tiraba mientras yo fruncía el ceño bajo el sol. Se mordió el labio inferior, algo que hacía cuando intentaba concentrarse, y la arrojó sobre la grama, su melena rubia alzándose por el viento.

Cuando nos quedamos sin municiones, Pito inspeccionó la grama en búsqueda de más piedras y me rebuscó todos los bolsillos. Buscó en la tierra debajo de la ceiba hasta que encontró exactamente lo que estaba buscando: una botella de cerveza vacía. La agarró, midió la distancia entre el balcón y su brazo en alto y, sin decir nada, la arrojó con todas sus fuerzas.

Cayó justo en medio del balcón y se rompió en mil pedazos; el vidrio estalló como metralla.

Lentamente, Wiso se levantó de su silla. Dejó caer su gorro y entró a su apartamento. Nosotros observábamos, ojiabiertos y nerviosos, esperando a que saliera, quizás con una olla de agua caliente para espantarnos, como hacían algunas viejas cuando peleaban con sus maridos, con el cartero o con los vecinos.

Pero de repente, y sin aviso, Pito salió corriendo, empujando a los nenes en el camino, arrancando en la misma dirección de donde habíamos venido. Eggy me agarró por el brazo y me jaló con fuerza. Y ahí fue que lo vi: el viejo Wiso atravesando el patio, dirigiéndose hacia nosotros, con machete en mano.

Corrimos como el diablo. La mayoría de los nenes se separaron, corriendo a sus respectivos apartamentos. Eggy, Anthony y yo seguimos a Pito, que se dirigía a casa de abuela. Era nuestra base, la casa de abuela, donde íbamos a almorzar y a merendar, donde nos refugiábamos cuando nos metíamos en problemas, cuando nos escondíamos de nuestros padres o de nuestros panas, cuando los camarones venían en redada o a llevarse a alguien.

Yo corté por los mismos parches de grama y morivivíes, todos los nenes gritando: «¡Por aquí!», «¡Rápido!», «¡Salte del medio!».

Seguí a Pito. Quizás porque era el mayor y pensé que tenía un plan. Quizás pensé que no dejaría que Wiso me cortara la cabeza. Después de todo, él era bravo. El jefe.

UNAS SEMANAS DESPUÉS, luego de que todos se enteraran de cómo Wiso nos había seguido con un machete, lo encontraron hecho pedazos. Con sus miembros, torso y cabeza lacerados. Habían dejado su cuerpo dentro de un saco en un contenedor a varias cuadras de nuestro edificio. La gente decía que llevaba muerto una semana. Eggy fue el que me lo contó, con sus ojos brillantes y abiertos de la emoción, como si estuviera contando el final de *Star Wars* o *Jaws*.

Había quienes decían que Wiso le debía dinero a alguien, a unos bichotes del caserío. Otros decían que era sólo un viejo loco y que de seguro siguió con el machete al tecato equivocado. Algunos sospechaban de su esposa.

La gente iba por el caserío contando las historias del viejo Wiso, queriendo estar conectados con él en muerte ya que no podían conectar con él en vida: «Él me pegó un manguerazo cuando salí de mi edificio» o «Yo lo conocía antes de que se fuera a Vietnam». Incluso nosotros los muchachos: «¡Casi nos corta las cabezas!».

Con el tiempo, volveríamos a treparnos en los flamboyanes y a jugar en la calle. Nos olvidamos de Wiso, del machete y de su filo brillando bajo el sol. Nos olvidamos de las historias de Vietnam. Nuestros padres nos dejaron ser libres, correr al garete, sin imaginar un futuro en el que los muchachos del caserío ya no se apuntarían con pistolas de juguete, sino con las de verdad, y que los nenes ya no serían nenes.

Pasarían décadas antes de que realmente pensara en cuánta violencia permeaban nuestros juegos infantiles, y cómo habíamos sido nosotros quienes habíamos llevado a Wiso a atacarnos; lo acosamos y cogimos de punto hasta que agarró el machete y salió de su casa decidido a despedazarnos. O pensar en cómo vivía en ese apartamento con su esposa, pasando los días viendo la ceiba, viendo las hojas caer y a las gallinas huesudas del patio del vecino pavoneándose con sus pollitos. O en quién era antes de que lo embarcaran para luchar en la guerra de otro, cómo quizás había sido la clase de hombre que retrocedía un paso hacia su apartamento en busca de un trozo de pan duro, para desmenuzarlo y lanzárselo por encima del balcón a los pájaros. O en cómo la historia podría haber sido diferente: en alguna otra versión, la nena se queda atrás de todos los nenes. Corre lo más rápido que puede a casa de su abuela, pero se tropieza con sus chancletas en la acera. Se cae, o quizás no. Se levanta, o quizás nunca tiene la oportunidad de hacerlo. Los nenes corren, corren y corren, con el sol en sus caras, el aroma amargo de la caña quemándose en la distancia, hasta que por fin la puerta de entrada se abre de par en par.

En otra versión, no hay puerta de entrada. No hay nena. Sólo está Wiso, vivo.

La otra

La primera vez que mi madre vio a mi padre, supo que él era suyo. Ella estaba en la high. Él estaba en college. Ella mintió sobre su edad. Mi madre siempre había lucido mayor, y ya a los catorce abuela Mercy la dejaba a cargo de dos de sus hermanas, Xiomara, de doce, y Tanisha, de un año, mientras trabajaba.

Mi padre asegura que no conocía la edad verdadera de mi madre, que le había dicho que tenía dieciocho, y que sólo se llegó a enterar cuando Mercy los encontró en la cama. Mi madre dice que él en verdad no se enteró hasta que solicitaron la licencia de matrimonio una semana después, cuando finalmente vio su fecha de nacimiento.

Mi padre había sido activista universitario, había protestado contra la ocupación de la marina en Culebra y había escrito literatura y poesía acerca del colonialismo estadounidense en Puerto Rico. Mi madre —tan joven y desesperada por escapar de su madre abusiva, y tan enamorada de mi padre— habría hecho cualquier cosa por mantenerlo a su lado.

A veces, cuando escribo esta historia, visualizo a mi madre como la villana, engañando a mi padre, sabiendo exactamente a qué hora abuela Mercy llegaba a la casa después del trabajo, dejando la puerta del cuarto sin pestillo, obligando a mi padre a convertirse en esposo y en padre, cuando lo único que él quería era leer libros, escribir poemas y salvar al mundo. Pienso en la posibilidad de que quizás no estaría aquí si abuela Mercy no lo hubiese amenazado con mandarlo a la cárcel.

A veces, mi padre es el villano. El universitario inteligente que fingía no conocer la edad de mi madre mientras se metía en su cama. El que decidió ignorar el uniforme escolar que estaba meticulosamente doblado sobre la silla en una esquina de su cuarto.

Ahora son personas diferentes: se divorciaron hace más de veinticinco años. Pero no importa cuánto hayan cambiado, la verdad siempre será que mi madre amó a mi padre con obsesión y violencia, incluso años después del divorcio. Mi padre era un mujeriego, un hombre distante y ausente. Y fue después de tres hijos, después de mudarse de Puerto Rico a Miami, después de once años de matrimonio, después de que mi padre se fuera por última vez, que ella empezó a oír voces y a esnifar perico y fumar crack. Pero cada vez que escribo y reescribo esta historia, constato que no fue sólo el amor intenso e incontenible por mi padre lo que la destruyó. También fue culpa de su propia madre, de abuela Mercy. Y de sus hijos: mi hermano mayor, mi hermana menor, y yo. Yo especialmente.

A LOS VEINTIDÓS años mi madre ya tenía tres hijos. Ya había sido madre por un tercio de su vida. Era el año 1985. Eran los días de Menudo y de «We Are the World»; el año en que el Macho Camacho dio una conferencia de prensa con un taparrabos de piel de leopardo, y en el que «Like a Virgin» de Madonna sonaba en todas las estaciones de radio de los Estados Unidos. Un mes después, el transbordador espacial Challenger explotaría mientras todo el país miraba la televisión, salones llenos de niños, todos ansiando ser testigos de la primera maestra enviada al espacio.

En aquellos días, mami se pintaba el pelo rubio como Madonna, se delineaba los ojos verdes con eyeliner azul, se ponía varias capas de mascara negra y lipstick rojo manzana con las uñas del mismo color. Se ponía los mahones apretados y siempre, no importaba a dónde fuera, tacones altos. Se empolvaba el pecho con talco después del baño, se ponía crema en los brazos y piernas, y se perfumaba el cuerpo y el pelo. Mi madre amaba las cremas, los perfumes, el maquillaje, la ropa y los zapatos. Pero la verdad era que mi madre amaba y disfrutaba su cuerpo. Caminaba por nuestro apartamento desnuda. Estaba más acostumbrada a ver su cuerpo desnudo que el mío. «Debes amar tu cuerpo», me decía. «El cuerpo de una mujer es hermoso, no importa cuán grande, cuán pequeño, cuán viejo o preñado esté». Mi madre creía fielmente en esto, y me lo repetía una y otra vez. A medida que crecíamos, nos enseñó a mí y a Alaina sobre la masturbación, dándonos instrucciones detalladas sobre cómo llegar al orgasmo. Esto, decía, era perfectamente normal. Nada de qué avergonzarse.

Mientras mi padre sólo escuchaba salsa en discos de vinilo de Héctor Lavoe, Willie Colón e Ismael Rivera, mi madre era todo Madonna. Mi madre era puertorriqueña, pero también americana, le gustaba recordarnos, nacida en Nueva York, y le encantaba todo lo americano. Cantaba «Holiday» mientras se afeitaba las piernas en la bañera, mientras nos preparaba sándwiches de ensalada de huevo y papas fritas para el almuerzo. Nos hablaba de mudarnos a Miami Beach, donde vivían abuela Mercy y nuestras titis, de asegurarnos de aprender inglés.

Un Fin de Año, me obligó a ponerme un traje de rayas rojas y blancas con unos zapatos de charol blancos. Era espantoso. Parecía un dulce de menta. Me enrizó el pelo en bucles gruesos, y decía que quería que me pareciera a Shirley Temple. Yo no tenía ni idea de quién era Shirley Temple, pero esperaba que no me obligara a ser su amiga. No me interesaba ser amiga de nenas que llevaban trajes y zapatos incómodos.

Sabía que ésas eran cosas de nena y que se supone que deberían gustarme. Pero no me interesaban ni las cortinas de mi madre, ni sus tubos de lipstick, ni sus trajes, ni las muñecas que me enviaban abuela Mercy y titi Xiomara desde Miami. No quería un disfraz de Barbie para Halloween, como sugería mi madre. Quería ser una ninja, con nunchucks y una espada. Quería darles una paliza a cien mil hombres, como hacía Bruce Lee. Quería trepar árboles, cazar sapos y jugar con figuras de acción de *Star Wars*, pelear con espadas láser y construir modelos de naves espaciales. No estaba enchulada de Atreyu de *The NeverEnding Story*, como me decía mi hermano para molestarme. Yo quería ser Atreyu y montarme en el dragón de la suerte, Falkor. Cuando veía *Conan the Destroyer* quería ser fuerte y poderosa como Grace Jones. Zula, la mujer guerrera. Quería ser quien salvaba a la princesa, ser de quien se enamoraba ella al final.

(Años después pensaría en Zula durante ese primer beso, ¿aquella primera palpitación entre mis piernas? Sería con una muchacha mayor que yo, la hija de unos amigos de mis padres. Robábamos los cigarrillos de mi madre y nos íbamos a la parte de atrás del edificio a fumar. Ella exhalaba el humo en mi rostro, metía su lengua en mi boca y deslizaba su mano dentro de mis shorts. Sabía lo que tenía que hacer sin yo decirle: lo era todo, esta marimacha desinhibida que siempre obtenía todo lo que quería. Y cuán dispuesta estaba yo a dárselo).

NUESTRA VECINA NUEVA llegó en mitad de la noche, cargando cajas desde la pick-up de alguien hasta la sala, y luego despidiéndose con la mano mientras la pick-up se alejaba. Llegó en silencio, llenando el espacio vacío del apartamento contiguo, donde nadie había vivido desde que yo tenía memoria, y colgando sus tiestos en unos ganchos en el balcón. Llegó con casi nada, con aquellas matas, algunos muebles y con su hija Jesenia, que era un año mayor que yo. A la mañana siguiente, Eggy y yo estábamos afuera cazando lagartijos. Los agarrábamos hasta que se escapaban, dejando atrás sus colas convulsas entre nuestros dedos. Ella salió al balcón a regar las plantas con un vaso de plástico.

—Parece que tienes una vecina nueva —dijo Eggy.

«La vecina», como aprendimos a llamarla, no era en nada como mami. No usaba maquillaje y vestía una bata desgastada de flores y unas chancletas de cuero como mi abuela, con el pelo rizo amarrado a un moño bajito. Tenía arrugas marcadas en los ojos, aunque no se veía tan vieja como mi abuela. Cuando alzó la mirada hacia nosotros, sonrió.

—Hola —dijo—: ¿Dónde está tu mamá?

—Trabajando —respondí.

Se llevó la mano a la mejilla.

—¿Y ella te deja jugar sola afuera?

—Claro —dije.

Hablamos un rato: la vecina nos hizo preguntas sobre el barrio, las canchas de básquet, sobre a qué hora venía el hombre del grano los domingos por la mañana. Eggy y yo contestamos pregunta tras pregunta, sintiéndonos como rehenes, hasta que apareció mi padre.

—Buenas —dijo papi.

La vecina se presentó y papi se acercó y le dio la mano por encima de la baranda del balcón. Empezaron a conversar, ignorándonos a mí y a Eggy. Papi sonreía como nunca solía hacerlo. Mi padre siempre tenía una expresión severa en el rostro, una mirada que lo hacía ver enojado, incluso cuando estaba feliz. Siempre trataba de verse bien: planchaba sus polos, se acicalaba el bigote cada mañana y se ponía Lustrasilk Right On Curl en el pelo antes de peinarse el afro, aunque se quedara en la casa todo el fin de semana. La única ocasión en la que mi padre se vestía informal —con shorts, camisa sin mangas y sus Nike Air Force high-tops blancas— era cuando jugaba al básquet o cuando iba a la playa.

La vecina se rió de algo que él dijo, y mi padre se dio una palmada leve en el afro. Cuando vi la oportunidad, toqué a Eggy en el hombro y salimos corriendo a la cancha de básquet.

MI MADRE TRABAJABA turnos largos en la fábrica de objetos electrónicos en Las Piedras. A veces, cuando mami estaba en el trabajo y Anthony en la escuela, papi me llevaba a la casa de abuela a comer. Abuela vivía en el edificio de al lado, y mami usualmente dejaba a Alaina en su casa antes de su turno. La cocina de abuela siempre olía a carne frita y a café, su cuarto a una mezcla de jabón Maja, alcoholado y perfume Bal à Versailles. El otro cuarto pertenecía a mi tío David, que era sacerdote en una iglesia católica en la ciudad y sólo volvía a casa de vez en cuando.

En el apartamento de mi abuela, donde vivió antes de casarse con mami, papi se sentía en casa. Tenía un librero especial, y unos libros que yo tenía prohibido tocar: primeras ediciones firmadas en la primera tablilla e historias que no eran para niños en la segunda. Ese librero era su refugio, adonde a veces se iba cuando mami gritaba o tiraba platos desde el otro lado del cuarto. Se sentaba en la cocina de abuela, pasando las páginas, siempre con su café. Yo hacía lo mismo: tomaba un libro de la tablilla inferior, me sentaba en la mesa a tratar de descifrar qué palabras conocía, como si esto me transfiriera cierta magia; los secretos que sólo papi conocía.

Abuela siempre decía que era como la colita de papi: que cuando él entraba en un cuarto yo no andaba muy lejos. «Eres igualita a tu pai», decía sabiendo que me encantaba oír eso. Me contaba cuentos de papi de chiquito. «Cano» era el apodo de mi padre; se lo dio mi tío David cuando era un bebé. Cuando mi padre nació, tenía la tez clara con pelo muy claro y mi tío, que en ese momento tenía tres años, lo encontraba comiquísimo.

Cano, me decía abuela, se trepaba a los palos de guayaba para robarse las frutas y se escapaba de casa a correr por los cañaverales con los otros nenes de la calle. Siempre estaba metiéndose en líos: Cano se peleaba con el bully de la escuela para defender a mi tío, el nene callado y cristiano que no quería pelear. Cano, al que el subdirector le dio una tunda con la correa por pegarle a otro nene en la cabeza. Cano, que estuvo en el ejército por poco tiempo. Cano el bromista, el papichulo con una novia en cada pueblo, siempre buscabulla. Cano, que —antes de que ninguno de nosotros naciera— se había ido a Nueva York por unos años hasta que finalmente los problemas lo encontraron a él.

Cada vez que me encontraba con la vecina, quería conversar. Vivía sola con su hija, Jesenia, me dijo. Jesenia aún no iba a la escuela, pero empezaría en un par de días. Jesenia era tímida. A Jenesia le encantaba ver televisión. «¿Quieres ver una película con Jesenia? ¿Quieres brincar cuica con Jesenia?». Aún no había visto a Jesenia, pero ya estaba harta de ella.

Una mañana, mami estaba trabajando y papi dormía en el sofá. La vecina me vio saliendo del apartamento. Estaba barriendo los escalones cuando salí y me llamó mientras trataba de escabullirme.

—¡Jaqui, espera!

Recostó la escoba en la puerta y se sentó en el escalón, dejando un espacio para mí a su lado.

Exhalé dramáticamente y me dejé caer en el escalón.

—¿Pa dónde vas? —preguntó.

—Pa fuera.

—¿Tu hermano está en la escuela?

—Sí.

—¿Tu mamá está trabajando?

—Sí.

—¿A qué hora llega a casa?

—No sé.

—¿Ella llega a casa de noche?

Puse los ojos en blanco:

—Sí, llega a casa de noche.

—¿Tu papá está en casa?

—Está durmiendo.

—¿Él te cuida cuando tu mamá no está en casa?

Estudié su rostro, tratando de entender por qué preguntaba tanto sobre mis padres.

—Abuela nos cuida a veces.

—¿Quién te prepara la cena?

—Abuela —dije—. A veces papi.

—¿Qué te gusta comer?

—Mantecado.

Se rió.

—¿Y a tu papá?

Me encogí de hombros.

—A él le gusta el arroz con pollo, creo.

Al principio me sentía interrogada, pero mientras más pasaba el tiempo, más contenta me ponía por tener a un adulto que me escuchara hablar sobre mí misma. Así que le conté todo. Le conté acerca de los quioscos en la playa donde papi me llevaba a comer ensalada de pulpo. Le conté que Anthony casi se muere cuando nació y que estuvo en el hospital por dos meses cuando era niño y que necesitó la ayuda de máquinas para poder respirar. Le conté que Anthony y yo siempre estábamos peleando, que no podía ir a la plaza y que en ocasiones me había escapado. Escuchaba cada palabra, me escuchaba de verdad, incluso se rió cuando conté un chiste. Un día, no sé por qué, le conté del tecato que se me acercó al balcón y me enseñó el bicho.

—¿Lo conocías? —preguntó.

—No, pero lo había visto antes.

—¿Se lo dijiste a tu papá?

—No.

—Sabes —me dijo—, si necesitas hablar con alguien, puedes venir donde mí.

Me miró a los ojos y esperó.

—Okey —dije. Y le creí.

Anthony, Alaina y yo compartíamos un cuarto estrecho con el piso de concreto cubierto de linóleo, persianas de aluminio y telarañas en las paredes de bloques de hormigón. La cama de Anthony estaba contra una pared, la mía en el lado opuesto y la cuna de Alaina en el medio. El olor denso de algo quemándose en el aire inundaba el cuarto, flotaba desde los cañaverales y los molinos donde se hacía el azúcar y el guarapo de caña.

Me levanté empapada en sudor; Anthony todavía roncaba y Alaina estaba sentada llorando con sus rizos marrones pegados a su frente húmeda. «Soy Peregrino» de Pedro Conga sonaba desde el tocadiscos en la sala.

Podía oír a mami y a papi peleando en la cocina. Mi madre tiraba platos y cubiertos en el fregadero y preguntaba una y otra vez por la otra, por la puta asquerosa que lo había impregnado de su perfume. Por la mujer que había tomado el dinero por el que ella había trabajado, el dinero que ella traía a la casa para cuidar a sus hijos mientras mi padre jangueaba con sus panas en la plaza.

Mi padre negaba todo. No olía a nadie. Él no había pasado la noche con otra mujer. Él había salido con unos amigos y estaba demasiado borracho para guiar el carro de vuelta a la casa. Ella se imaginaba cosas. Ella se inventaba mierdas. ¿Cómo podía pensar que él podía hacer una cosa así? Era ridículo. Era una locura.

—¡Ni se te ocurra decirme loca! —gritó mi madre, y empezó a gritar como si de verdad lo estuviera; sus gritos amenazaban con agrietar las paredes de la casa.

Años después, escucharía a mi madre gritar así en otra de sus peleas. Ya vivíamos en Miami Beach. Anthony, Alaina y yo nos habíamos escondido en el cuarto mientras nuestros padres se tiraban las tazas de café y los ceniceros, arrancaban el teléfono de la pared y viraban la mesa del comedor. Mi padre estaba harto de mami, y de todos nosotros. La acusaba de inventarse cosas, la llamaba «tonta», «ridícula» y «loca». Y mi madre, antes de cumplir los treinta, ya estaba parada en el umbral de la esquizofrenia y la adicción y tenía tres hijos en guerra entre ellos y con ellos mismos; Anthony me golpeaba, la depresión ya una soga alrededor de mi cuello.

Un día la puerta de la vecina estaba abierta de par en par. Me vio llegando a casa de la cancha de básquet, sudada y sin aliento, con la cara caliente por el sol.

—¡Ey, Jaqui! —me llamó—, ¡entra y juega con Jesenia!

No sabía cómo decirle que no. Pensé que no le gustaría saber que Eggy y yo siempre evitábamos a Jesenia cuando la veíamos corriendo bicicleta afuera. Jesenia y sus trajes de Jesenia, uno de cada color del arcoíris, y sus medias dobladas a la altura de los tobillos. Jesenia con lazos en el pelo. Jesenia y sus moñitos estúpidos. Ella era todo lo que yo no era. Yo tenía una melena riza quemada por el sol que se paraba, y me gustaba así. Cada vez que mami me ponía lazos en el pelo terminaban en el piso, entre el sofá o en los tiestos de mi abuela.

Me llevó a la cocina, donde la única mesa que tenía era para niños con dos sillas rojas. Jesenia estaba sentada, con un plato de galletas chocolate chip y migajas en su traje violeta. Sus moñitos eran perfectos: cada uno amarrado en una trenza larga y con su respectivo lazo. La vecina sacó otra silla y un plato para mí.

—Jesenia, dile hola a Jaqui.

Jesenia ni me miró.

—Hola.

Asentí, tomé una galleta y, en vez de jugar con Jesenia, contesté más preguntas de la vecina.

—¿Dónde trabaja tu papá?

—Él va a la universidad —le dije, aunque no recordaba cuándo había sido la última vez que mi padre había tomado una clase.

—¿De verdad? ¿Y qué estudia?

—Libros —dije, lo que le dio risa.

Jesenia se levantó, movió su silla a un lado y salió de la cocina. La vecina me sirvió una taza de leche, la puso en la mesa y luego se limpió las manos con su traje.

—¿Y cómo es tu mamá?

La estudié por un minuto, no estaba segura de lo que me preguntaba.

La vecina no se parecía en nada a mami. Mi madre jamás se pondría un traje como el de mi abuela, nunca olería a plátano frito con aceite y nunca haría pregunta tras pregunta sin ir al grano. Mi madre era directa y no comía mierda. Iba sin rodeos. Llegábamos a un party y ya estaba bailando. Era bajita, pero no le tenía miedo a nada. Era una fumadora empedernida, una mal hablá y una mujer con carácter que guiaba un Mazda RX-7 estándar. Jamás salía sin maquillaje, y siempre con sus aretes grandes y tacones. Pequeña como era, mi madre se hacía la dueña de donde estuviera. Eclipsaba al sol con su confianza, tomaba el mundo por el cuello y no se rendía hasta conseguir lo que quería. Si alguien jodía con ella, ella estaba ready pa pelear: se quitaba los aretes y los tacones y se amarraba el pelo. Tenía curvas, un swing en las caderas y adonde quiera que iba tenía admiradores, hombres preguntándole por su nombre, número de teléfono y que exclamaban: «¡Mira, mami!». Pero no les hacía caso. Mi madre estaba completamente enamorada de mi padre. Su amor apasionado era como el de las novelas puertorriqueñas, el tipo de amor que te lleva a la locura. Y amaba a sus hijos, a nosotros tres, aún más. Y nunca dejó que lo olvidáramos.

La vecina esperó a que respondiera. Esta mujer, tan diferente a mi madre, no podía imaginarla con tacones rojos, traje de rejilla y bailando a lo Madonna frente al televisor.

—Es rubia —dije finalmente—, con ojos verdes como mi hermano. Y le gusta Madonna.

Jesenia volvió a la cocina y colocó un montón de muñecas sobre la mesa.

—¿Te gustan las Barbies? —me preguntó.

—Sí —respondí, aunque no era totalmente cierto.

Tenía Barbies, muñecas que mami me había regalado en mi cumpleaños o en Navidad o que heredaba de mis titis. Pero no me gustaban. Me recordaban a todo lo que no era: rubia, ojos azules. Siempre me hacían sentir fea, como la nena mulata que nunca se parecería a su madre blanca. Terminaban en el piso regadas por cualquier lugar con sus cabezas calvas. Con el tiempo, cuando aprendí sobre el sexo, empecé a posarlas estratégicamente: Barbie con Barbie mirándose, besándose, con los brazos arriba, una Barbie desnuda sobre otra Barbie desnuda.

—¿Le quieres llevar un plato de almuerzo a tu papá? —preguntó la vecina.

—Okey —respondí.

Me mandó a casa con un plato de arroz con pollo y habichuelas rojas. Era tan pesado que casi se me cae mientras entraba por la puerta, pero abuela me lo tomó de las manos.

Horas después, luego de que abuela se hubiera ido, Anthony veía televisión y Alaina estaba en su cuna cuando mami entró por la puerta, cansada del trabajo. Se sentó en la mesa de la cocina y se sobó los pies.

—¿Comiste? —preguntó—. Voy a prepararte algo.

—Ya comí —dije—. El arroz con pollo de la vecina.

—¿La vecina?

—Mandó un plato grande de comida para papi.

De repente, mi madre se levantó, golpeando la mesa con el puño. Cerró los ojos y se llevó las manos a la cara. Luego salió pisoteando de la cocina.

Mi padre, de nuevo, lo negó todo. Seguía a mi mamá mientras volvía a la cocina.

—Eso no es verdad, Jeannette —decía—. No sé de lo que está hablando.

Mi madre abrió la nevera, el freezer, el horno y la tapa del zafacón. Inspeccionó los platos en el fregadero, abrió y cerró todos los gabinetes: buscaba y buscaba. Se me acercó y me tomó por el brazo.

—Enséñame —ordenó—. ¿Dónde está?

Busqué el plato de la vecina por todas partes, abrí gabinetes y busqué en la nevera una y otra vez, pero no encontré nada.

—No sé —respondí mientras me bajaban las lágrimas.

—Te lo estoy diciendo —decía mi padre—, eso nunca pasó.

Yo miraba a mi padre, tratando de entender y tratando de mirarlo a los ojos. Pero no encontraba nada que me aclarara las cosas. Rompí a llorar.

Mami alternaba la mirada entre mi padre y yo. Finalmente se volteó hacia mí, inclinando la cabeza para que nuestros rostros se encontraran.

—¿Me estás mintiendo?

No podía pronunciar palabra. Mi madre estaba encabroná, allí parada, hiperventilando, la peste de cigarrillo en mi cara.

—Eso nunca pasó —papi reiteró.

Mi madre no se movió ni dijo nada. Estaba esperando a que confesara. Seguía llorando, mirando a papi esperando una respuesta. Él miraba a mi madre, sudando. Pero no me miraba a mí.

—Yo no sé de qué está hablando —dijo mi padre, mirándose los pies, el piso, la pared, la estufa, pero incapaz de mirarme a los ojos. Finalmente lo entendí.

Esa noche tomé las tijeras de coser de mami y le corté el pelo a cada una de mis Barbies que aún tenían pelo, y tiré los mechones por el inodoro. Cogí el libro favorito de mi padre, *Obras completas* de Hugo Margenat, y lo puse debajo del mattress. Mientras mis papás se gritaban y mi madre lanzaba el abanico de mesa y amenazaba con irse, yo posaba la cabeza en mi almohada y no sentía más que el filo de la traición de mi padre.

Nunca le devolví ese libro, ni le dejé saber que conocía su paradero, aunque papi preguntara si lo había visto, y a pesar de que lo veía buscando y buscando el libro en el librero en casa de abuela y en cada clóset de nuestro apartamento. Incluso de adulta con libros propios, y después de reconocer todas las formas en que soy exactamente como mi padre: un fugitivo que abandona relaciones, trabajos y hogares cuando las cosas se vuelven demasiado complicadas, o demasiado intensas, o demasiado algo; incluso cuando mirarlo fue como mirarme al espejo: su rostro era mi rostro, sus ojos eran mis ojos, su vida era un mapa de la mía. Mi padre, amado por tantas mujeres distintas, jamás las amó como ellas querían, ni siquiera a mi madre, y pasé toda mi vida tratando de ser exactamente como él, pasando de amante en amante, con alguien siempre tratando de alcanzarme, alguien siempre tratando de complacerme, y yo, queriéndolo todo, tomándolo todo, pero dando muy poco a cambio. Mi padre, guardián de secretos, contador de cuentos, de quien heredé el amor por las palabras, la música y las historias —y la necesidad de huir—, quien creó mundos para mí, quien me sentó a los dieciséis años, cuando pasaba día y noche en las calles de Miami Beach, bebiendo, consumiendo drogas y peleando, y me dijo: «Ésta no es la vida que quiero para ti». Lo miré a los ojos, tiré mi libreta, mi cepillo de dientes, una muda de ropa en mi mochila y despegué, lanzándome como un misil hacia la noche.

Días después, Eggy y yo caminamos de vuelta a casa de abuela, donde nos comimos media docena de mangos nosotros solos; nuestras caras y antebrazos empegostado del jugo y la pulpa. Nos encontramos a un gentío a las afueras de mi edificio. La mamá de

Eggy y sus hermanos, el tipo que vendía pinchos en la esquina del
portón principal, un montón de nenes de la calle, algunas viejas
que vivían a un par de edificios, todo el mundo revuelto, gritando
y empujándose los unos a los otros.

Vi a Pito y a Anthony y perdí de vista a Eggy mientras me
adentraba en la multitud para encontrarlos.

—¿Qué pasa? —pregunté.

Pito señaló hacia el medio del grupo. Tenía el rostro sudado y
rojizo. Le dio un codazo a uno de los nenes y me jaló por el brazo,
tratando de meternos a los dos por un pequeño hueco.

—¡Es tu mai! —exclamó.

Alguien me embistió directamente contra Pito. Casi me caí,
pero seguí moviéndome, haciendo maniobras entre la gente, gol-
peándolos con los hombros.

Anthony me empujó por la espalda, ordenándome por detrás
de la cabeza:

—¡Muévete!

—¡Estoy tratando! —le grité.

Cuando se hizo un espacio, Pito nos empujó hasta que llegamos
al frente y los vimos: papi tenía a mami en los brazos, tratando de
controlarla. Mami estaba pateando y abofeteándolo, intentando
escapar, con su pelo enredado y despeinado por el viento.

Nuestro vecino de arriba, un baloncestista que medía seis con
seis y que todos llamaban «Gigante», agarraba a la vecina. Su pelo
rizo se le salía del moño en mechones. La vecina tiraba los dos
brazos a ciegas, tratando de pegarle a quien estuviera a su alcance.

Mientras, papi trataba de cargar a mami hasta la puerta del
apartamento, pero ella se deslizó y escapó, y todos los nenes de
la calle enloquecieron. Pito, Anthony y Eggy gritaban: ¡Préndela!, ¡noquéala!, ¡préndela!. Era el mismo tipo de gritería que

escuchábamos en la sala durante las peleas de boxeo; mi padre, con sus panas abriendo Medallas frente el televisor, todos brincando cuando Macho Camacho empezaba a darle a José Luis Ramírez, gritando: ¡*Noquéalo!*, ¡*préndelo!*, ¡*préndelo!*.

Mi madre enredó sus manos en el pelo de la vecina, la sacó de los brazos de Gigante hasta arrastrarla al piso. Empezó a patearla. Mi padre tomó a mami de nuevo, la cargó por los aires; mi madre tenía la cara roja, y gritaba y escupía. La llevó adentro.

Gigante ayudó a la vecina a levantarse. Tenía tres rasguños largos y sangrientos en la nariz y en la boca, como marcas de garras.

Justo en ese momento, mientras la vecina se levantaba, mami irrumpió por la puerta de entrada con un cuchillo de carne en la mano. El gentío dio un paso atrás, haciendo más espacio entre ellos y mi madre, y todo pareció pasar en slow motion; Pito, Anthony y Eggy, todos, desaparecieron, hasta que sólo quedamos mi madre, el cuchillo y yo. Los tres haciendo eco a través de los años, yendo adelante en el tiempo. Y porque soy más hija de mi madre que de mi padre, sería éste el momento en el que pensaría cuando fuese una bandolera de catorce años y metiese cuchillas a los lados de mis Jordans, nudillos de latón, cerraduras Master y navajas en mi mochila; cuando tuviese quince años y me asaltaran cinco muchachas en una estación de guagua; cuando tuviese dieciséis y tratase de decidir qué hacer con un pana que me había traicionado; cuando tuviese diecisiete y pelease con mi hermano. Siempre volvería a este momento: a mi madre, a su cuchillo y a todo ese coraje, la vecina saliéndose del medio. Luego mi padre, la cara de mi padre, las manos de mi padre, la voz de mi padre, *Jeannette, suelta el cuchillo*, cómo tomó sus manos en las suyas, diciendo una y otra vez, *Suelta el cuchillo, suelta el cuchillo, suelta el cuchillo.*

Pero mi madre no lo soltaba. En vez de eso, papi levantó las manos de ella sobre su cabeza, tratando de zafarlo de sus dedos, y mami le mordió el hombro, lo pateó. Él se apoyó contra la puerta, poniendo su cuerpo sobre el de ella hasta que no pudo moverse, sometiéndola, y cuando finalmente pudo llevarse el cuchillo, uno de los testigos corrió a ayudarlo. Hicieron falta tres hombres para que mi mamá volviera a casa, pateando, abofeteando y gritando insultos, y para lograr meterla en nuestro apartamento.

Afuera, cuando el gentío se disipó —la vecina todavía se arreglaba el pelo, la ropa y cojeaba buscando sus chancletas—, vi a Jesenia. Ella también me vio a mí. De pie en la grama, lejos del perímetro de la muchedumbre, Jesenia llevaba uno de sus trajes, blanco con flores amarillas grandes, su pelo con la partidura en el medio y dos trenzas. Estaba parada allí, sola, su rostro lleno de lágrimas, nadie parecía hacerle caso: nadie se paró mientras caminaban a su apartamento o a las canchas de básquet, nadie le preguntó si estaba bien, si necesitaba ayuda ni nada. Me gustaría decir que cuando la vi y Jesenia me miró, con sus lazos amarillos en el pelo, tuvimos una epifanía. Que cuando nos miramos a los ojos, las dos entendimos que nos habíamos perdido, que teníamos suerte de habernos encontrado entre la multitud, y que las dos pensamos: *Esta nena realmente me ve. Esta nena entiende.*

La verdad es que sí tuvimos un momento, Jesenia y yo, mirándonos, reconociéndonos, y estaba claro: éramos iguales. Yo la odiaba y ella a mí. Porque éramos hijas de nuestras madres. Porque no podíamos darle rewind al tiempo, a los días en que nuestras madres eran nenas, ni darle fast forward a cuando finalmente pudimos librarnos de ellas. Porque en aquel momento no podíamos ver qué sería de ninguna de nosotras dos.

El hogar es un lugar

Hubo un tiempo, antes de la enfermedad de mi madre, antes de que mis papás se divorciaron, antes de dejar Puerto Rico para irnos a Miami Beach, en el que fuimos felices. Fue después de que naciera Alaina, después de que mami volviera a trabajar a la fábrica, antes de que yo empezara la escuela y me pusiera a leer. Pasaba largas horas estudiando detenidamente los libros, leyéndole a Alaina, que tenía tres años en ese momento. Le leía sobre tiburones y delfines y corales, historias de Cofresí, el pirata notorio, pero honorable, de Puerto Rico, mitificado por su merodeo, pero también por su sentido de la justicia.

Los fines de semana, o cuando no había clases, Anthony dormía en casa de abuela. Alaina y yo pasábamos los días en el cuarto de nuestros papás, sentadas en la cama, comiendo paletas y viendo *The Wizard of Oz* o *Alice in Wonderland*, o *The NeverEnding Story* o películas de Jacques Cousteau sobre mundos submarinos. Por la noche, me acostaba en mi propia cama y me imaginaba a mí misma en esas películas, escribiendo revisiones que incluyeran personajes como yo. Llenaba libretas con esas historias, pero en mis versiones la heroína siempre tenía ocho o nueve años y era una niña puertorriqueña de pelo rizo que viajaba a través del tiempo, volando en Falkor, el dragón de la suerte, explorando el fondo del mar e intentando encontrar el camino a casa.

Durante ese periodo feliz, papi no podía estarse quieto. Quería descubrir Puerto Rico, encontrar otro lugar para nosotros. Cuando mami salía del trabajo, nos montábamos en el Honda Civic viejo de papi y cogíamos carretera, con la radio a todo volumen, las ventanillas bajas, pasando las montañas verdes de la isla, las palmas, los helechos gigantes y la flor de maga hasta que llegábamos al océano.

Nuestra familia era de la costa este. Por parte de mami, de Humacao, y por parte de papi, de Naguabo. Vivíamos en Humacao, un pueblo costero. Había dos pequeñas islas deshabitadas en la costa de Humacao: Cayo Batata y Cayo Santiago, que algunos llamaban «Isla de los monos» porque había sido invadida por monos salvajes. Las personas tenían prohibido ir allí. Había oído historias sobre docenas de monos que corrían libremente por la playa y que habían atacado a un grupo de adolescentes que había llegado a la isla en un dinghy. Me imaginaba la Isla de los monos como el Bosque Encantado de *The Wizard of Oz*: una pequeña isla abarrotada de monos voladores, prueba de que había lugares en el mundo real que eran exactamente como en las películas, en los libros y en los cuentos. Pero por mucho que le rogara a papi que nos llevara a la Isla de los monos, siempre terminábamos yendo a una playa normal.

Paseamos por todo Puerto Rico durante esos meses: íbamos a ríos en Arecibo, a las cascadas del bosque tropical El Yunque, a la bahía bioluminiscente de Fajardo, a los restaurantes en la orilla del mar en Naguabo, a ríos y chorros por toda la isla. Así aprendí a nadar, a sumergirme de picado en el mar, a flotar de espaldas con los ojos cerrados, con el sol en la cara y los brazos extendidos.

Aprendí a amar la carretera, a sentirme inquieta cuando estaba detenida, a sentir siempre el empuje, el llamado del agua y del océano, como un faro.

EN ALGUNAS VERSIONES de la leyenda, el pirata Cofresí era sólo un pirata: un ladrón que navegaba por el Atlántico, muy adentro en el Caribe, con su tripulación de ladrones a bordo del Ana, robándoles a los ricos. Llegaba de noche, atracaba el Ana en el puerto cerca del Paseo de La Princesa en el Viejo San Juan, antes de descender al pueblo dormido.

En otras, Cofresí era hijo del mar, nacido y criado en la costa de Cabo Rojo, cerca de las salinas rojas del suroeste, donde dormía con las olas rompiendo en su ventana, el mar pulsando como la sangre de sus propias venas. Un héroe que repartía su botín, el oro, la seda y el ron con los pobres, alimentando a los hambrientos y dando dirección a los perdidos.

En mi versión, la pirata es una muchacha ordinaria, que tiene un pulpo tatuado en el hombro, un caballito de mar en el antebrazo y empuña un machete dorado. Es inteligente y fuerte, capitana de la Aurora, y caza buques fantasmas en la noche. Se imagina a sí misma como Jacques Cousteau, buceando entre morenas, erizos espinosos y anémonas marinas, viendo bancos de peces bailar bajo el agua. Ella está en busca de algo. De un lugar. Un lugar como un hogar.

TRES AÑOS DESPUÉS de que naciera Alaina, mi padre encontró un nuevo lugar para nosotros. Nos íbamos de las viviendas públicas, nos mudábamos del caserío a una casa. A una casa de verdad.

Nos mudamos a la nueva casa en Fajardo unas semanas más tarde, una casa grande y amarilla con cinco cuartos, una sala grande y muebles finos, un televisor nuevo de pantalla grande, un tocadiscos con la nueva colección de salsa de papi, un laundry que era más grande que el antiguo cuarto que compartía con Alaina y Anthony. No sólo teníamos una casa nueva: teníamos una vida totalmente nueva. La mamá de mami, Mercy, se mudó de Miami, y de la noche a la mañana vivía a diez minutos con nuestras titis. También teníamos ropa y zapatos nuevos, gomas nuevas y pintura para el RX-7 de mami, un Atari 2600 para Anthony y bicicletas nuevas para mí y para Alaina. Mami no tenía que trabajar más en la fábrica, y cada par de semanas papi llegaba con un carro nuevo: un BMW, una Ford pick-up y un El Camino nuevo de paquete.

Abuela tenía una casa nueva también. Papi había comprado un edificio en una de las cuadras de la plaza de Fajardo. La primera planta la convirtió en un liquor store con un almacén en la parte trasera. En la segunda le había construido un apartamento a mi abuela con dos cuartos, un balcón grande al frente, una terraza enorme en la parte de atrás, con vistas a la plaza. La casa de abuela —y la tienda de papi— estaban a dos cuadras de nuestra escuela nueva, así que después de caminar a casa pasaba todas las tardes con mi abuela, en la cocina, mientras ella cocinaba.

Abuela, que había criado sola a papi y a tío David, era la mujer más fuerte que conocía. Era una católica devota, y tenía dos retratos grandes colgados en la sala: uno de Jesucristo y otro de abuelo, que había muerto de una hemorragia cuando papi tenía tres años. Cuando mis padres se casaron, se mudaron al cuarto vacío del apartamento de abuela en el caserío hasta que pudieron conseguir su propio lugar. Fue abuela quien nos crió, quien nos cuidaba mientras mami trabajaba o papi operaba el liquor store.

Abuela era boricua sin pena, negra sin pena. Se apropiaba de la palabra «negra». En la casa de abuela, todos éramos negros, incluso si teníamos una madre blanca, aunque Alaina y yo fuéramos trigueñas, aunque mi hermano rubio parecía blanco. Nos llamaba «mi negrita» o «mi negrito», siempre con cariño. Rechazaba los estándares de belleza de la gente blanca, se rehusaba a alisarse el pelo o pasarse la peinilla caliente. Llevaba su afro, y cuando le crecía, se untaba TCB o Alberto VO5, se lo peinaba, lo torcía y se lo amarraba en cuatro moñitos.

Abuela era ingeniosa y creía en vivir modestamente. Tenía, quizás, nueve trajes, dos o tres pares de zapatos y nunca usaba pantalones. Nada se desperdiciaba en su casa. Confeccionaba sus propias cortinas, su propio sofrito y cocinaba todo desde cero. El pan viejo se guardaba para el budín. El arroz que sobraba se lo daba a las gallinas que tenía en la terraza afuera. Tenía un huerto en el balcón del frente con rosas, amapolas, plantas curanderas y hierbas para cocinar y hacer té. Se había criado en el campo de Naguabo, donde su propia madre le había enseñado a mantener la casa mientras su padre y cinco hermanos cortaban caña en los cañaverales. Todo el mundo trabajaba, y punto. En aquellos días, me decía, uno cultivaba su propia comida. ¿Tenías hambre? Te ibas a pescar. En Naguabo habían sido pobres, pero felices. Había ido a la escuela y con el tiempo se hizo enfermera, se casó y se mudó a Humacao para estar más cerca de su trabajo en el Ryder Memorial Hospital.

Abuela creía en tratar a la gente con bondad. Siempre nos hizo sentir queridos, incluso con su humor socarrón. Había sido enfermera por más de treinta años, e incluso después de retirarse visitaba a los ancianos en el barrio, cuidaba a los enfermos y les llevaba asopao de pollo. De vez en cuando, alguien tocaba a su puerta con fiebre, un sarpullido o una herida ensangrentada entre el pulgar y el dedo índice y abuela los cuidaba, empapaba a los nenes con alcoholado para acabar con la fiebre, hervía agua para el té de tilo y manzanilla y vendaba heridas. A cada persona que ponía un pie en su casa se le ofrecía un lugar donde sentarse, algo para comer o beber. Ella comía casi todas sus comidas de pie en la cocina. Siempre cuidaba de todos, y sólo se tomaba un descanso para beber su café, negro y sin azúcar —lo llamaba «café puya» —, fumaba en su balcón y veía sus novelas: *Cuna de lobos*, *Cadenas de amor* y *El extraño retorno de Diana Salazar*. Café, mentol y melodrama, esos eran sus únicos vicios.

Ella era fácil de querer. Nos quería a todos, pero Anthony era su favorito. Abuela era a la antigua: Anthony era el primer nieto y cuando él y yo peleábamos, que era a menudo, siempre estaba de su lado, sin importar las circunstancias. Siempre me había preguntado el porqué: si era porque era el único varón, o porque era blanco o porque casi se muere cuando nació. Abuela había ayudado en el parto. Había nacido dos meses prematuro, estuvo en una incubadora en La unidad de cuidados intensivos neonatal durante meses y abuela lo cuidó mientras mami se recuperaba.

Cuando Anthony tenía siete años, mami empezó a exhibir síntomas de esquizofrenia y a oír voces. Cuando se ponía violenta, Anthony se escapaba de la casa y se iba a la de abuela. Ella se había comprometido a cuidarlo para darle a mami un respiro, así que mi hermano empezó a vivir con ella. Y así, adonde sea que abuela iba, Anthony iba también. El segundo cuarto de su casa se convirtió en el de él.

Después de la escuela, iba a casa de abuela y me sentaba en su cocina para observarla cocinar mientras que Alaina y Anthony se tiraban en el piso de la sala a ver televisión. Abuela meneaba el caldero de arroz blanco y habichuelas rojas que hervía a fuego lento. En la cocina de mi abuela siempre había bolsas de habichuelas rojas que había que remojar de un día para otro, un saco pesado de arroz blanco en la tablilla inferior de la alacena, adobo, sazón, bolsas de gandules congelados, tres tipos diferentes de café de Yauco, aceite de oliva extra virgen en un pote grande verde, un frasco de manzanilla, aceitunas rellenas de pimiento, calabaza, plátanos, ñame, aguacate, batatas, papas, yautía y pana. Y una canasta de madera grande en el counter con todo lo que necesitaba para hacer sofrito: dientes de ajo, cebolla, recao, cilantro, pimientos verdes y un puñado de ají dulce. A veces cocinaba rabo de buey o carne de res, pero la mayor parte del tiempo comíamos lechón, las gallinas que ella misma criaba o bacalao. En ocasiones especiales preparaba mi plato favorito: ensalada de pulpo con tostones.

Casi todas las tardes, mientras Alaina y Anthony veían *Thunder-Cats*, tenía a abuela para mí. Me convertía en su sombra: hervía el agua, pelaba las batatas, lavaba el arroz, buscaba las caccrolas y aprendía a tamizar harina, a separar la yema de los huevos de la clara, a llenar la cafetera de café molido, a remojar el bacalao salado.

En la cocina de mi abuela, donde se me quedaba el aroma del ajo salteado y el chicharrón frito en la piel, me olvidaba de mis largos días en la escuela nueva, donde nadie creía que Anthony y yo éramos hermanos porque él era un cano lindo de ojos verdes que le gustaba a todas las nenas, y yo una mellá, sudada, con un afro espelusao y una uniceja. La nena rara del caserío, una extraña del residencial que leía libros avanzados, en una esquina con la nariz siempre metida en un libro mientras los demás nenes corrían por la cancha durante el recreo. En la cocina, me olvidaba de cómo aquella noche Alaina y yo nos montamos en el carro de mami con nuestras mochilas. Cómo llegamos a casa nosotras tres solas a esperar a papi. Cómo papi siempre trabajaba hasta tarde en el liquor store y algunas noches no llegaba a casa, cómo mami se paseaba por la casa grande y amarilla, hablando sola en la oscuridad de todas las mujeres con las que papi andaba, de las llamadas y de las fotos que había encontrado en la oficina de papi en el liquor store.

En la cocina de mi abuela, me olvidaba de cuánto me hacía falta treparme a los flamboyanes del caserío, jugar al básquet por la tarde y de cuánto extrañaba a Eggy.

NUESTRA ABUELA BLANCA, Mercy, detestaba que mi pelo fuera una maraña de rizos resecos como la de papi. Decía que era pelo malo.

El verano que cumplí seis años, Mercy decidió que necesitaba un recorte para que pareciera una nena decente y no una realenga.

—Mírate —dijo—: Pareces una bandolera.

Ella sabía de pelo porque había estudiado cosmetología. También había estudiado para ser flebotomista y técnica de electro-cardiograma. Mercy coleccionaba certificados, pero nunca trabajaba. Coleccionaba otro tipo de certificados también: desempleo, cupones, incapacidad, asistencia social, Seguro Social y acuerdos de múltiples demandas por resbalones y caídas. También recibió avisos de desahucio, lo que resultó en doce mudanzas en diez años. También coleccionó esposos e hijas: catorce y siete, respectivamente. Y cuando todos los esposos se fueron, mandó a sus hijas adonde una hermana suya en Patagonia, Humacao, para que las criara en el caserío.

El día antes de mi sexto cumpleaños, Mercy me sentó en la cocina de mami y esparció todos sus productos de belleza sobre la mesa: peinillas, pinzas de pelo, tijeras, un espejo de mano y un peine. Me puso una toalla sobre los hombros como había visto que los estilistas le hacían a mami.

Mercy me roció el cabello con agua y se puso a trabajar con el peine de dientes finos. Yo brincaba cada vez que me jalaba el pelo y gritaba mientras me lo desenredaba. Ella me golpeaba levemente la cabeza y me pedía que parara de moverme. Que no era su culpa que yo hubiera salido a mi padre. Mercy nunca perdía una oportunidad para quejarse de «esa gente». Su peor pesadilla, decía, era que sus hijas blancas terminaran casándose con negros. Así que, por supuesto: ¿qué hizo mami tan pronto pudo? Se casó con papi, un negro.

Mercy empezó a cortar de atrás hacia delante. Los mechones me hacían cosquillas en el cuello al caer. Ella hablaba y cortaba, y yo me quedaba sentada en silencio para que no me golpeara de nuevo.

—Tu hermano tuvo suerte —decía—. Salió a mí.

Pero no importaba cuánto Anthony se pareciera a Mercy, él no era en nada como ella. Mi hermano adoraba a abuela y no soportaba a Mercy: rehusaba estar cerca de ella, aunque fuera la madre de mami.

Cuando terminó de peinar y recortar, Mercy me quitó la toalla de los hombros con un gesto dramático y anunció que había terminado. Miré hacia abajo y vi todo el pelo marrón desparramado a mis pies. Me tomó por la barbilla, me levantó la cara y me miró detenidamente. Luego me dio el espejo.

Ya no tenía pelo. Me había cortado todos los rizos, dejándome con un afro muy corto, como el de mi padre. Puse mi mano sobre mi cabeza, en shock. Me veía horrible.

No era culpa del recorte, decía riéndose, era mi pelo malo.

Fue así toda mi niñez. *Es culpa de tu padre. Tu padre y su familia negra. Tu abuela negra. Tu tío negro.* Nunca me iba a parecer a mi madre, o a Mercy, y ella nunca me dejaría olvidarlo.

En la escuela, Anthony se reía cuando me presentaba a sus amigos:

—¿Conocen a mi hermano? ¡Se llama Jaquiro!

Fue la primera vez en mi vida que deseé ser más como una nena. Las demás se recogían el pelo con moños, moñitos, trenzas o se lo dejaban suelto para que el viento los acariciara. Ahora odiaba a esas nenas. Pensaba en lo bien que se sentiría cortar una de esas trenzas, sólo una.

Entonces venían adonde mí y me preguntaban: «¿Por qué pareces un nene?». Intentaba ignorarlas, hasta que un día en la cafetería, Tammy —que tenía el pelo largo rubio y la pollina perfecta— me dijo nene. Le di un puño en el estómago y le dije lo peor que se me ocurrió decir, algo que había visto escrito en la ventana de la guagua escolar: «Jódete, puta».

En los años siguientes, Mercy me cortó el cabello muchas veces, como si tratara de enseñarme sobre quién yo era y quién se suponía que debía ser: mi abuela fue la primera persona en llamarme «nigger».

ABUELA USUALMENTE PODÍA percibir cuándo estaba triste. Una tarde, después de un día difícil en la escuela, llegué a su casa y me senté en la mesa de la cocina en silencio, esperando a que empezara a preparar la cena. Cuando veía que algo iba mal, me llamaba para que la ayudara. Me puso la tabla de cortar en el counter y un jamón grande encima con un cuchillo pequeño al lado.

—Lávate las manos primero —me dijo.

Me las lavé y sequé con una toalla que ella colgaba en un gancho en el fregadero. Yo no era tan alta como abuela, así que tuve que ponerme en puntitas para alcanzarla.

Mientras mi abuela ponía el caldero en la estufa, tomé el cuchillo.

—Ten cuidado —me dijo—. Hazlo lentamente.

Empecé a cortarlo, lentamente, como abuela me había enseñado. Me observaba con detenimiento mientras cortaba el jamón en cubitos, exactamente como la había visto hacer a ella tantas veces. Abuela puso un poco de aceite en el caldero y, cuando estaba lo suficientemente caliente, lo dejó a fuego medio.

—¿Puedo hacerlo yo? —pregunté.

Ella sonrió.

—Dale.

Me observó mientras levantaba la tabla de cortar y usaba el cuchillo para deslizar el jamón dentro del caldero, como la había visto hacer siempre.

Seguimos así toda la tarde, haciendo arroz con gandules, recalentando medio pernil en el horno, cortando repollo, cebollas y zanahorias para la ensalada, añadiendo azúcar y rociándolo con aceite de oliva y vinagre. Abuela me dejaba hacer todo lo que pedía, confiándome la bandeja de asar para meterla yo misma en el horno, confiándome el cuchillo y dejándome menear el arroz cuando estaba listo.

— ¿Te gusta cocinar? —me preguntó.

Me encogí de hombros.

—Sí.

Para abuela, cocinar había sido un bálsamo. Había trabajado largas horas como enfermera cuando papi y mi tío eran niños y no pudo pasar mucho tiempo con ellos. Muchas veces llegaba tarde a la casa, con poco tiempo para freír pollo o papas, y eso tenía que ser suficiente. Abuelo había muerto cuando ellos eran chiquitos, y ella había tenido que trabajar largas horas para proveerles un hogar. Sentía que se había perdido mucho de su niñez, que habían pasado demasiadas horas en salas de espera en hospitales haciendo sus tareas esperando a que ella saliera. Estaba decidida a compensarlo con nosotros, sus nietos, y cocinar y prepararnos platos elaborados era una manera en la que sabía que podía cuidarnos. Incluso cuando éramos pobres, mientras tuviéramos arroz y habichuelas, abuela podía hacer milagros en la cocina.

UNA NOCHE, DESPUÉS de cerrar el liquor store, papi vino a casa con nosotros. Una de las gomas del carro de mami se había vaciado y nos montamos en el truck de papi. Él guiaba y mami estaba en el asiento del medio con Alaina en la falda; yo me senté en el asiento del pasajero, descansando la cabeza contra la ventanilla.

Nos detuvimos frente a la casa grande y amarilla adentrada la noche, luego de que todos los nenes de la calle hubieran parado de correr su bicicleta y que las otras familias hubieran apagado las luces. Papi estacionó el truck en la marquesina de casa, y tan pronto se bajó, un hombre se le tiró encima, empujándolo hacia la casa mientras la puerta del conductor estaba abierta.

Mami se deslizó y salió de la guagua cargando a Alaina, que dormía, y gritó:

—¡Cano! Dios mío. ¡Cano!

La puerta del lado del pasajero, mi puerta, se abrió: la mano de un hombre se posó en mi brazo, sacándome del truck. Los gritos de mami desgarraban la noche.

Papi y el hombre desaparecieron dentro de la casa, mami parada frente a mí, con mi hermana llorando en sus brazos, la mano de un desconocido se aferraba a mi antebrazo, acercándome, hasta que mi madre, finalmente, se calló.

Más adelante, cuando fuera que mami contara esta historia, siempre empezaría con las armas. El revólver, el hombre presionándolo a un lado de mi cabeza, la otra pistola apuntando a papi, y la mano de aquel desconocido temblando con el peso del arma. Contaría cómo trató de razonar con ellos y cómo repetía: *No lo hagas. No puedes hacer esto.* Cómo afuera, parada al lado del truck con Alaina en brazos, seguía mirando aquella arma presionada contra mi sien; sobre la cara del hombre, y cómo en realidad era sólo un nene, y cómo se preguntaba que dónde estaba papi, dónde se había metido mientras ese hijo de puta tenía a sus hijos a punta de pistola, a sus bebés, a sus nenas. Cómo ella le había dicho a papi que esto pasaría, que no dejara ese dinero en la casa. Cómo era que ese hombre, un desconocido, sabía su nombre y el nombre de sus hijos. Cómo sabía de la goma vacía. Sabían tanto sobre nuestras vidas, dijo.

Describiría al hombre que me había agarrado y que me sostuvo frente a ella. *Mira a tu mamá,* decía. *No me mires a mí.*

No recuerdo la pistola, o cómo no me soltó hasta que estuvimos dentro de la casa, los teléfonos arrancados de las paredes. Habían sacado las pistolas de mi padre de la caja fuerte y las habían metido en una funda de almohada. Recuerdo la cara de mami. Alaina en sus brazos. Cómo nos paramos en el cuarto de mis padres, todos mirando a papi entregar dinero, prendas y las llaves del carro. Cómo nos llevaron cuarto por cuarto, abriendo gavetas, virando los mattress y buscando en los clósets.

Mami los seguía mirando, estudiando sus rostros, intentando ver si los conocía, y si era así, de dónde. Luego el hombre volvió a poner su mano en mi brazo, agarrándome mientras le decía a mami: *Para. Deja de mirarme. Mira a Jaqui.* Pero ella no podía parar de mirarlo, no podía estarse quieta, y poco le importaba cuánto le dijeran que parara, que parara de moverse, que dejara de hablar, que parara. Después nos llevaron al baño de visita. Mami, papi, Alaina y yo terminamos sentados con las piernas cruzadas en el piso, e incluso después de ellos haber cerrado la puerta detrás de nosotros, sentía sus manos aún sobre mi piel, su voz encerrada en aquel baño con nosotros: *No me mires, mira a Jaqui.* Mi nombre, en boca suya, como un cuchillo.

EN LA TELEVISIÓN del cuarto de mis padres, Glinda la Bruja del Norte le regalaba a Dorothy sus zapatillas de rubí. Luego le diría:

—El hogar es un lugar que debemos encontrar, mi niña.

En el mar, mirando hacia la Estrella del Norte, la niña pirata decide: Seré pirata, pero jamás una ladrona.

En el mar, tan lejos de su hogar, perderá a su madre una y otra vez.

FUIMOS FELICES ALGUNA vez. Pero después de la casa grande y amarilla, fuimos fugitivos. Sólo nos llevamos lo esencial: los cepillos de dientes, algunos uniformes de la escuela en mi mochila, un montón de ropa de Alaina mezclada con la mía. Papi cargaba a Alaina, mami me tomaba de la mano y nos fuimos en la noche, caminando un par de casas hasta llegar a la de un vecino, donde papi hizo una llamada.

Estábamos de vuelta en casa de mi abuela, todos sentados en la mesa del comedor, papi en el teléfono de nuevo, y Alaina, valiente, tan valiente, contándole toda la historia a abuela.

—Abrieron todas las gavetas y tiraron nuestra ropa al piso —decía—. Tenían una pistola.

Abuela la abrazó y le besó la cabeza.

—Se quedan aquí —dijo—. Pueden quedarse a dormir en el segundo cuarto el tiempo que quieran.

Le dio otro apretón a Alaina. Sentada al lado de papi, mami se acurrucó, su mirada perdida, totalmente perdida.

—Necesito el teléfono —le dijo a papi.

Antes del amanecer, mi abuela Mercy llegó a casa de abuela. Culpó a papi, y exigió que nos cuidara y que se encargara de todo esto.

Abuela hirvió manzanilla y le dijo a Anthony que durmiera en su cama.

Nos quedamos en casa de abuela esa semana, hasta que papi encontró otro lugar. Nunca volvimos a la casa grande y amarilla.

Ese año nos mudamos a Luquillo, a una casa pequeña en un cerro a unos minutos de la playa, donde Alaina y yo corríamos nuestras bicicletas cuesta abajo a la tienda de dulces o al parque, o cuesta arriba al parking de una iglesia bautista, donde les dábamos de comer migajas de pan a las palomas y luego volvíamos cuesta abajo con las manos en el manillar y las piernas al aire. Mami trajo a la casa una pequinesa que llamó Peggy, una perrita que mordía aun más de lo que ladraba; todos pensábamos que necesitaba un exorcismo.

Los sábados por la mañana nos montábamos en el RX-7 de mami: ella lo sacaba de la entrada y volaba por el expreso con la música a todo volumen, regateando con otros carros, con Peggy ladrando en la parte de atrás y Alaina y yo aferrándonos con todas nuestras fuerzas, nuestros cuerpos apretujados en el asiento del pasajero, todas sin cinturón.

Nos levantamos una mañana y encontramos la puerta abierta de par en par: Peggy no estaba y no había rastro de ella por ninguna parte. Escuchamos a mami hablando por teléfono, describiendo a un hombre que había visto en el patio trasero, en el patio de enfrente, esperando cerca de su carro, mirando por nuestras ventanas y cómo probablemente habría sido él quien se llevó a Peggy. Corrimos nuestras bicicletas por todo el barrio, molestando a otros nenes para preguntarles si habían visto a nuestra perrita loca y marrón; fuimos al parque, a la tienda de dulces, miramos en los hoyos y los baches, llamándola en la noche.

Ese año nuestras titis y primos vinieron de Miami a visitarnos. Nos subíamos al techo por una escalera, y nos sentábamos en el borde con las piernas guindando, chupando paletas y cantando canciones de Menudo, Alaina, Tanisha, la hermana menor de mami, y yo. Tanisha era sólo cuatro años mayor que yo, y era trigueña, con el pelo negro y lacio como el de mami, que se dejaba crecer hasta las caderas. Tenía un humor negro y le encantaba romper las reglas y yo la adoraba. Subíamos esas escaleras todos los días, llevábamos paletas y popcorn, latas de Cola Champagne y Coco Rico, y, cuando terminábamos, las aplastábamos y arrojábamos desde el techo como granadas. Veíamos el cielo azul oscurecerse en aquel techo, día tras día, y cada noche me preguntaba cuándo papi vendría a casa.

Ese año, nos mudamos de la casa en el cerro de Luquillo a un apartamento en un complejo de edificios en Fajardo, Dos Marinas. Desde nuestro balcón podíamos ver la marina, docenas de botes amarrados, gaviotas ladronas que los sobrevolaban con sus alas extendidas, sus cuerpos angulosos inclinados en pleno vuelo, zambulléndose en busca de una presa.

Pasábamos días enteros en la piscina, nuestros cuerpos más quemados que nunca, nuestros rizos aclarándose, resecos por el sol, la sal y el cloro. Nos convertimos en sirenas: en mitad delfines, mitad muchachas ordinarias con colas cubiertas de escamas, preparadas para vivir parte de nuestras vidas en un mundo de corales submarinos, emergiendo sólo para tomar el sol en las rocas del malecón.

Le rogamos y le rogamos a mami por otra perra, que no fuera loca esta vez; prometimos cuidarla, pero mami ni se inmutó. Nos encerramos en el cuarto cuando mami insistió en que había un hombre en la puerta, el mismo que había visto en nuestra casa en Luquillo. Cuando Tanisha y Xiomara nos visitaban, les contábamos del hombre, y mirábamos por encima del hombro cuando caminábamos por el pasillo hacia el ascensor, de la piscina a la cancha de tenis, de la cancha de tenis al muelle, mientras jugábamos a Ms. Pac-Man en el arcade. En los columpios, escuchábamos a mami contarle a titi Xiomara todo sobre la nueva vida de papi, sobre su nuevo penthouse, su novia nueva, los papeles de divorcio, y, en vez de hacer preguntas, nos mecíamos más y más alto, con el viento soplándonos en la cara, volando y volando por los aires.

Titi Xiomara era un año menor que mami, pero sabía algo sobre el amor. Llevaba casada con nuestro tío Junior desde los diecisiete.

—Olvídate de él —le dijo a mami—. Tienes toda una vida por delante, mientras él siga cuidando de los nenes, estarás bien. ¡Disfrútate la vida!

Semanas después, mami nos anunció que nos mudaríamos de nuevo, y nos pidió que empacáramos toda nuestra ropa, nuestros libros y juguetes. Volvimos a la casa de Luquillo, como si nunca nos hubiésemos ido.

ESE AÑO, DE vuelta a la casa del cerro, dejamos de preguntar cuándo volvería papi a casa. Nos sentábamos en sillas de playa en la sala; nuestros muebles se habían quedado en Dos Marinas. Prendíamos velas a San Judas Tadeo, el santo de las causas perdidas. Escuchábamos a Mercy contar historias sobre extraterrestres y platillos voladores aterrizando en El Yunque, sobre hombres que habían visto fantasmas de mujeres en las autopistas, arrastrando sus faldas largas por el costado de la carretera en la oscuridad de la noche. Escuchábamos y escuchábamos y sus historias se ponían más oscuras: cómo la gente negra como abuela eran brujas. O cómo todos sabían que sacrificaban animales y Dios sabe qué le había pasado a la pobre Peggy. Cómo teníamos que tener cuidado, rezar nuestras oraciones antes de dormir, porque ahora que mami y papi ya no estaban juntos, podíamos estar en peligro.

Ese año, en esa casa en el cerro, recé y recé para que mis padres volvieran a estar juntos, recé por estar de vuelta en la cocina de abuela, las dos rallando canela para el tembleque; recé para que el hombre que aterrorizaba a mami se fuera, recé para que Peggy volviera a casa, y cada hora, cada minuto en cada cuarto de esa casa, tuve miedo.

Luego un día, en plena tarde, mientras Alaina y yo lanzábamos el Frisbee enfrente de la casa, apareció ella, sucia, con el pelo esgreñao y —nos enteramos después— preñá. Peggy, andando cerro arriba hacia nuestra casa.

Unos meses después, en el verano, Alaina, mami y yo iríamos al caserío por última vez antes de mudarnos a Miami Beach. Estacionaríamos el RX-7 de mami frente a nuestro antiguo edificio, y mami visitaría al resto de su familia, a sus viejos panas, pasando por cada apartamento para despedirse. Nos íbamos a mudar a Miami, les decía, sin escatimar detalles.

Correríamos durante horas por nuestro antiguo barrio. Alaina y yo jugaríamos a la peregrina, y me sentaría en mis viejos escalones, esperado a que llegara Eggy, corriendo su bicicleta por la calle o driblando la bola de básquet por la acera. Otros nenes caminarían a la tienda de dulces. Nenes que yo conocía. Nos echarían un vistazo, pero luego seguirían caminando, como si no nos hubieran visto, como si ya no perteneciéramos allí. Querría llamarlos, obligarlos a que me miraran. Pero no me saldrían las palabras.

Esperaría, esperaría y esperaría hasta que bajara el sol, hasta que los demás nenes de la calle tomaran sus patinetas y se fueran a casa, hasta que nuestras titis, los vecinos y los amigos de mami se despidieran con un abrazo, secándose las lágrimas, hasta que mami me llamara desde el carro, donde Alaina ya estaba sentada en el asiento del pasajero, esperándome. Eggy nunca llegaría. No recuerdo la última vez que nos vimos, pero sabía, mientras abría la puerta y me deslizaba en el asiento del pasajero al lado de mi hermanita, que nos mudaríamos a un lugar extraño, aprenderíamos un idioma extraño, iríamos a la escuela con desconocidos y que Eggy estaría aquí. Sabía que Eggy siempre estaría aquí.

Jamás nos volveríamos a ver.

Nos fuimos de Puerto Rico ese verano, luego de que papi volviera a casa una noche, y él y mami se comportaran como si él nunca se hubiese ido. No sabríamos todas las cosas que perderíamos: las ceibas, los flamboyanes, los morivivíes, los coquíes cantando en la noche, todo lo que ya habíamos perdido. No lo supimos hasta que fue demasiado tarde.

Llegamos a Miami Beach, papi, mami, abuela, Anthony, Alaina y yo, nuestros padres juntos por última vez. Nos quedamos en un hotel en South Beach hasta que encontramos un apartamento en West Avenue.

Anthony y yo empezamos a ir a una escuela nueva, donde nos despojaron de nuestro idioma, donde no nos dejaban ir al baño a menos que pidiéramos permiso en inglés, donde los nenes me ignoraban y yo ignoraba a los nenes, donde las nenas preguntaban, como sabía que iban a hacerlo: *¿Por qué pareces un nene?* Caminábamos nueve o diez cuadras a casa desde la escuela solos, pasando por Flamingo Park, donde a veces me paraba a sentarme en los columpios o a ver a los muchachos de la high jugar al básquet.

Nos mudamos seis veces el primer año, y nuestros padres no paraban de pelear, y cada apartamento era más pequeño que el anterior. Al final, nos quedamos sin dinero, y papi tenía dos trabajos los siete días de la semana para pagar las cuentas. Apenas podía mantenernos. Papi dejó a mami de nuevo luego de que una de sus competencias de gritos se convirtiera en una pelea, una pelea que terminó con mami dejándolo inconsciente. Nos desahuciaron después de eso y mami nos tuvo que llevar a vivir con Mercy por un tiempo, hasta su diagnóstico, hasta que finalmente pudimos ponerles nombres a sus demonios, a la gente que le enviaba mensajes por la televisión, al hombre que nos había seguido por todos esos años. Mami entraba y salía del hospital y Anthony, Alaina y yo nos mudamos con papi y abuela.

Los cinco éramos el tipo de pobres que puedes palpar en los huesos, en los dientes, en el estómago. El tipo de pobres con la nevera vacía. El tipo de pobres que duerme en el piso hasta que alguien bota un sofá cama. El tipo de pobres que le echan azúcar al agua y la llaman «limonada». Y nos iríamos de nuevo, como fugitivos. Un apartamento, luego otro, y luego otro, jamás quedándonos el tiempo suficiente como para colgar un cuadro, yéndonos cuando el apartamento aún olía a las personas que habían vivido allí antes que nosotros.

No fue hasta mi adolescencia que me di cuenta —hasta que me guillé de nena suelta en Miami Beach, montando en carros con gánsters armados, robando vans de los parkings, cogiendo pon a Key Largo, durmiendo en el baúl de la guagua de alguien; cuando me paro en otro techo, pasándole un blunt a otro muchacho que ni conoce mi verdadero nombre, cuando me subo a la cornisa, cuando miro abajo los dos pisos de altura, cuando una caída desde dos pisos no es suficiente para matarme, cuando el muchacho no es muchacho, sino hombre— de que la cocina de abuela, de que aquella casa en Fajardo, fue el último lugar donde me sentí segura. De que quizás el hogar es un lugar. De que quizás mami nunca encontraría el camino de regreso. De que quizás yo tampoco lo haría.

SEGUNDA PARTE

\|\/\|\/\|\/\|\/\|\/\|\/\|\/\|\/\|\/\|

Monstruo

La historia del monstruo

I.

Fue el año en que encontraron a un niñito muerto en los arbustos con la cabeza reventada, con mordidas y quemaduras de cigarrillos por todo el cuerpo. Llevaba una camiseta con un estampado de paletas en la parte del frente. Era noviembre de 1990. Los detectives aparecían en todos los canales de noticias en búsqueda de sus papás o de alguna pista sobre su identidad, pero nadie les daba información. Mami estuvo homeless ese año. A veces aterrizaba en el sofá de Mercy o de Tanisha, pero la mayoría de las noches las pasaba con Pedro, uno de sus novios drogadictos. Yo recibía llamadas en medio de la noche: era mami, llamando a cobro desde la cárcel del condado de Dade, suplicándome que convenciera a papi de que la fiara. Me prometió que se lo pagaría de vuelta, que cambiaría y que dejaría de drogarse.

Hasta que un día Pedro desapareció y mami sólo se quedó con su mal hábito como compañía. Fue ahí que decidió que necesitaba a sus hijos de vuelta.

Yo tenía once años.

/I\I/I\I/I\

DESPUÉS DEL DIVORCIO de mis papás, un par de años después de
que llegáramos a Miami Beach, Anthony, Alaina y yo nos mudamos con papi y abuela a un apartamento pequeño al otro lado
de la calle de Flamingo Park. Papi nunca estaba en casa. Nos
había traído aquí desde Puerto Rico en busca de una vida mejor,
dejando atrás su vida de bichote, su penthouse, sus carros y sus
propiedades, para tener dos trabajos. Uno era en una fábrica en
North Miami, y el otro como guardia de seguridad en un complejo de edificios en Miami Beach.

Papi trabajaba todo el tiempo, así que era abuela quien nos
llevaba a la escuela, quien me dejaba al frente de la Escuela Elemental Ida M. Fisher y quien llevaba a Alaina al otro lado del
patio, a su salón de segundo grado de la Escuela Elemental Leroy
D. Feinberg, adonde iban los más pequeños. Era abuela quien
planchaba la ropa de escuela de Anthony, quien nos ayudaba
con las tareas, quien caminaba de regreso a la escuela cuando
se nos olvidaban los abrigos o los proyectos científicos y quien
nos salía a buscar cuando llegábamos tarde para la cena. A veces
nos dejaba jugar en el callejón trasero para poder echarnos un
ojo desde la ventana de la cocina. Allí estábamos la tarde en que
estalló la noticia sobre el niñito muerto.

Estábamos jugando a stickball con los demás nenes de la calle
y mi mejor amiga, Sara, que realmente no era de la calle. Sara y yo
éramos polos opuestos. Yo siempre estaba realenga por el vecindario,
arrastrando muchas veces a Alaina a pesar de que abuela insistiera en
que nos quedáramos en nuestra cuadra. Sara y su hermano menor,
Steven, jamás cruzaban la calle sin permiso. Yo era agresiva, malha-
blá, y me habían suspendido en la escuela por pelear. Sara siempre
decía «por favor» y «gracias» y contestaba siempre las preguntas de su
mamá con un «sí, señora» o un «no, señora». Ella tenía el pelo rubio

sedoso y llevaba ropa nueva y tenis limpios. Yo tenía una maraña de pelos rizados, mi piel estaba constantemente sucia y quemada por el sol y usaba la ropa vieja de Tanisha. Sara iba a la iglesia todos los domingos. Yo pasaba los domingos en el parque jugando al básquet con los nenes del barrio. Yo tenía un acento marcado en español, y Sara hablaba un inglés gringo perfecto, pero nunca se burlaba de mí ni me llamaba la «Spanish girl», como hacían algunos de los nenes de mi calle. La mamá de Sara, una mamá soltera y maestra escolar, nos invitaba a veces a Alaina y a mí a cenar. Lo único que Sara y yo teníamos en común era que nuestras familias vivían en un barrio art déco marginal y lleno de insectos en South Beach.

Durante nuestro partido de stickball, yo estaba en la primera base, y Sara al bate, a punto de poncharse, cuando Frankie apareció de la nada.

—¿Qué hay, mamacitas? —dijo.

Frankie era un muchacho de la high que pasaba de vez en cuando, siempre molestándonos a las nenas para que jugáramos a la botellita o a Seven Minutes in Heaven, lo que significaba que quería tocarnos detrás del zafacón infestado de zarigüeyas. Se chupaba el pulgar al caminar y, a veces, cuando no lo estabas mirando, te metía un dedo lleno de saliva en la oreja y gritaba: «¡Ahí te va un Wet Willie!».

Algunos nenes decían que Frankie era lento, que era inofensivo, pero yo tenía mis dudas. Él era mayor que Anthony y me había enterado de que lo botaron de la escuela por colarse en los casilleros de las nenas y enseñarles el bicho.

A pesar de que Alaina era bastante tenaz, y tenía más sentido común que muchas de sus compañeras de segundo grado, le advertí de que debía evitarlo.

—¿Puedo jugar? —preguntó Frankie.

Revoleé los ojos.

Alaina cruzó los brazos.

—Va a ser que no.

Sara bajó el bate de palo de escoba y negó con la cabeza.

—¡De ninguna manera!

Cogí el bate de Sara y lo sostuve frente a mí, amenazante.

—Vete a tu casa, pervertido.

—Ay, dale —dijo Frankie—. Si me dejas jugar, te enseñaré donde hay un muerto.

Los otros nenes protestaron, resoplaron y pusieron los ojos en blanco, pero yo le pregunté:

—¿Qué quieres decir con «un muerto»?

—Encontré un nene muerto en los arbustos.

No le creía. Fueron los policías quienes encontraron al bebé, o eso pensaba. Y ellos probablemente lo llevaron a la morgue o al cuartel de la policía o al sitio donde se llevan los cadáveres de las víctimas. ¿Qué probabilidades había de que hubiera otro en los arbustos? De todos modos, lo consideré. El chance de ver un cadáver de verdad me parecía demasiado bueno para dejarlo pasar.

—Enséñanos —respondí.

Frankie se rió con el pulgar aún metido en la boca.

—Eres un embustero —le dije.

Sara dio un paso al frente.

—Vete de aquí, pervertido.

—Sí, vete —reiteré.

Alguien le tiró una pelota de tenis, pero él se agachó.

—Jódanse —dijo, sacándonos el dedo del medio y embalando a correr.

Lo perseguimos por el callejón, tirándole pelotas de tenis y piedras. Yo agitaba mi palo en el aire como si estuviera buscando sangre.

Los medios de comunicación y la policía apodaron al niñito el «Baby Lollipops» por el estampado de su camiseta. La policía determinó que tenía unos tres años, y que había estado hambriento y sido torturado en el transcurso de varias semanas, quizás meses. Le habían arrancado los dos dientes frontales y fracturado el cráneo con un objeto contundente. Cuando lo encontraron bajo el seto de cereza afuera de una casa en Miami Beach apenas pesaba dieciocho libras.

Al principio sólo fue una historia del noticiero de las seis: los detectives brindaban conferencias de prensa, ofrecían mil dólares de recompensa a cambio de información y trataban de dar con el nombre verdadero del bebé. Pero, a medida que pasaban los días y el Baby Lollipops seguía sin ser reconocido, empezó a formar parte de nuestras vidas. Seguíamos las noticias del Canal 7, de Univisión, de Telemundo. Recogíamos la edición matutina del *Miami Herald* o de *El Nuevo Herald*, y nuestros días se sostenían con la promesa de obtener más detalles, más contexto. Quizás era porque el bebé muerto había sido encontrado tan cerca de nuestro vecindario, o porque teníamos cerezos justo en nuestra calle, donde corríamos nuestras bicicletas después de la escuela y donde nos escondíamos los unos de los otros en Halloween y bailábamos break dance en cajas de cartón aplastadas y esparcidas sobre la acera.

Todos los canales retransmitían reportajes sobre el Baby Lollipops. ¿Quién era? ¿De dónde era? ¿Por qué nadie lo reconocía como suyo? ¿Qué clase de monstruo podía torturar a ese pequeño angelito? Retransmitían programas sobre el abuso, la trata infantil, sobre los niños deambulantes y los hijos de inmigrantes que habían desembarcado en nuestras costas en balsas improvisadas. Antes del descubrimiento del cadáver, en las noticias sólo se hablaba de las notorias guerras de drogas en Miami, pero ahora sonaba como si fuera más peligroso ser un niño que un traficante.

Las guaguas llenas de reporteros y camarógrafos se detenían frente a nuestros patios de recreo y campos de softball y entrevistaban a cualquiera que quisiera hablar con ellos a pesar de que nadie pudiera realmente contribuir información alguna. La historia apareció hasta en el programa *America's Most Wanted*.

Algunos boy scout voluntarios invadieron las calles con flyers con las preguntas: *¿Conoce a los padres de este bebé? ¿Sabe cuál es su nombre?*

Su foto estaba en todas partes: en las páginas del *Miami Herald*, regadas por los supermercados y parkings de Miami Beach y pegada en los postes frente a la Escuela Elemental Fisher. Aquella pequeña cara magullada, con la camiseta de estampado de paletas, con los ojos pequeños y cerrados como si estuviera durmiendo; se veía tan inocente que podía entender por qué todo el mundo lo llamaba «ángel».

Esa foto estaba en todas partes. Y siempre bajo el mismo titular: «Niño (sin identificar)».

UNA NOCHE, VARIAS semanas después de que encontraran el cadáver, no podía dormir. Estábamos acostadas en el sofá: Alaina roncaba mientras yo seguía despierta, oyendo el tráfico nocturno de Miami Beach. Los bocinazos, los portazos de los taxis, las gomas chillando. Alrededor de la medianoche, oí que alguien tocaba a la puerta.

Era mi madre. A menudo aparecía tarde por la noche con regalos para Alaina y para mí: un suéter bordado, una blusa con estampado de leopardo, una Barbie usada con el pelo enmarañado. Decía que los había comprado en una boutique elegante de Lincoln Road, pero sus regalos siempre olían a basurero.

La dejé entrar, cerrando silenciosamente la puerta para que papi, Anthony, Alaina y abuela no se despertaran. Mami tenía el pelo rubio platino, pero se le veían las raíces oscuras. Llevaba una blusa de encaje negro sin brassier y unos mahones tan cortos que las nalgas se le salían. Esto se había convertido en una costumbre para mi madre. Tenía veintisiete años, pero se vestía y actuaba como una teenager, haciendo alarde de sus curvas, usando su cuerpo para obtener lo que quería de los hombres: paseos, cigarrillos, perico. Nos llevaba a la playa y cogía sol topless, mientras Alaina y yo pasábamos el día tratando de ahuyentar a los losers que le ofrecían fuego, o una cerveza, o le decían lo impactantes que eran sus ojos, aunque sabíamos que sólo querían ver sus tetas más de cerca. Una vez, cuando mi madre por capricho insistió en acompañarme a la escuela, me negué. No pude decirle por qué; no quería herirla, pero siguió y siguió molestándome hasta que le dije: «Pareces una prostituta». Me arrepentí tan pronto lo dije, pues siempre nos había enseñado a amar nuestros cuerpos. Parecía herida al principio, con el ceño fruncido como si fuera a estallar en lágrimas. Después me dio un tapabocas. Me di cuenta de que no lo hizo para disciplinarme, sino por ira, por venganza. Ésa era también la costumbre de mi madre.

Mami se sentó al lado de Alaina en el sofá cama y la despertó.

—Levántate —dijo—, que nos vamos.

—¿Qué quieres decir con «que nos vamos»? —pregunté.

Tomó mis tenis y me los tiró a las manos.

—Póntelos —dijo mami.

Alaina se sentó, confundida.

—¿A dónde vamos?

—Tú sólo ponte los tenis —dijo mami.

Intenté pensar en una forma de quitarle esa idea de la cabeza. No podíamos irnos con ella en mitad de la noche. Le pregunté si le podía decir adiós a papi y a abuela.

—Los llamaremos mañana por la mañana.

—Pero ¿y si se despiertan y ven que no estamos? Se preocuparán.

—Soy su madre y puedo llevarlas adonde me dé la gana. No necesito el permiso de nadie.

Y mami nos llevó. Cerró la puerta del frente y la bloqueó para que no pudiéramos volver a entrar. Pensé en correr o gritarle a papi, pero mami era impredecible. Una vez me persiguió por ese mismo pasillo, se quitó la chancleta y me golpeó con ella porque me había negado a cortarme el pelo. Cuando fui adonde papi y protesté sobre por qué tenía que cortármelo, me dijo que lo mejor era que lo hiciera y evitara problemas. A papi le preocupaba que nos desahuciaran por culpa de los gritos de mami.

Alaina y yo llevábamos pijamas y tenis sin medias. Caminamos con mami más allá de las canchas de handball empapadas de orina en Flamingo Park, pasamos la Escuela Elemental Ida M. Fisher, las tiendas de equipo de natación y las joyerías cerradas de Lincoln Road. Aguantaba la mano de Alaina y buscaba a un policía en la oscuridad, a un desconocido, a alguien a quien pudiera acercarme y decirle: «¡Auxilio! Hemos sido secuestradas». Pero los policías jamás aparecieron, y cuando pasó un desconocido, sólo se quedó mirando las tetas de mami.

Mami nos llevó a un mohoso motel en Collins Avenue, al otro lado de la calle de la playa, uno de esos lugares que a la gente le gustaba llamar «hoteles boutique», a pesar de que todo el mundo sabía que eran del tipo que podían conseguir por unos pocos dólares la hora. Alaina y yo nos metimos en una de las camas, y pasé la mayor parte de la noche pensando en papi y en abuela, imaginándome lo preocupados que estarían cuando no nos encontraran por la mañana, y en Anthony, que no nos extrañaría en absoluto. Pensé en Sara, a salvo en su propia cama, en el pequeño cuarto que compartía con Steven porque su madre no podía pagar un apartamento más grande con su salario de maestra. Y pensé en las maneras en que Alaina y yo podíamos escabullirnos de la habitación sin despertar a mami. Pero sabía que, si nos pillaba, nos daría una buena tunda.

Cuando el sol empezó a colarse a través de las persianas, prendí el televisor. Cada canal daba las nuevas noticias sobre el caso del Baby Lollipops. La policía finalmente lo identificó como Lázaro Figueroa, de tres años. Según las noticias, habían encontrado a Ana María Cardona en algún lugar del centro de Florida donde vivía con sus otros dos hijos y Olivia González, a quien llamaban «su amante». Las dos mujeres habían arrojado el cuerpo del niño bajo los arbustos afuera de una casa en North Bay Road, y, una vez que vieron en las noticias que el cadáver había sido encontrado, huyeron para el norte. Fueron arrestadas en Orlando y traídas de vuelta a Miami Beach, donde fueron acusadas de abuso infantil agravado y homicidio en primer grado.

El médico forense había determinado que Lázaro había tardado hasta tres días en morir a causa de las heridas infligidas. Durante tres días estuvo bajo el cerezo, con el cuerpo hinchado y daños cerebrales. Todos en la ciudad estaban indignados: les dijeron a los periodistas que estaban rezando por Lázaro, y que esperaban que prendieran a las dos bichas que lo mataron. No podía quitarme ese pensamiento de la mente: fue su madre quien lo hizo. Su propia madre.

Cuando mami se levantó para usar el baño, se llevó su cartera con ella. Conocía su rutina matutina: inhalar un par de líneas de perico, fumar un cigarrillo y luego cepillarse los dientes. La había visto hacer eso desde que tenía nueve años. Tan pronto cerró la puerta, sacudí a Alaina para despertarla, la cogí de la mano, agarré nuestros tenis. Salimos corriendo juntas del motel.

Corrimos hacia la playa, con los tenis en mano; los rizos de Alaina saltaban. Cuando llegamos a la playa, había cientos de aguavivas en la orilla, esas burbujas azules y translúcidas con los tentáculos enroscados en la arena. No me di cuenta de que Alaina había dejado de correr hasta que la oí gritar. Sostenía su muñeca con una mano, con la frente fruncida, jadeante y reventada de dolor. Se había eñangotado y recogido una de las burbujas azules.

Detrás de ella, dirigiéndose hacia nosotras desde el motel, estaba mami. Andaba descalza, con el pelo rubio enredado, con manchas de mascara negra debajo de los ojos. Medí la distancia entre ella y nosotras. Si agarraba la mano de Alaina y corría, ¿cuánto tiempo pasaría antes de que una de nosotras se escocotara boca abajo en la arena? ¿Seguiría mami corriendo detrás de nosotras? ¿Se rendiría?

Recuerdo cuando mami y papi todavía estaban juntos, cómo se gritaban en su cuarto hasta que Anthony, Alaina y yo irrumpíamos y los obligábamos a dejar de pelear. Una vez, antes de que papi la dejara por última vez, mami nos cogió a mí y a Alaina y nos sostuvo frente a él.

—Míralas bien —le dijo a papi—, porque una vez que te vayas, nunca las volverás a ver.

Se supone que debemos amar a nuestras madres. Se supone que debemos confiar en ellas y necesitarlas y extrañarlas cuando se hayan ido. Pero ¿y si esa misma persona, la que se supone que te ama más que a nadie en el mundo, la que se supone que debe protegerte, es también la que más daño te hace?

Esa mañana en la playa, cuando nuestros ojos se encontraron, supe que mami nos atraparía. Lo percibí en su cara. Ella también lo sabía. Y nunca nos dejaría ir.

Años antes de que encontraran al bebé, antes de las drogas, cuando aún vivíamos en Puerto Rico, mami nos llevó al Castillo San Felipe del Morro en el Viejo San Juan, y pasamos todo el día en el fuerte junto al mar. Anthony se había quedado en casa con abuela, y papi estaba en el trabajo en el liquor store. Pero los tres pasamos el día juntos, mami y Alaina y yo. Mami cogió mi mano y yo cogí la de Alaina, y nos paseamos por el camino de piedra detrás de otras familias y turistas. Mami tomó polaroids de Alaina y de mí dándoles de comer a las gaviotas y de los gatos realengos del rompeolas. Compró una chiringa roja a un vendedor y nos enseñó a volarla sobre la grama. Alaina y yo nos turnábamos para desenrollarla y la tiramos hasta que la atrapó una ráfaga de viento y cogió vuelo, cada vez más y más alto. Qué pequeña se veía después de un rato.

Luego de un día entero al sol, mami estaba agotada. Cogía sol, tumbada en la grama mientras volábamos la chiringa, corriendo una detrás de la otra, cayendo, riendo y llamándola: «Mami, mami, míraine». Estaba cansada, pero feliz, su rostro apuntando al sol, su pelo dorado quieto, las gotas de sudor acumulándose en su partidura.

Así es como quiero recordarla. Son los recuerdos que quiero retener: mami exhausta, pero feliz. Lo despreocupada y hermosa que era. Cómo en esos momentos, antes de que supiéramos que estaba enferma, todo parecía posible. Cómo la miraba y esperaba ser algún día exactamente igual que ella.

Después de que los salvavidas curaran a Alaina por el aguijón de la aguaviva, mami nos llevó de vuelta al motel. Durante días llevamos las mismas pijamas, y lavamos nuestros pantis a mano en la ducha. Comíamos sándwiches de bologna y cereal. Cuando nos quedábamos sin cereales y sin bologna, comíamos sándwiches de mayonesa. Una mañana, el ama de llaves llamó a la puerta y nos dijo que teníamos que dejar la habitación. Mami cerró la puerta en su cara y se sentó en una de las camas durante varios minutos, como si estuviera en un trance. Alaina veía *Scooby-Doo* mientras yo esperaba a que mami nos dijera que finalmente nos íbamos a casa. Pero cuando habló, ni siquiera nos miró.

—Tu pai —dijo—, todo esto es culpa suya.

Luego se levantó y se encerró en el baño.

Después de algunos minutos, oí su voz. Bajé el volumen del televisor y pegué la oreja contra la puerta del baño. Mami conversaba, y reía. Alaina se acercó en puntillas y susurró:

—¿Con quién está hablando?

—No sé.

Luego de un rato, mami terminó de hablar, y sólo reía y reía. Alaina y yo nos sentamos en el piso y esperamos. Aunque nos parecíamos un poco, cuando mirabas de cerca, se notaba que éramos diferentes. Alaina era más oscura, más bajita. Tenía rizos sueltos, gruesos y negros. Alaina era la valiente, la clase de nena que no necesitaba que la tomaran de la mano. Era mesurada, tenía un fuerte sentido de la justicia, se preocupaba profundamente por los animales, y por hacer siempre lo correcto. Yo era la ruidosa y atravesá: la que siempre se metía en peleas, la que guerreaba por cualquier cosa, por todo. Me importaban los libros y la música y los monstruos, y no mucho todo lo demás.

Me di cuenta de que Alaina estaba confundida. Había sido confuso para mí también cuando todo comenzó y después, cuando me di cuenta de lo que significaba. Papi acababa de dejar a mami por última vez en una escena dramática que terminó en la calle: mami seguía a papi mientras él llamaba a un taxi, y Anthony, Alaina y yo corríamos tras ellos. Cuando se metió en el asiento trasero del taxi, papi prometió volver por nosotros. Mami prometió que averiguaría dónde se alojaba y que le prendería fuego mientras dormía.

Después de eso, mami empezó a ver al hombre de nuevo. La seguía a la parada de guagua, a la lavandería, a su trabajo como ama de llaves en el Hotel Deauville, al supermercado. Me contó que se paraba fuera de la ventana de su cuarto y apretaba su cara al cristal, buscándola y observándola siempre. Le enviaba mensajes a través de la radio, a través de la televisión. Ella no podía deshacerse de él. Una noche, cuando salía de la ducha, deslizó la cortina y lo encontró sentado en el inodoro. Cuando le dije que no había visto a ningún hombre, estalló, con los ojos abultados.

—¡Te lo he dado todo! —dijo—. ¡Todo! Y ahora no me queda nada.

En el motel, Alaina y yo esperábamos a mami.

—¿Qué le pasa? —Alaina preguntaba—. ¿Con quién habla?

Me senté en la cama, pensando en qué contestarle. ¿Cuántas veces le había hecho a papi esa misma pregunta? Él evitaba darme detalles, diciendo simplemente: «Tú mamá está enferma». Dejó que descubriera por mi cuenta que mami consumía drogas. No sabía si la locura de mi madre había causado su adicción, o si su adicción la había llevado a la locura. A los once años, preferí pensar que las drogas la habían enloquecido. Quizás la idea de que mami se había hecho esto a sí misma era menos aterradora que la idea de que la locura era algo que le podía pasar a alguien, como le pasó a mi madre, como le pasó a Mercy antes que ella, como le pasó al padre de Mercy a quien mi madre había llamado «abuelo» antes de que yo naciera. Porque, si ese fuera el caso, entonces también podría pasarme a mí.

Cuando mami salió del baño con su pelo alborotado, como si lo hubiera estado jalando, reunió las pocas cosas que había traído con ella.

—Pónganse los zapatos —ordenó—. Tenemos que irnos.

En el camino de regreso, decidí no hablarle. Ahora que nos íbamos a casa, finalmente estaba bien odiarla por lo que había hecho. Y por quién era. Parecía más fácil que odiar a mi padre por no defendernos nunca, o a mí misma por dejar que nos llevara, o a Dios por dejarla enloquecer. Cada vez que pasábamos por un cerezal, Alaina y yo tomábamos la fruta y especulábamos sobre si era o no el mismo arbusto donde habían encontrado al Baby Lollipops. Mami estaba teniendo una conversación consigo misma sobre los dolores de parto, y sobre cómo, una vez que sus hijos son expulsados de su cuerpo, comienzan a volverse en su contra. Cómo empiezan a parecerse a su padre. Se detuvo en medio de la acera, prendió un cigarrillo y luego siguió caminando.

—¿Con quién estás hablando? —preguntó Alaina.

Mami escudriñó la cara de Alaina con los ojos entrecerrados.

—¿A qué te refieres?

—Lo que hiciste hace dos minutos, y en el baño del hotel.

Tomó una larga calada de su cigarrillo y luego exhaló el humo.

—Estaba hablando con Pedro.

Alaina y yo nos miramos, pero no dijimos nada.

CUANDO LLEGAMOS A casa, papi nos besó en la frente y se dirigió al pasillo para hablar con mami mientras Alaina y yo entrábamos a la cocina con abuela. Anthony, que estaba en el sofá viendo televisión, apenas nos miró cuando le pasamos por el lado. Abuela nos acercó y nos dio un buen apretón.

—¿Tienen hambre?

—¡Estoy hambrienta! —dije.

Sacó dos platos de la alacena y empezó a servirme arroz y habichuelas. Alaina tomó su plato y comenzó a servirse a sí misma.

—¿Dónde estaban? —preguntó abuela—. Tu madre llamó a tu padre al trabajo, pero no le dijo dónde se estaban quedando.

—Estábamos en un motel de mala muerte cerca de la playa —le dije—. Anthony tiene suerte de que mami no se lo llevó a él también.

Cuando papi volvió a entrar a nuestro apartamento, no extendió sus brazos alrededor de nosotras, ni nos recogió ni nos hizo girar en el medio de la sala como imaginé que haría. Sólo fue al baño a prepararse para el trabajo. Quería sacudirlo y sacudirlo. ¿Sabía él lo asustadas que habíamos estado? ¿Cuántas veces mami amenazó con llevarnos, con alejarnos de él? ¿Por qué no había intentado encontrarnos?

Sin embargo, no dije nada; conocía de sobra a papi: él siempre evitaba los conflictos. Aun cuando estaban casados, no importaba cuántas veces le mostrara los moretones después de las palizas de mami, él nunca le decía nada. Me di cuenta de que, si mi madre deseaba llevarme a mí o a Alaina, podría hacerlo, y mi padre no haría nada al respecto.

LA MADRE DE Lázaro y su pareja fueron cambiando sus historias estando presas. Culparon a la babysitter, luego a las drogas, y después le dijeron a la policía que ellas habían dejado al bebé en un restaurante con una mujer rica que se había encariñado con él. «Debe de haber sido ella», dijeron.

Luego se volvieron una en contra de la otra. Algunos testigos alegaron que habían llamado a la policía o al Departamento de Menores y Familias en innumerables ocasiones. Los de Protección de Menores se habían llevado a tres de sus hijos mayores, e incluso se habían llevado a Lázaro, sólo para devolverlo. Su muerte y tortura podrían haber sido evitados, aseguraban los vecinos, si tan sólo alguien les hubiera hecho caso.

Un día después de la escuela, me quedé en la fila en la bodega a la vuelta de la esquina de mi escuela elemental, escuchando la conversación entre una cajera y un empleado.

La cajera, una mujer de mediana edad, desempolvaba los estantes detrás de la caja registradora.

—Ese bebé seguiría vivo —dijo—, si tan sólo lo hubieran mantenido lejos de esas lesbianas.

El empleado rellenaba las cajas de barras de chocolate debajo del counter de la caja registradora.

—¿Qué clase de mujer se acuesta con otra y deja que abuse de su bebé? —exclamó ella.

—Yo espero que maten a esas foquin patas—dijo el empleado—. Lo haría yo mismo si me dejaran.

Pagué por mi dulce, mantuve la cabeza agachada, y salí de la tienda. No era la primera vez que escuchaba a la gente hablar así, y no sería la última. Por todo el vecindario se hablaba de cómo las mujeres debían ser ejecutadas, especialmente la madre, que se suponía que era quien lo debía proteger, pero que en vez de eso había permitido que una lesbiana abusara de su hijo.

La gente en la televisión a veces la llamaba «la madre lesbiana», o hablaban de su «amante lesbiana». Escuché esto tan a menudo, y de tantas maneras diferentes, a veces implícitas, a veces deliberadas, que con el tiempo pareció que ser lesbiana formaba parte del acto criminal, algo de lo que una madre también podría ser acusada.

CUANDO LA ESCUELA cerró por las vacaciones de invierno, los nenes del vecindario se la pasaban en la piscina de Flamingo Park. Sara y yo probábamos el agua para asegurarnos de que estuviera más fría que el carajo, luego escogíamos a un muchacho desprevenido y lo empujábamos. De vez en cuando, uno de ellos me agarraba y luego saltaba al fondo conmigo, soltándome tan pronto chocábamos contra el agua. Jugábamos al pollito, sentados sobre los hombros de los demás. Hacíamos carreras, desde el extremo llano hasta el profundo y de vuelta. Arrojábamos una peseta en medio de la piscina y nos sumergíamos, guillándonos de cuánto tiempo podíamos aguantar la respiración bajo el agua.

Frankie apareció en la piscina una tarde, chupándose el pulgar y ligándose a las nenas. Me alegré de que Alaina se hubiera quedado en casa con Anthony y abuela: la mera idea de que Frankie desnudara a mi hermanita con sus ojos me asqueaba.

Esa tarde, cuando la piscina estaba a punto de cerrar, me dirigí hacia la planta de abajo, a los casilleros de las nenas. Era la única que quedaba allí: todas las otras se habían ido a casa. Después de una ducha rápida, envolví una toalla alrededor de mi cuerpo desnudo, y me puse gel de pelo y desodorante. Acababa de ponerme los pantis por debajo de la toalla cuando me volteé y vi a Frankie.

Brinqué del susto y envolví la toalla aún más fuertemente alrededor de mi torso.

—¿Qué haces aquí? ¡Vete, pervertido!

Se quedó ahí chupándose el dedo y frotándose la parte de atrás de la cabeza con la otra mano.

—¿Qué haces? —preguntó.

—¿Qué carajo crees que estoy haciendo?

—Duchándote.

—¡Vete!

Me apresuré a tomar mi camiseta del revolú que había dejado en el casillero.

—Enséñame tus tetas.

Busqué mi tubo de gel de pelo y se lo tiré. Empezó a reírse.

—Dale, flashéame bien rápido.

—¡Mi papá te va a dar una prendía! —le dije.

—Ay nena, por favor. —Se sacó el dedo de la boca y se burló de mi acento—: Mi papá te vadal una prendía —se rió—: Dale, una vez y ya.

Quizás fue porque Alaina no estuvo cerca para mantenerme firme, o porque a los once años ya llevaba brassier, una copa B, más grande que la mayoría de las nenas de mi grado, lo que siempre me hacía sentir insegura, especialmente cuando los nenes me miraban, o cuando comentaban sobre mis pechos, cosa que ocurría a menudo. O quizás fue la forma en que lo dijo, como si no sólo se riera de mi ira o de mi acento, sino de lo que en realidad había dicho, que mi papá le daría una prendía, o quizás porque hasta Frankie podía notar que era una buchipluma. Probablemente sabía todo sobre mí y sobre mi madre loca que era homeless la mitad del tiempo y que hablaba consigo misma e insistía en que había un hombre que la seguía por todas partes y que mi padre estaba arruinando su vida. Mi madre, que tantas veces me había dicho que debía amar mi cuerpo, pero que después cambió y me decía que lo peor que podía imaginarse era tener una hija que fuera puta. Quizás fue el comentario de mi madre lo que me corrompió y me hizo creer que no tenía sentido luchar contra ello. Me abrí la toalla una sola vez. Y la cerré de nuevo.

—Vete.

SEMANAS MÁS TARDE, mami llegó tocando la puerta al mediodía. Tenía un nuevo hogar, nos dijo, y ahora Alaina y yo podríamos irnos a vivir con ella. Cuando empezó a meter nuestras cosas en una bolsa negra de basura, lloramos y nos aferramos a papi. No queríamos irnos, le dijimos. ¿Y si este nuevo apartamento no era real? ¿Y si no nos traía de vuelta esta vez, y nunca más volvíamos a verlo a él o a abuela? ¿Y por qué Anthony se podía quedar?

Papi se quedó inmóvil.

Pensé en correr hacia abuela, que estaba en la cocina preparando la cena. Ella era la que nos cuidaba de todos modos: papi casi nunca estaba en casa. Pero sabía que, si lo hacía, mi madre estallaría. Cada vez que le pedíamos permiso a abuela para hacer cualquier cosa delante de ella, mami se enrojecía y exclamaba: «¡Esa vieja no es tu madre!». Esto me llevaba a gritarle a mami que necesitaba respetar la casa de mi abuela, lo que la llevaba a abofetearme, lo que me llevaba a estallar en lágrimas y a amenazarla con llamar a la policía, lo que la llevaba a abofetearme de nuevo mientras abuela la miraba con impotencia, sin estar del lado de mi madre, lo que llevaba a mi padre a sentarme cuando regresaba a casa del trabajo y darme un sermón sobre cómo debía evitar ser buscabulla.

Mami me tiró la bolsa a los pies.

—Empieza a empacar.

—Pero nosotras no queremos vivir contigo —respondí.

Me miró de arriba abajo, después miró a papi a los ojos.

—Diles. Diles que esto sólo era temporero.

Miré a papi, esperando que admitiera que nos había prometido a nuestra madre.

—No lo hagas más difícil de lo que ya es —dijo él.

Alaina estalló en lágrimas, luego corrió a la cocina para tirarse a los brazos de abuela.

Miré a papi fijamente a los ojos. Cuán fácilmente nos acababa de regalar. Yo también empecé a llorar. Siempre llega el momento en que nos damos cuenta de que nuestros padres no pueden protegernos, aunque así lo quisiéramos, o como necesitamos que lo hagan. Llega un momento en que nos damos cuenta de que debemos salvarnos a nosotros mismos.

Cogí la bolsa, y sin quitarle los ojos de encima a papi, le dije:

—Nunca voy a perdonarte.

Entonces empaqué alguna ropa y los libros escolares y me fui.

Tiré la bolsa por las escaleras delanteras del edificio y me paré en los escalones de brazos cruzados, esperando a mi madre. Me secaba las lágrimas de las mejillas cuando vi a Sara, a Steven y a su mamá salir de su edificio. Sara y su madre llevaban vestidos idénticos con estampado de girasoles, y le habían rizado el pelo a Sara. Steven llevaba una camisa abotonada de manga corta y shorts color caqui. Me senté en el escalón superior, intentando hacerme invisible mientras se montaban en su Ford Taurus, que estaba parqueado enfrente. A medida que el carro se alejaba de la acera, Sara se asomó por la ventana y saludó. Steven también. Incluso su madre levantó la mano en el aire. Mostré una sonrisa falsa y saludé como si ésa no fuera a ser la última vez que los vería. Sara, con su madre perfecta, que llevaba a los nenes a cenar sólo porque sí, que me invitó a festivales de invierno y a los desfiles de Pascua en su iglesia.

Ya la extrañaba.

ENTERRARON A LÁZARO en diciembre, después del servicio fúnebre en la Iglesia Católica de San Patricio en Miami Beach. Los nenes de la escuela de San Patricio llenaron los bancos, y el coro infantil cantó «On Eagle's Wings». De pronto aparecieron pequeños homenajes por todo Miami Beach: peluches y oraciones escritas en carteles y cruces e imágenes del niñito Jesús. Y paletas. Toda una ciudad lloraba la pérdida de un nene que nadie conocía. Lo llevábamos con nosotros. Y aunque no le perteneciera a nadie, nos pertenecía a todos.

II.

La primavera después de que encontraran su cuerpo, mami nos metió en un cuarto en South Beach, un sitio pequeño en Bay Road con un mattress en el piso y el mueble de ratán manchado que le tocó en el divorcio. Pensamos que era la misma calle que había estado en todas las noticias, North Bay Road, y durante días sería lo único de lo que Alaina y yo hablaríamos: cómo mami nos había llevado en contra de nuestra voluntad, cómo nos había traído a vivir a un lugar donde arrojaban cadáveres.

Había ocurrido una mañana a principios de noviembre. Dos empleados de Florida Power & Light trabajaban fuera de una casa en la calle Cincuenta y Cuatro con North Bay Road cuando uno de ellos descubrió el cadáver. Era el comienzo de los tiempos de sequía y la mayor parte de Miami Beach aún se recuperaba de una de sus legendarias fiestas callejeras de Halloween de Lincoln

Road: todo el centro comercial peatonal se había transformado; cada cuadra entre Alton Road y Washington Avenue abarrotada con escenarios con música en vivo, casas encantadas, carrozas con demonios y vampiros saludándonos desde las vigas. Y dondequiera que mirábamos había Freddy Kruegers con sus filosas garras, imitadores del asesino Jason con máscaras de hockey y varios Michael Myers blandiendo cuchillos. Los asesinos en serie fueron los monstruos más populares de ese año.

Cuando Craig Kriminger y Stewart Silver parquearon la camioneta de FPL al frente de la casa en North Bay Road para reparar un poste de electricidad, la mayoría de los nenes del vecindario ya estaban en la escuela. Las tórtolas cantaban mientras los dos hombres se ponían manos a la obra; el olor a orines de gato inundaba la manzana, y el hedor de algo más. Algo más fuerte.

Kriminger y Silver lo descubrieron alrededor de las ocho y media de la mañana: bajo el seto de cerezas, entre la entrada de la casa y la pared del jardín, ahí, recostado sobre un montón de hierba y hojas, estaba el cuerpo sin vida del niñito.

EN EL CASERÍO Padre Rivera, los padres llamaban a la Llorona, el monstruo mítico que impedía que los niños se portaran mal. Me obsesionaban los monstruos. Me gustaban las novelas sobre demonios y exorcismos, películas sobre brujas que regresaban de la muerte para asesinar a los pueblerinos que las habían quemado en la hoguera. Me encantaban los zombis, los hombres lobo, el monstruo de Frankenstein, Drácula. Estaba fascinada ante la posibilidad de que realmente existieran caimanes asesinos viviendo en las alcantarillas, tiburones reales que acechaban a los nadadores en la playa de Humacao y duendes que blandían sus cuchillos, corriendo por la ciudad en busca de sus calderos de oro.

La Llorona era una especie de cuco femenino, a veces un demonio con cabeza de calabaza con un vestido de novia destrozado, a veces una mujer con cabeza de cabra. Vagaba por las calles sin ser vista la mayor parte del tiempo, a menos que fueras lo suficientemente malo para que la Llorona te estuviera buscando.

Nuestras titis siempre tenían el número de teléfono de la Llorona. Nuestros padres, si al volver a casa del trabajo se encontraban con niños desobedientes, se aseguraban de dar con esos números. Nuestras madres nos cantaban las canciones de cuna de la Llorona, que en realidad eran historias horrorosas de cómo ella vendría por ti en la noche. Y cuando finalmente te encontraba, te arrancaba de los brazos de tus padres, o te sacaba de tu cama mientras dormías; lo que te esperaba después era un destino peor que la muerte: la Llorona comía niños para el desayuno.

Si eras un malcriado, si te metías en peleas, si no comías la cena de tu abuela, si te negabas a dormir en la noche, la Llorona emergería de la oscuridad para hacerte suya.

Ese año, antes de que mami nos llevara, habíamos estado viviendo con papi, abuela y Anthony en un apartamento frente a Flamingo Park, un sitio pequeño donde la pintura se despegaba de las paredes, con bisagras oxidadas en las puertas, y donde convivíamos con una familia de ratones que se hospedaban en el agujero detrás de nuestra nevera vieja.

Los encontrábamos en nuestros zapatos, en los gabinetes de la cocina, debajo del mueble de baño; aquellos cabroncitos veloces se desplazaban por el piso de linóleo mientras Alaina y yo gritábamos y corríamos para salvarnos y Anthony se meaba de la risa.

Anthony cumplió trece años ese noviembre y se consideraba nuestro perro guardián, así que nos golpeaba cuando no le hacíamos

caso, o cuando le contestábamos de mala gana, o cuando estaba en-
cabronado por algo que hacíamos o dejábamos de hacer. Nos aterrorizaba con historias sobre ratones construyendo nidos en nuestros
rizos, masticando las puntas de nuestros dedos mientras dormíamos
y chupando el líquido de nuestros ojos. Un día, cogió la sartén de
hierro fundido de abuela y golpeó a un ratón: el cerebro, la sangre
y las tripas salpicaron el piso de la cocina. Después lo recogió por el
rabo y nos lo tiró a nosotras. Alaina y yo nos escabullimos, agachadas
y gritando: «Dios mío, pero ¿qué te pasa a ti?».

Pasarían meses antes de que, calle abajo, un nene le tirara una
piedra a Alaina y fuera a parar al hospital con un ojo ensangrentado, antes de que yo huyera de casa, me fuera de paseo en una van
robada y me escapara a los Cayos de la Florida con unos muchachos
mayores, antes de tragarme las pastillas de mi madre, por primera
y segunda vez. Pasarían años antes de que Anthony comenzara a
inyectarse esteroides, antes de que él intentara estrangularme, antes de que yo lo apuñalara con un cuchillo de carne. Estos eran
los días antes de la cárcel juvenil, antes de los blunts salpicados de
perico y de las botellas de Cisco y cuartos de Olde English, antes de
que los consejeros y maestros de escuela, los padres de mis amigos
y los oficiales de libertad condicional juvenil trataran de salvarme,
me hablaran a solas y, mirándome a los ojos, me dijeran: «¿Te das
cuenta de lo peligroso que es esto? ¿O no?».

Antes de todo eso, hubo un segundo ratón, un tercero, un cuarto.
Y luego, fueron los ratones muertos que empezaron a aparecer en
nuestros zapatos y dentro de nuestras mochilas.

UNA VEZ, MIENTRAS esperábamos a que un huracán llegara a
Miami Beach y la lluvia cayera sobre nuestras ventanas como pie-
dritas, Anthony me golpeó tan fuerte en la oreja que me envió

rodando al otro lado del cuarto que compartíamos. Me dolía toda la cabeza. Más adelante, un otorrino me mostraría los resultados de mi prueba de audición, me miraría a los ojos y me diría: «Esto está bastante feo».

Una vez, mientras corría salvajemente por los cañaverales detrás del caserío, Anthony me empujó boca abajo contra la caña de azúcar y me causó una herida tan profunda en el pulgar izquierdo que casi me llega hasta el hueso. A veces me pica la cicatriz. A veces puedo distinguir el dulce olor a azúcar moreno quemado de esas mañanas de verano.

Una vez, ese mismo verano, fui testigo de cómo titi Tanisha recibía un tajo en el interior de su antebrazo. Era apenas una niña: sólo cuatro años mayor que yo. Tres años antes, Anthony le había dado un portazo tan fuerte en la mano que le había arrancado su dedo meñique. No pudieron volver a cosérselo.

En nuestra familia, la historia del meñique amputado se convirtió en una leyenda familiar: era como una historia de monstruos. Una anécdota narrada por los borrachos en las fiestas de Año Nuevo y en los barbeques. Cada uno de nosotros aseguraba recordarlo como si hubiera sucedido ayer: la prisa por llegar al hospital, el meñique metido en un vaso con hielo. Toda esa sangre. Todos esos gritos. Todos esos años de resentimiento.

Incluso después de que lo enterraran, la gente en Miami Beach seguía contando su historia. El pañal envuelto en tape de empaquetar, la camiseta de estampado de paletas. El miembro amputado de toda una comunidad.

A medida que pasaban los años, todos podíamos recordar dónde estábamos cuando escuchamos las noticias, cuántos años teníamos cuando lo encontraron. Cómo se desarrolló el caso, cómo esperábamos novedades cada día, cómo especulábamos sobre los padres y pasaban desconocidos por el parque y nos preguntábamos: «¿Será ella la asesina? ¿O él, o ése, o aquél?». Y entonces más tarde supimos su nombre, el de su madre, y que él sí le pertenecía a alguien. Que no era, como llegamos a pensar, nuestro.

ANTHONY NO SE fue con nosotros al apartamento en Bay Road. Simplemente se negó, y mami no se molestó en tratar de obligarlo. Se quedó con papi y abuela. Alaina y yo tuvimos que sobrellevar la convivencia con mami por nuestra cuenta. Ella acababa de ser diagnosticada con esquizofrenia paranoica y estaba bajo los efectos de un cóctel de antisicóticos, ansiolíticos y somníferos. A veces inhalaba perico en el counter de la cocina, en un espejo de mano en su mesita de noche, o en una portada de la revista *Cosmopolitan*. Otras veces fumaba crack en pipas improvisadas hechas de papel de aluminio o latas de refresco. A veces utilizaba una pipa de verdad. Algunos días se desplomaba en el sofá durante dieciséis horas y, al día siguiente, estaba maníaca: corría alrededor del apartamento, hablaba sola, tiraba cosas y se reía de todo y de nada.

Papi venía un par de veces a la semana, nos daba un par de dólares y los escondíamos para los días en que no tuviéramos comida, ocultándolos de mami para que no se los robara. Cuando teníamos hambre, íbamos al 7-Eleven a comprar hot dogs de noventa y nueve chavos.

Alaina y yo nos pasábamos la mayoría de los fines de semana planeando nuestra huida, resentidas con papi porque había dejado que mami nos llevara, resentidas con Anthony porque estaba tan bien, porque no tenía que lidiar con mami y comía comida de verdad preparada por abuela.

Vivir con mami significaba que nunca tendríamos amigos de visita, ni fiestas de cumpleaños o sleepovers, como las demás nenas normales. Vivíamos atemorizadas de que nuestros amigos descubrieran su locura, su drogadicción y sus arrebatos violentos. Así que no se lo contábamos a nadie: era nuestra vergüenza secreta y escondíamos nuestros moretones de los maestros y compañeros de clase.

A veces nos escapábamos del apartamento en Bay Road, hacíamos carrera para llegar a casa de papi antes de que mami nos atrapara. Pero, cuando nuestra madre estaba empericada, hablando frenéticamente, paranoica y enfurecida, era como una corredora olímpica. Salía tras nosotras de noche, descalza, con los ojos muy abiertos y encabroná, y siempre nos atrapaba. Siempre.

Alaina y yo no creíamos en los monstruos, en realidad. No le teníamos miedo a la oscuridad, o a Freddy Krueger o a Pennywise, el payaso de Stephen King en *It*. Y, a pesar de que era la más joven, Alaina siempre fue la más valiente. Nada la asustaba. Pero lo mío era otra cosa. Mi mayor temor, la cosa que más me asustaba en el mundo, era mi madre. No eran las drogas, o sus amenazas de que algún día nos llevaría tan lejos que nunca volveríamos a ver a papi o a abuela, ni siquiera sus rachas violentas. Yo tenía miedo de, con el tiempo, terminar siendo igual que ella.

El PRIMER RATÓN fue el más complicado: recuerdo el caos en la cocina, a Anthony apartándome del camino. Cómo lo atrapó, entre el zafacón de un lado y la caja de herramientas de papi del otro. Cómo lo encerró en una caja de cartón. Cómo me pasó de la nada la sartén. Cómo yo mentiría luego y diría que no había sido yo quien lo había hecho, sino él. Recuerdo cómo en un apartamento diferente años después, mi hermano se abalanzó contra mí y todo lo que pude hacer fue respirar, prepararme y, con el pecho inflando y desinflándose, abrir una gaveta y sacar un cuchillo de carne.

Un sábado en la playa, durante el verano después de que nos llevara al apartamento en Bay Road, mami conoció a un tipo. Era más joven que ella, tenía unos veinte años, y parecía no importarle nada, tenía mugre debajo de las uñas y su camiseta blanqueada por el sol con un roto en el hombro. Se había acercado a ella mientras Alaina y yo nadábamos. Entablaron conversación.

Cuando salimos del agua, lo encontré acostado en mi toalla, fumándose un blunt y echando arena sin querer en mis tenis.

Nos quedamos mirándolo fijamente.

—Esa es mi toalla —le dije con la boca tensa como un puño.

Sonrió, ignorándome, y le pasó a mi madre el blunt.

—Tus hijas son duras.

Para entonces, mami ya nos había educado en las costumbres de los hombres: lo que querían, lo que necesitaban, cómo te decepcionan, te abandonan, te hacen promesas que nunca cumplirán, y cómo lastiman para después hacerte creer que te lo merecías. Los hombres no eran de confiar, ni siquiera nuestro padre. Y mucho menos los que acabas de conocer. Pero decidió llevarse a este tipo a casa de todos modos.

Cuando estábamos listas para irnos, Alaina y yo nos envolvimos en nuestras toallas, con los rizos encrespados por el agua salada, y mami anunció que el tipo se vendría a casa con nosotras. «Sólo por un tiempo», dijo.

De camino a casa, Alaina y yo discutimos con ella: le dijimos que ni siquiera conocíamos a este tipo, que bien podía ser un monstruo, un asesino o un violador en busca de madres solteras con nenas. Le dijimos al tipo directamente que no lo queríamos en nuestro apartamento y que no había forma alguna de que viniera con nosotras; le dijimos que llamaríamos a nuestro padre, a nuestros tíos y luego a la policía. Pero no teníamos teléfono y nuestras amenazas ni siquiera inmutaron a mami.

—Ignóralas —le dijo al tipo. Y eso hizo.

Cuando llegamos al apartamento en Bay Road, mami y el hombre se encerraron en el cuarto y nos dejaron en la sala, esperando. Pensé en llevar a Alaina al teléfono público de la estación Chevron que quedaba a dos cuadras de distancia, o caminar hasta el trabajo de papi, pero no podía dejar a mi madre sola con un tipo que podía ser un asesino.

Estuvimos sentadas allí la mayor parte de la noche: Alaina en un lado del mueble de ratán y yo en el otro, las dos aún con trajes de baño. Alaina llevaba su traje de baño entero violeta con faldita volante y estampado de corazones rojos en el pecho; sus brazos flacuchos eran marrón oscuro y, sus cachetes y nariz, cobre rojizo. Mi hermanita se parecía a mí, excepto que era más pequeña, más marrón y con el pelo más oscuro. Si yo me mantenía alejada del sol, me volvía pálida. Pero Alaina siempre se veía marrón.

Llamé a la puerta del cuarto varias veces para recordarle a mami que necesitábamos ducharnos y cenar. Estábamos ansiosas por quitarnos el agua salada de nuestros cuerpos y acondicionar y desenredar nuestros pelos. Queríamos llegar a nuestro dinero secreto: habíamos escondido lo suficiente para dos hot dogs y un slurpee, y quizás hasta para una bolsa de papas fritas. Nos quedamos dormidas esperando.

Más tarde, cada vez que contara esta historia, diría que no tenía miedo, que sólo estaba enojada. Estaba enfadada con mi madre por encerrarse en el cuarto, dejándonos a nuestra suerte, sin comida, por traer a un desconocido a nuestro apartamento, a nuestras vidas. Se puede decir que fue ahí que sucedió, en mitad de la noche, cuando me desperté por los ronquidos de mi herma- na pequeña, dormida con el estómago vacío, cuando decidí que no necesitábamos una madre, que nos podíamos cuidar la una a la otra. No diría que, cuando desperté, vestida con nada más que mi bikini negro y rosa, aquel del zipper en la parte del frente que había heredado de Tanisha, el hombre que mi madre había traído a casa estaba de pie frente a mí, en medio de la sala, desnudo y con la mano en el bicho. No diría que, cuando abrí los ojos y lo vi allí de pie, fingí no estar sorprendida, ni asustada, y que dije algo tipo: «Aléjate de mí, pendejo», a pesar de que lo que realmente quería hacer era gritar por mi madre. Ni diría nada sobre cómo se rió de mi voz. O cómo después, cuando finalmente se nos permitió vol- ver a nuestro cuarto, Alaina y yo encontramos nuestro escondite de dinero vacío, y cómo mami admitió que no había sido él quien lo había robado, sino ella quien había dejado que él lo tomara. Porque, dijo, necesitaba dinero pal taxi.

FUE SU MADRE quien lo mató. O al menos eso era lo que todo el mundo decía. Cada noticiero que hablaba de la historia, todos los días la foto de la asesina en los periódicos, incluso después de que el caso se cerrara.

Una vez, meses después, comiendo corn flakes frente al televisor, vi las noticias en el Canal 10 y subí el volumen: dos mujeres eran escoltadas por los agentes del Cuartel de la Policía de Miami Beach hasta la Cárcel del Condado de Dade. Yo balanceaba el bol de cereal en la falda y miraba cómo eran escoltadas con esposas. Una multitud de reporteros, fotógrafos y camarógrafos las estaban esperando.

Coloqué la cuchara sobre la mesa y dejé que los cereales se empaparan mientras las mujeres eran escoltadas hacia la patrulla entre el gentío que les gritaba, les escupía y las llamaba «asesinas», «baby killers», «monstruos».

DESPUÉS DE QUE nos botaran del apartamento en Bay Road, una de las muchas veces que nos desahuciaron, mami nos llevó adonde Mercy. Llegamos a su apartamento de un cuarto un sábado por la tarde, con toda nuestra ropa y zapatos desbordándose de nuestras bolsas negras de basura. Alaina y yo no habíamos comido nada desde nuestros almuerzos escolares del día anterior. Yo había dejado de hablarle a mami tras el desalojo y porque no nos dejaba volver a casa con papi, abuela y Anthony, que era donde Alaina y yo queríamos estar.

Mercy abrió la puerta, y mi madre le explicó que necesitábamos un lugar donde quedarnos durante un tiempo.

—¿Y por qué su padre no está cuidando de ti? —preguntó Mercy—. ¿No sabe que sus hijas andan en la calle como perras realengas?

Mi madre dejó caer sus bolsos al suelo.

—Le da igual que sus hijas mueran de hambre —dijo—. Gasta todos sus chavos en mujeres.

—¡Eso es mentira! —respondí bruscamente—: Papi nos da dinero cada semana.

Entonces delaté todos los secretos de mi madre: que papi pagaba la pensión alimentaria pero mami lo gastaba todo en perico y cerveza; que nunca tuvimos comida en la casa, a menos que papi la comprara; que Alaina y yo tuvimos que ocultar dinero de mami para poder comprar hot dogs en el 7-Eleven; que mintió y le dijo a papi que alguien se metió en nuestro apartamento y robó el dinero de la renta cuando en realidad lo había gastado en un atracón de tres días con un periquero del barrio; que se habían encerrado en el cuarto y que, cuando el tipo ese finalmente se fue, dejó atrás docenas de latas vacías de Budweiser.

Mi madre me dio una gaznatá y me ordenó que me callara.

Alaina se puso entre mami y yo, aunque eso significaba que mami también la abofeteara. Pasamos la mayor parte de nuestra niñez de esa manera: yo y Alaina esquivando chancletazos y correazos, siempre sintiendo que sólo nos teníamos la una a la otra.

Mercy nos ignoró a Alaina y a mí.

—Se me van en una semana —dijo—, y no voy a cuidar a ninguna nena. Ya yo crié a mis hijas.

Mi cara estaba enrojecida. Estaba en llamas. Odiaba a mi madre, odiaba a Mercy, y quería castigarlas. Miré a Mercy fijamente a los ojos, recordando todas las veces que había hablado de abuela, cómo la había llamado «negra» e inventado cuentos sobre ella haciendo vudú en su cocina para arruinar la vida de mi madre. Cómo siempre culpó a mi padre por la enfermedad de mi madre, diciendo que él la enloqueció, que la obligó a drogarse, que mi padre, ese negro, le había arruinado la vida.

Tomé un respiro, dije:

—Tú ni siquiera criaste a tus hijos. Los regalaste.

Y ahí Mercy también me dio una pescozá.

En 1994, cuatro años después de que encontraran el cadáver de Lázaro, una madre llorosa de Carolina del Sur, Susan Smith, salió en la televisión contando un cuento falso sobre un hombre negro armado, un carjacking y un secuestro. Ella miraba a las cámaras, suplicándole al presunto secuestrador que devolviera a sus hijos a salvo. Sus dos hijos pequeños, Michael, de tres años y Alexander, de un año, fueron encontrados poco después dentro del carro de su madre, todavía amarrados a sus car seats, ahogados en el fondo del lago John D. Long.

Después de la confesión de Smith, después de que admitiera que había inventado la historia, lo del hombre negro armado, lo del carjacking y lo del secuestro, la mujer le dio a la policía todos los detalles de cómo vistió a sus hijos, cómo los amarró a sus car seats, cómo guió el carro hasta el lago y lo parqueó en la rampa para los botes. Confesó cómo soltó el freno de emergencia y cómo el carro arrancó. Cómo lo dejó ir hacia el lago y dejó que se llevara a sus hijos.

Dos años después de que la policía recuperara los cadáveres del lago, siete personas —incluidos cuatro niños— se ahogaron sin querer mientras visitaban el monumento erigido allí mismo para Michael y Alexander. Ellos habían estado guiando una noche, y parquearon su guagua en la misma rampa, dejando que sus faros alumbraran las dos piezas de mármol. Habían acudido hasta allí atraídos, según la gente, por ver el lugar donde todo había sucedido.

El lago, dijeron, se había convertido en una leyenda que atraía a visitantes de todo el mundo. Era un lugar mítico.

EN EL CASERÍO pasé horas despierta en la cama, esperando los alaridos de la Llorona. Aguardaba la voz de una mujer llorando a lo lejos, llamando a sus hijos —un nene y una nena— cuyos nombres no conocía.

En los cuentos, se alegaba que la Llorona mató a sus hijos después de ser rechazada por un amante. Se había llevado a sus dos bebés de sus camas una noche; atravesó con ellos el bosque hasta llegar al río, donde empujó y mantuvo sus cuerpitos bajo el agua hasta ahogarlos. Entonces, cuando se dio cuenta de lo que había hecho, con sus cuerpecitos ya sin vida en brazos, se metió en el río y dejó que éste se la llevara a ella también.

Y así dice la leyenda: la Llorona se lamenta en la oscuridad de la noche, buscando ríos, playas y lagos donde los niños nadan, parques infantiles donde juegan, llamando a sus hijos fantasmas.

CINCO AÑOS DESPUÉS de que encontraran el cuerpo de Lázaro, cuando tenía dieciséis años, me encontré sentada en una celda del Cuartel de la Policía de Miami Beach. Era mi sexto o séptimo arresto: aquella vez fue por apuñalar a mi hermano. La pelea había comenzado semanas antes, después de que Alaina y yo nos mudáramos de nuevo con papi. Anthony y yo nos gritábamos como solían hacer nuestros padres.

—Tú no eres mi pai —le dije—. ¡No eres nadie!

—Siéntete foquin bendecida —dijo mi hermano—. Yo te hubiese botao hace mucho tiempo.

Anthony le había choteado a papi que yo llegaba tropezando borracha a las tres de la mañana, y yo le había choteado a papi que le había encontrado a Anthony jeringuillas y viales de Depotestosterona en su mochila, ambos desesperados por su atención. Anthony ya tenía dieciocho años, y para ese entonces papi ya estaba demasiado cansado, o demasiado ocupado, o demasiado viejo, o demasiado arrebatado para que lo molestaran.

— ¿Qué clase de nena...? —mi hermano decía a menudo, leyendo y arrancando páginas de mi diario, sosteniéndolas en el aire para escrudiñar la evidencia física del monstruo que era; definitivamente no era la nena que se suponía que debía ser, la clase de nena que abuela había intentado criar.

—¿Qué clase de nena eres tú?

Esa tarde, la pelea escaló a tal punto que queríamos matarnos: durante uno de los tantrums de Anthony, después de que hubiese tirado sus camisetas, tenis y mochila por nuestro balcón en el octavo piso, después de pegarme y yo pegarle de vuelta, me dio un puñetazo en el lado de la cabeza que me llevó a caer boca abajo en el suelo. Cuando volví a levantarme, trató de estrangularme. De alguna manera, Alaina pudo quitármelo de encima. Luego fui a la cocina por el cuchillo.

Y cuando me arrestaron, con el cuchillo en el piso de la sala, con alguien al teléfono, con Alaina que lloraba y lloraba y con la policía que le preguntaba: *¿Parecía que estaba apuñalando, o más bien cortando algo? ¿Cómo sostenía el cuchillo?*. Cómo mi padre, con la frente llena de sudor, los ojos enrojecidos e hinchados, preguntaba una y otra vez: *¿Qué hiciste? ¿Qué hiciste? ¿Qué fue lo que hiciste?*.

UNA VEZ, CUANDO aún vivíamos en el caserío, cuando los dos corríamos libremente con los demás nenes de la calle, empujé a Anthony por los escalones del frente de nuestro edificio. La noche antes me había arrancado los pelos en mechones.

El ruido que hizo su cabeza agrietándose al caer contra los escalones de concreto fue aterrador, estimulante.

Mi hermano y yo éramos iguales: mitad monstruo, mitad ratón.

EN EL CUARTEL, todos los policías pasaron por mi celda, queriendo echar un vistazo a la muchacha que había intentado matar a su propio hermano.

—Por Dios, ya sé quién eres —dijo uno de ellos, y luego se volvió hacia los demás—: La he arrestado antes.

Lo miré de arriba abajo sin decir nada. Era una fugitiva, una desertora escolar, una delincuente. Me habían arrestado tantas veces: por agresión agravada, por asalto, por agredir a un policía.

Me interrogaron dos detectives sin mis padres y sin un abogado presente.

El policía que dijo que me conocía se sentó al otro lado de la mesa, preguntándome una y otra vez: «¿Por qué lo apuñalaste? ¿Estabas encabronada? ¿Lo querías matar?».

—Sí, estaba encabroná —respondí.

—Sí, quería matarlo —respondí.

No pregunté: «¿Dónde está mi padre?» ni «¿Cómo está mi hermana?», y no les dije que, durante años, después de cada ojo morado, de cada labio ensangrentado, de cada mechón de pelo arrancado desde las raíces, había fantaseado con el peso de ese cuchillo en la mano.

Y después de que me tomaran las huellas digitales, me retrataran, me esposaran y me escoltaran dentro y fuera del ascensor; después de que me pasearan por el vestíbulo y me sacaran por la puerta trasera y me metieran en una patrulla; después de que me dejaran en el centro de detención juvenil donde pasaría la noche a la espera de mi audiencia en el tribunal junto con otras muchachas que quizás habían apuñalado a sus hermanos, o quizás no, me imaginaba a los policías que aseguraban conocerme, que hablaban de mí y me llamaban «ratera» y «delincuente» y «criminal», palabras que ellos pensaban que encajaban bien con una muchacha como yo.

¿QUÉ SIGNIFICA ROMPERTE el tímpano? ¿Raspar un ratón muerto y aplastado del suelo y guardártelo para más tarde? ¿Coger un cuchillo, apuntarlo, clavarlo? ¿Cortar un dedo?

¿Qué es un dedo desmembrado del cuerpo de un niñito?

De todos modos, ¿de qué sirve un meñique?

ERA CASI LA medianoche cuando llegamos al centro de detención juvenil, yo y otras dos muchachas; todas las celdas del ala de mujeres estaban cerradas, las demás reclusas dormían en mats sobre el piso. La oficial de corrección juvenil nos acompañó a las duchas, donde nos desnudamos ante su mirada, un cacheo de delincuentes juveniles, las tres levantando nuestros pechos, apartando nuestras piernas y abriendo nuestras bocas. Ninguna dijo nada cuando la guardia vertió champú antipiojos en nuestras manos. Tampoco dijimos nada cuando nos ordenó que nos enjabonáramos la cabeza, las axilas, el vello púbico, o cuando dijo y siguió repitiendo: «Déjame ver, déjame ver, déjame ver».

Una vez que tuvimos puestos nuestros mamelucos naranjas, tuvimos que trenzar nuestro pelo, nos dijo, o nos lo cortarían. Así que me trencé el pelo frente al espejo, evitando las preguntas de las otras muchachas: «¿Dónde vives? ¿A qué escuela vas? ¿Qué hiciste?».

¿Qué hiciste? La gente siempre hacía esa pregunta. Pero no diría nada durante años, ni después de que saliera de la cárcel, ni después de cumplir los dieciocho años y que mi registro fuera eliminado, ni después de que me dieran mi GED y comenzara a tomar clases en Miami Dade College, pensando que me cambiaría, que me sacaría de las calles y que me ayudaría a ser capaz de mirar a papi de nuevo a los ojos y finalmente saber lo que se sentía que alguien esté orgulloso de mí.

Después de trenzarme el pelo, me llevaron a una de las celdas, me entregaron un mat y una manta para el piso y cerraron la puerta detrás de mí. La celda estaba vacía, helada, y una vez que estuve en el piso temblando toda la noche, pensé: «Finalmente me han puesto en mi lugar».

Me desperté a la mañana siguiente con una nueva compañera de celda. Estaba tirada en su mat, llorando, limpiándose la nariz con su manga.

—No te comas los grits —dijo—. Les ponen algo que te hace cagar.

LA PARTE MÁS aterradora no era que la Llorona fuera un monstruo, o que apareciera cuando la llamas por su nombre tres veces en la oscuridad, o que entrara en tu habitación de noche y te arrastrara de tu cama, como había hecho con sus propios bebés: era el hecho de que ella alguna vez había sido una persona, una mujer, una madre. Y luego, en un momento, en un instante, una fracción de segundo más tarde, se convirtió en un monstruo.

UNOS AÑOS DESPUÉS, tras salir de la casa de mi madre por última vez, después de que mi hermano se convirtiera en un hombre adulto, con una esposa y un bebé y casa propia, después de que Ana María Cardona hubiera sido juzgada, condenada y sentenciada a muerte, le escribí en la prisión:

> Estimada Srta. Cardona:
> Me gustaría escuchar su historia. No la que publicaron en los periódicos, ni la que la gente contó, ni la que apareció en las noticias, sino la verdadera.

Y ella me contestaría:

> Querida Srta. Jaquira Díaz:
> Esto no es una historia. Ésta es mi vida.

Candy Girl

Era el otoño después de que pasara el huracán Andrew, cuando aún éramos niños y Miami Beach aún nos pertenecía a nosotros y no a los productores de películas o a las agencias de modelos o a los inversores inmobiliarios. Era 1992, tres años antes de que apuñalara a mi hermano, antes de que los fiscales o los policías o los abogados defensores dejaran de hablarme y empezaran a hablar sobre mí, antes de que me mandaran de gira a la Cárcel del Condado de Dade como parte de una especie de acuerdo llamado Scared Straight, un programa de intervención para jóvenes en riesgo.

Después de mi tercer o cuarto arresto ese año, cuando fui excarcelada en el cuartel de Miami, me topé con mami esperándome en la recepción. Estaba en la sala de espera con un cigarrillo apagado asomándole por los labios. Llevaba puesta una camiseta blanca, unos mahones rajados, unas chancletas sucias y llevaba el pelo rubio enmarañado, con el esmalte de los pies descascarados y la mascara corrida. Al acercarme, sólo me miraba sin decir nada; ni siquiera extendió los brazos para abrazarme a pesar de que no la veía desde hacía semanas.

Yo había estado saltando de la casa de papi a la de mami durante meses y luego un día, después de una pelea con mami, me escapé: metí algo de ropa en una mochila y me fui en mitad de la noche. Había pasado las últimas dos semanas durmiendo en casas de amigos, o en los puestos de salvavidas fuera en la playa, cortando todas las clases de octavo grado. Hasta que la policía me recogió después de una garata con unas nenas fuera del centro comercial Omni.

Mami se arrancó el pase de visitante de la camiseta, lo dejó caer en el counter frente a la policía que trabajaba en la recepción, una mujer pequeña y mayor a la que otros policías llamaban miss Olga.

Miss Olga recogió el pase, me miró y frunció el ceño.

—Necesito que firmes un recibo de propiedad personal —le dijo a mami.

—Yo puedo firmar —le dije. Había hecho esto tantas veces ya, que estaba acostumbrada al proceso. Además, mami había dejado de firmar mis mierdas hacía mucho tiempo.

Mi madre se volvió sobre sus tacones antes de recoger el bolígrafo, caminó a través de las puertas de cristal, y una vez fuera, prendió su cigarrillo.

Miss Olga colocó una bolsa de papel en el mostrador, la abrió y miró dentro. Luego la deslizó hacia mí por el escritorio. Hizo lo mismo con mi mochila, abierta y vacía.

—¿Esto es todo lo que tienes? —preguntó.

La revisé: dentro había unos aretes de argolla de oro, seis dólares, una llave de apartamento, una camiseta de Bob Marley, una peineta, tres plumas Bic azules, una libreta de composición, un lipstick Revlon Toast of New York. Le sonreí a medias.

—Sí.

Deslizó su portapapeles hacia mí.

—Firma en la parte inferior.

Garabateé mi nombre.

—No vuelvas aquí, miss Thang.

Mi madre daba una fuerte calada a su cigarrillo.

—Está bien —le respondí.

—Lo digo muy en serio: no quiero volver a verte por aquí.

Atravesé las puertas dobles y me encontré con mami esperándome con Benny, uno de sus novios. La doblaba en edad, rondaría los sesenta, quizás, estaba casi calvo del todo, y llevaba unos pantalones marrones, una guayabera de mangas cortas y una gorra de repartidor de periódicos. La última vez que lo vi, se jactaba de cómo había sido una especie de leyenda del boxeo cuando era más joven, tratando de impresionarme, a pesar de que ambos sabíamos que mami sólo lo mantenía cerca en caso de necesitar un favor. Mami era una hustler. Conseguía que los hombres le compraran cigarrillos o perico o comida. Conseguía que le dieran dinero para ropa y zapatos. Conseguía que la pasearan en carro y, en este caso, que la llevasen al otro lado del puente para recoger a su hija de trece años en el cuartel de la policía de Miami.

Afuera, mami me rodeó con sus brazos. Olía a humo de cigarrillo y a ropa sucia.

—Te extrañé tanto —dijo, lo suficientemente alto para que la mitad de la cuadra pudiera oírlo.

Esos días lo único que hacía era fumar y salir con sus amigos periqueros. Si la veía era sólo en momentos como éste, cuando la llamaba para que me hiciera un favor, prometiéndole veinte dólares si me recogía. O cuando me quedaba en casa de papi y llegaba tocando la puerta, pidiendo dinero prestado, demasiado drogada para recordar que era Navidad, o el día de mi recital de piano, o mi cumpleaños. Yo recordaba cómo, en su época, era orgullosa, vestía bien, con su pelo rubio cayendo por su espalda en espesas capas que de vez en cuando me dejaba peinar, trenzar o rizar. Y cómo, a pesar de que no era perfecta, nos había acompañado hasta la escuela, y se había asegurado de que siempre hubiera regalos debajo del arbolito de Navidad.

—¿Que me extrañaste? Eso es foquin mentira.

Se apartó un poco de mí con sus brazos aún sobre mis hombros, el sol destiñendo sus mechas.

—¿Cómo se te ocurre decir algo así?

Retiré sus manos de mí. No le conté lo asustada que estaba tras pasar horas en esa celda sola mientras los policías hablaban de mí como si ni siquiera estuviera allí, ni de cuando dijeron que si mis padres no venían por mí tendrían que procesarme y luego dejarme en el centro de detención juvenil, donde pasaría el próximo mes, más o menos, hasta mi juicio. Tampoco le conté de cómo me había encogido de hombros cuando un policía y luego otro se detuvieron al pasar por mi celda y preguntaron: «¿Dónde están tus padres?» y que ni siquiera me molesté en corregirlos a pesar de haber pensado: «Madre. ¿Dónde está tu madre?». Ni le conté cómo no había llamado a papi porque ya estaba harto de mí. Ni que pensé que quizás ni siquiera se aparecería, que probablemente estaría ella misma en la cárcel también. Quería contarle lo que se sentía ser la muchacha cuyos padres habían dejado de aparecerse, pero pensé que no me haría caso.

—¿Tienes hambre? —preguntó mami, cambiando el tema.

Ahí fue que me di cuenta de qué se trataba todo esto: mi madre montaba un espectáculo para su macho, fingiendo que realmente se ocupaba de sus hijas, usándome como un accesorio para impresionar a un exboxeador que probablemente la dejaría de todos modos cuando se percatara en lo que se había metido.

—Estoy hambrienta —respondí.

Benny había parqueado su viejo Chevy Nova oxidado al lado del parquímetro al otro lado de la calle. Abrió la puerta del pasajero para mi madre, y cuando abrió la puerta trasera para mí, no me miró a la cara. Los asientos de cuero estaban rotos y manchados y olían a queso podrido y a sudor de hombre viejo. Al salir del parking, nuestras miradas se encontraron en el espejo retrovisor.

—Estoy ahorrando para un carro nuevo —dijo.

Solía odiar a los novios de mami. Pero me dio lástima, y me sentí hasta avergonzada por Benny, de que se estuviera disculpando siquiera por no tener un carro mejor. No podía recordar la última vez en que algún novio de mami se hubiera disculpado por algo, ni hablar de mirarme como la hija de mi madre en lugar de una niña tonta, o peor, una lolita con un buen culo.

PASEAMOS A LO largo de la 112 hacia Miami Beach hasta llegar a la carretera Arthur Godfrey. Benny abrió las ventanillas para que mi madre pudiera fumar, el viento azotando sus rizos sueltos en mi cara. Nos metimos en el servicarro de Burger King mientras me ajustaba el moño.

Mi madre se inclinó hacia atrás para mirarme, sonriendo.

—¿Sabes lo que quieres?

Saqué la cabeza por la ventanilla y le hablé al aparato.

—¿Me das un Whopper con queso y una batida de chocolate grande?

Una voz de mujer me respondió.

—Whopper con queso, una batida de chocolate. ¿Algo adicional?

—Dame un momento.

Metí la cabeza de nuevo en el carro.

—¿Ustedes quieren algo?

Benny se inclinó hacia la ventanilla y pidió para los dos. Ni siquiera se molestó en preguntar lo que ella quería, y cuando le pasaron las bolsas, las manejó como si hiciera esa mierda regularmente. Después de que me dieron mi batida y mi comida, volví a ignorarlos. Benny guió con una sola mano mientras tomaba enormes mordiscos de su Double Whopper y, de vez en cuando, echaba un vistazo a través del retrovisor como si fuera a decirme algo.

Después de un rato, mami se volvió de nuevo hacia mí.

—So —me dijo— debes de estar contenta de regresar a casa.

Quería recordarle que nunca consideré su apartamento un hogar y que era la razón por la que llevaba escapándome tres años.

—No sé, Jeannette —respondí, destacando cada sílaba de su nombre para que supiera que ya no la llamaría «mami»—: ¿Cómo te fue a ti todas esas veces que estuviste en la cárcel?

Se volteó y volvió a su comida.

No busqué los ojos de Benny en el retrovisor, pero sí alcancé a ver cómo puso sus manos sobre ella, cómo trató de consolarla. ¿En serio? Cómo fue que mi mamá, que usualmente perdía los estribos por periqueros pendejos, encontró a Benny, un tipo normal. Me preguntaba cuánto tiempo le tomaría a él salir del encanto, cuánto tiempo pasaría antes de que se despertara en la cama de mami a las tres de la mañana —con su cartera desaparecida, sus bolsillos y su dignidad virados al revés— y saliera corriendo como un diablo.

BENNY DETUVO EL carro frente a nuestro edificio y salí rápidamente, ajustándome la mochila y cerrando la puerta tras de mí de un portazo. Pero mi madre no se bajó, o no quiso hacerlo. Me paré en la acera, sosteniendo mi bolsa de Burger King a medio comer, con mi batida casi terminada, observándolos. Benny trató de hablar con ella, señalando nuestro edificio, a su reloj, como si necesitara estar en otro lugar. Esperaba que no me pidiera los veinte dólares que le había prometido por teléfono. Pero de repente Benny dio la vuelta al carro, haciendo chirriar los neumáticos, y arrancó con mami a todo gas.

Mi madre vivía a una cuadra del Normandy Park, en la Sección 8 de proyectos de viviendas públicas, en uno de dos edificios art déco de dos pisos estilo motel con múltiples capas de pintura destartaladas de tres colores pastel diferentes. Las luces de Navidad seguían prendidas en julio, agosto y septiembre. No importaba qué día de la semana fuera, el edificio de mi madre siempre parecía una resaca tras una noche en vela de fiestas patronales, el parking y las escaleras llenas de mierdas random que nunca lograban llegar hasta el zafacón: latas de cerveza trituradas, colillas de cigarrillos, envolturas de caramelos. Uno siempre podía suponer quiénes eran los nenes de la Sección 8: los que todavía corrían sus bicicletas en la calle después de la medianoche, los que tocaban a las puertas de los vecinos para hacer llamadas ya que casi nunca teníamos teléfonos, cuyas madres los enviaban a la tienda de la esquina para que compraran cigarrillos con cupones. Veníamos de hogares rotos, hablábamos un inglés roto y nuestros padres eran foquin pobres.

Entré en nuestro apartamento, cerré la puerta detrás de mí, coloqué mi mochila en la alfombra desgastada y mi comida en la mesa de centro. Alaina estaba en la casa de papi, y Anthony no vivía con mami desde hacía años, así que tenía el apartamento para mí. Lo único que teníamos en la sala era el mueble viejo manchado de mi madre, un televisor de trece pulgadas que los vecinos dejaron atrás cuando se mudaron, una mesa de caoba que usábamos como soporte para la televisión y una raquítica mesa de centro de cristal. Había latas de cerveza vacías por todos lados: en el piso, donde las habían dejado paradas al lado del sofá, sobre la televisión, en el counter de la cocina, en el alero de la ventana. Ah, y los ceniceros. Había ceniceros por todas partes, todos llenos. Mi madre coleccionaba colillas de cigarrillos. Cuando se quedaba sin cigarrillos, buscaba en sus ceniceros y encontraba colillas con algún rastro de humo. Yo de vez en cuando encontraba una colilla de marihuana aun medio viva y era como un regalito de Navidad.

A veces, cuando mami y yo no nos peleábamos, cuando estaba medicada, cuando dejaba de drogarse y de acoger a los tecatos durante semanas, teníamos buenos días. Entrábamos en la cocina y freíamos un poco de pollo, nos sentábamos en la sala y veíamos novelas en la televisión desintonizada. En esos días podía preguntarle cualquier cosa, días en que mi madre y yo podíamos tener una conversación.

—¿Cómo son? —pregunté una vez—. ¿Las voces?

Tomó una larga y lenta calada de humo, pensó un rato y exhaló.

—Son furiosas. Son muchas. A veces, es sólo Pedro.

En esos buenos días en que la tenía para mí era casi como si la tuviera de vuelta. La observaba prender un cigarrillo tras otro, fumando como chimenea hasta que toda la sala quedaba borrosa. Recogía los ceniceros y los vaciaba en el zafacón de la cocina pensando en lo injusto que era que mi madre hubiera perdido la cabeza, lo injusto que era haber perdido a mi madre.

NI SIQUIERA HABÍA llegado a mi cuarto todavía cuando oí un golpe en la puerta. Me asomé por la ventana de la sala. Era mi amigo Chris, a quien no había visto desde que me escapé. Llegué a la puerta rápidamente.

—¡Ey! —dije.

—Tanto tiempo, perdida.

Parecía cansado, su pelo rizo estaba más largo que nunca y estaba más pálido de lo habitual. Chris era un afroboricua de tez clara, pero jamás lo había visto tan pálido. Supuse que había estado trabajando mucho.

—Te ves bien mierda —dije.

—Tal y como te gusto, nena.

Me dio un apretón y me echó para atrás.

—¿Dónde carajo has estado?

Chris trabajaba en la bodega de la gasolinera al cruzar de la esquina que tenía sólo tres pasillos, un par de neveras y una caja registradora. La mayoría de la gente del barrio iba allí a conseguir Phillies y cigarrillos y cervezas cuando no querían caminar dieciséis cuadras hasta el supermercado Normandy. Chris trabajaba allí de cajero casi todas las tardes. Era mayor que yo, ya tenía veintiuno, pero había estado flirteando conmigo desde que nos conocimos un año atrás. Solía ir allí a comprar dulces, Now & Laters, Airheads y Tootsie Pops y, con el tiempo, me los dejaba todos de gratis.

—Yo invito, candy girl —decía. Yo revoleaba los ojos y los tomaba de todos modos, y él comentaba algo tipo—: ¿Por qué tienes que ser tan grosera?

Una vez que nos hicimos amigos, Chris empezó a cuidar de mí. Me llevaba a comer, me compraba ropa y zapatos, me dejaba guiar su carro. Me visitaba y traía cigarrillos y dulces, bolsas de Ring Pops y Charms Blow Pops, paquetes de Nerds y de Sour Patch Kids, barras de Snickers y Reeses de mantequilla de maní. Cada día con Chris era Halloween, excepto que no había monstruos acechando a la vuelta de la esquina, al menos ninguno que pudiera ver. Parqueaba su Toyota todo chocado frente a nuestro edificio, y nos sentábamos dentro, escuchando New Edition con nuestros cigarrillos, nuestros dulces y nuestra lujuria.

No era precisamente mi novio, y no lo amaba, pero amaba la forma en que me amaba a mí. Hablaba de nosotros como si tuviéramos un futuro, como si tuviéramos muchísimo por delante, diciendo cosas como: «Algún día, cuando seas mayor, te compraré una casa», o: «Cuando cumplas dieciséis, te llevaré a Disney World». Sacaba dólares de su billetera, me los pasaba y decía: «Aquí tienes, candy girl», sin yo tan siquiera pedírselo.

«Candy girl»: así me llamaba siempre, rompiendo a cantar mientras esperábamos en la fila del cine, o mientras patinábamos por la pista en Collins Avenue. «Candy girl, you are my world», me cantaba, haciéndose pasar por Ralph o Ricky, tan dispuesto a ser mi hombre a pesar de que todavía ni estaba en la high.

Mientras estuve fuera de casa, no pensé en él en absoluto. Le tenía cariño a Chris, pero, más que nada, sólo pensaba en él cuando estaba cerca, cuando me quedaba en casa de mami. Era alguien que nos llevaba a pasear a mí y a mis panas, alguien a quien llamaba para que me fuera a buscar cuando me aburría, o cuando había una película que quería ver, o cuando quería tenis nuevos, o hierba, o Wendy's. Sabía que había algo raro en el hecho de que fuera mayor, pero me gustaba la idea de que un tipo mayor estuviera enamorado de mí y me comprara cosas.

Chris y yo fuimos y nos sentamos dentro de su carro a escuchar música y a fumar sus Newports. Recliné el asiento y me dediqué únicamente a escuchar: «Louder than Love» de TKA, pero también los ruidos de los carros y las guaguas pasando, un nene en bicicleta llamando a alguien en la calle, unas viejas en sus balcones gritándoles a sus nietos.

Fue justo en ese pequeño Toyota Tercel que Chris me confesó por primera vez que me amaba, un viernes por la noche. Habíamos estado bebiendo St. Ides. Tras confesarse, se inclinó para besarme, y de repente, vomité. Un buche amarillo que cayó directamente en la parte del frente de su hoodie.

Gritó: «¡Puñeta!». Luego se quitó su hoodie, la viró al revés, y lo usó para limpiar el resto del vómito. «¡Puñeta!», continuaba maldiciendo. «¡Puñeta, puñeta, puñeta!».

Estaba avergonzada y borracha.

—¡Es tu culpa! —le dije—. Tú fuiste el que trajiste licor.

Hizo un ruido nauseabundo:

—¡Ñeta!

Aunque eso había apenas sucedido un par de meses atrás, parecía como si hubiera pasado hacía un millón de años. Tanto había pasado desde entonces. Tantas peleas con mami, tantas noches afuera en la playa.

—¿Cuándo fue la última vez que te cortaste el pelo? —pregunté.

—No me acuerdo —dijo riéndose.

Pasamos un rato en su carro, hablando y burlándonos el uno del otro, cuando el carro de Benny se detuvo en el parking. Mi madre salió y se acercó al carro de Chris mientras el carro de Benny se alejaba.

Chris bajó su ventanilla.

—¿Qué hay, mami? —dijo.

Mi madre le sonrió como siempre les sonreía a mis panas cuando estaba a punto de pedirles un cigarrillo.

—Hola, Chris.

Chris volteó sus bolsillos, como si supiera lo que estaba a punto de decir. Le dio un par de Newports y un billete de cinco.

—Gracias —dijo—. ¿Crees que puedas prestarme cinco más?

—¡Mami! —me enfurecí y me volví hacia Chris—: No le des un carajo más de dinero.

—Sabes que te lo voy a pagar —dijo mi madre, guiñándole el ojo.

Sacó un billete de diez y se lo entregó, sin más.

—Gracias —dijo, y luego se metió para adentro.

Mami siempre era así: se aprendía los nombres de mis amigos, conociéndolos lo suficiente como para pedirles dinero, cigarrillos o drogas. Sería así hasta adentrada mi adolescencia, cuando crecí, cuando me convertí en mujer. Era como si yo fuera la única que envejecía, cambiaba. Pero mami estaba congelada en el tiempo: tenía veinte años y escuchaba a Madonna y pensaba que mi padre le metía cuernos, aún siendo perseguida por esos mismos monstruos, incluso años después de habernos ido de Puerto Rico, seguía creyendo que todavía éramos dueños de la casa en Luquillo, del liquor store, que volveríamos allí, a retomar lo que habíamos dejado. Que todo estaría esperando a que regresáramos.

—Sabes que nunca volverás a ver ese dinero, ¿verdad? —le dije a Chris.

Me miró y prendió el motor.

—Te veo mañana, candy girl. Y arréglate el maldito pelo.

Alcancé el mango de la puerta.

—Y tú, recórtate el foquin pelo.

CUANDO ME LEVANTÉ a la mañana siguiente, intenté escuchar señales de vida de mi madre. Pariseaba casi todas las noches, y no la oí entrar. Cuando no salía durante días, se encerraba en su habitación con algún pendejo, escuchando a Madonna en la radio, fumando y esnifando líneas de perico. Alaina y yo solíamos estar encerradas en nuestro cuarto, yo en la litera inferior, Alaina en la superior, intentando amortiguar todo el ruido. A veces podía oírla a través de las paredes, riendo y riendo. Si un vecino frustrado llamaba a la puerta a las dos de la mañana, subía el volumen en su radio hasta que la policía aparecía e interrumpía el party, lo que significaba que su novio saltaría por la ventana del cuarto con su stash, y mami se quedaría atrás hablando con los agentes.

Vivir con mami se había convertido en algo tan impredecible que Alaina y yo empezamos a dormir con nuestra ropa —camiseta y shorts, a veces incluso mahones, tenis y medias— siempre lista en caso de que tuviéramos que vestirnos y saltar por la ventana. Estábamos siempre en modo supervivencia, siempre vigilantes en caso de que alguien llamara a la policía a causa de mami, en caso de que tuviera una crisis a las dos de la madrugada o en caso de que alguno de sus novios borrachos tratara de entrar a nuestro cuarto en mitad de la noche.

Me puse mis chancletas y salí al pasillo. En la sala, me topé con un desastre: botellas de cerveza medio vacías, una caja de pizza tirada en la mesa de centro, los cojines del sofá en el piso, ropa de hombre regada por todas partes. Un par de mahones azules descoloridos, una camiseta blanca, unos Nike blancos, unas medias de deporte hechas bolas.

Me dirigí al baño y oí el inodoro descargarse, después la puerta se abrió y allí estaba él, en el pasillo entre el baño y mi cuarto, de pie justo al frente de mí con sólo unos bóxers puestos. No era Benny.

Era J.R., un nene con el que estudié. Un nene que me había torturado desde que éramos estudiantes de sexto grado en Fisher. Había intentado besarme estando una vez en la fila de los carritos locos en una gira a la Feria de la Juventud de Miami, y le derramé mi limonada en su cabeza; una semana después empezó el rumor de que yo era la que había intentado besarlo a él, y una semana después de eso intentó hacer que me tropezara mientras bajaba de la guagua escolar.

J.R. sonrió de oreja a oreja cuando me vio, sin decir palabra allí de pie, en mi casa, semidesnudo. Me miró de arriba abajo, y de repente fui yo la que se sintió semidesnuda, en mi camiseta de Bob Marley y shorts, sin brassier. Crucé los brazos por el pecho.

J.R. se rió, y luego siguió su marcha, pasándome por el frente hacia el cuarto de mi madre como si conociera el camino. Me incliné contra la pared, casi me caigo.

Fue a la escuela conmigo.

¿Qué carajo hacía de fiesta con mi madre?

Y ni siquiera se lavó las manos.

Cuando llegó a la puerta de mi madre, llamó tres veces. «Me tengo que ir, mano», le dijo a la persona que estaba en el cuarto de mi madre. «Me voy en cinco». Se pavoneó hacia mí, y no pude pensar en una sola cosa que decirle. Me quedé allí casi helada mientras se iba.

En la sala, J.R. se vestía cuando la puerta del cuarto de mami se abrió y salió un tipo que no conocía. Era mayor que J.R., rondaba, quizás, los veinte años, llevaba una camiseta blanca y pantalones manchados de pintura, como si hubiera venido directamente del trabajo. Jamás lo había visto por el vecindario. Asintió al irse.

Y luego ambos salieron por la puerta principal, dejando atrás el desorden en la sala.

UNA VEZ QUE llegué a la escuela, pisoteé por los pasillos con mahones holgados, botas militares y una camiseta de Malcolm X que Chris me había comprado en Flea Market USA. Ignoré a los nenes y sus estúpidos braces, sus jerséis de béisbol, a las nenas con moños que brincaban de camino a Educación Física o Educación Cívica. Adondequiera que miraba, veía caras nuevas. El huracán Andrew nos había golpeado tan fuerte que la escuela estaba abarrotada con nenes de Homestead, nenes que se habían mudado a Miami Beach porque sus familias habían perdido sus casas y sus escuelas habían cerrado. Cuando llegué a mi clase de Inglés Avanzado, mis compañeros enfilaban y ocupaban todos los pupitres a mi alrededor y encontré unos asientos vacíos en la parte de atrás. Mantuve la mirada en mi libreta, garabateando en los márgenes, intentando hacerme invisible, hasta que mis amigas Boogie y China entraron. Entonces, al menos por un rato, todo estuvo bien.

Boogie, China y yo éramos las mejores amigas, como hermanas. Nos conocíamos desde que estábamos en la Escuela Elemental Ida M. Fisher y ellas eran las únicas que sabían adónde me había ido cuando me escapé de casa. A veces me quedaba con alguna de ellas. A veces nos íbamos juntas y nos quedábamos en la casa de algún novio.

China se sentó en el pupitre de al lado mío, y Boogie se sentó frente a mí. Antes del timbre, les conté de cuando me arrestaron y de cuando pasé horas en el cuartel antes de que mi madre me recogiera.

—Quédate en casa, si quieres —dijo China. Era la única de las tres que vivía en un hogar con ambos padres.

Sus padres eran los dueños y regentaban un restaurante en South Beach, y ella trabajaba allí después de la escuela casi todos los días. Nos pasábamos por allí a menudo a llevarnos batidas y hamburgers gratis. A pesar de que sus padres trabajaban en el restaurante todos los días, de mañana a anochecer, trabajando con cojones para mantenerse a flote, China nunca parecía pobre porque era muy generosa con todo lo que tenía. Si uno tenía hambre, se aseguraba de que supieras que contabas con una invitación permanente para comer con su familia. Si no tenías un lugar donde quedarte, se aseguraba de que supieras que podías llegarle a su casa y dormir en su cuarto. Se ocupó de todos, siempre pensando más en los demás que en ella misma.

Éramos amigas desde cuarto grado. Dos años más tarde, Boogie llegó a nuestras vidas, la nena nueva, la que le gustaba a todos los nenes desde el momento en que entró por la puerta del salón de sexto grado de miss Bregman.

Boogie sacó una bolsa de Doritos de su mochila, y luego se volvió hacia mí. «¿Quieres?».

Cogí un par y comencé a monchear. No nos dejaban comer en clase, pero Boogie por lo general hacía lo que quería. A las dos nos encantaba romper las reglas, pero yo era la que siempre me metía en problemas. Boogie era alborotosa, malcriada y con un temperamento fuerte, pero podía zafarse de cualquier situación gracias a su labia. Yo era la nena que le tiraba los libros de texto de Preálgebra al maestro, la nena que se subía a la mesa en la cafetería y lanzaba crema de maíz para iniciar un food fight, la nena que se abalanzaba de cabeza al barril de agua cuando se suponía que debíamos estar meramente sacando las manzanas de dentro con los dientes durante el Field Day, la nena que se peleó a puñetazos con un nene arriba del todo de las gradas del gimnasio y que luego se cayó hasta abajo del todo con el nene aún en sus brazos, haciéndole una llave en la cabeza. No había labia que me zafase de esas mierdas, así que ni siquiera me molestaba en intentarlo. En nuestro grupo, China era conocida como la tímida, la calladita pero dura cuando necesitaba serlo. Boogie era la coqueta. Yo era la nena salvaje, la que había peleado con la mitad de las nenas, y con algunos de los nenes, en nuestra escuela.

Mis panas a menudo sacaban la cara por mí, si me estaban dando una prendía, si había más de una nena, si se trataba de una pelea. Pero nunca esperaba que lo hicieran. Pelear era lo mío y todos lo sabíamos. A veces lo veían venir, cuando miraba mal a las nenas en la parada de guagua, en el centro comercial, en el malecón, en la forma en que me negaba a apartarme cuando alguien trataba de moverse entre la multitud del pasillo de camino a clase, con mis ganas de pelear, prácticamente suplicando por una pelea. Una gaznatá en la cara, el choque de ambas contra los casilleros, el dolor abrasador al tropezar y al golpear mi rodilla el metal, y la rabia, esa fuerza imparable, todos aquellos años de palizas abalanzándose hacia mí, la adrenalina de cuando todos los demás nenes se reunían a nuestro alrededor para ver, la confianza en mí misma de que iba a ganar, incluso cuando no lo haría, incluso si al final me acabaría desplomando en el vestuario, o en la pista de Educación Física o en la de baile. Entonces, al menos, tendría la certeza de que había recibido exactamente lo que merecía. Años más tarde, ya de adulta, después de haber dejado de dar prendías, cuando no podía recordar la última vez que golpeé a alguien, un pana me preguntó: «¿Necesitas eso, toda esa mierda, para escribir, para ser quien eres?». Se refería a las peleas, al caos, a la rabia. Le dije que no. Y eso, por supuesto, sería mentira. Y él, por supuesto, no me creyó, porque incluso muchos años después, por más que intentara ocultarlo, pudo percibirlo, mi cuerpo entero apretado como un puño.

China se inclinó, y entre nosotras tres, acabamos los Doritos.

—Chris vino ayer —les anuncié.

China me echó una mirada y levantó una ceja.

—¿Ese tipo? —dijo.

—¿Qué?

—¿No crees que es demasiado viejo?

A China no le gustaba Chris, pensaba que era espeluznante que su hermanito fuera a la escuela con nosotros, y que Chris a veces lo recogiera en la escuela, según ella, exclusivamente para poder echarles un vistazo a las nenas.

—Él no es mi novio —le dije—. Sólo somos amigos.

Boogie se echó a reír.

— Sí, lo que tú digas —dijo.

Boogie tenía sus propias opiniones. La mayoría de sus novios habían sido mayores que ella: tenían sus propios carros, trabajos, aunque vivieran con sus madres. No se preocupaba por mí; sabía que podría manejarlo sola, y tampoco estaba interesada en ningún nene de su edad.

China sí estaba preocupada, simplemente lo sabía. Amaba a sus amigas y nos mantenía a todas cerca. Iba a cumplir quince en unos meses y su familia estaba planeando una súper fiesta de cumpleaños, un quinceañero a la antigua con trajes de baile rechonchos, quince parejas bailando al son de «Tiempo de vals» de Chayanne, un DJ, un bizcocho de cumpleaños de tres pisos. A la madre y las tías de China les interesaba toda esa gran producción porque querían mantenernos a todas ocupadas, fuera de las calles, pasando tiempo con nenes de nuestra edad, donde pudieran supervisarnos. Dos días a la semana nos íbamos a la casa de China para los ensayos, todas apareadas con nuestros parejos de baile de acuerdo a nuestra altura; traté de no morirme de la vergüenza cuando uno de sus primos me giró en el aire en el patio, cuando colocó su mano en mi espalda, me recostó y me miró a los ojos a lo Antonio Banderas. Yo ya estaba sufriendo con la idea de llevar un traje. Siempre iba en mahones, camisetas holgadas, tenis o botas militares. Y ahora se suponía que debía llevar un monstruoso bustier lila con una falda de volantes gigantes. Todo esto era como una escena de la Cenicienta boricua, todas haciendo cabriolas de mierda a lo Cenicienta.

Después de que sonara el timbre, míster Williamson cerró la puerta detrás de él y comenzó a hablar del huracán Andrew, que no parecía ser de lo que deberíamos estar hablando en una clase de Inglés Avanzado. Por lo general, las clases tenían que ver con la mitología griega o con *La leyenda de Sleepy Hollow* o con Edgar Allan Poe. Pero dejamos de prestar atención. En vez, circulamos un espejo pequeño y arreglamos nuestros pelos, nuestro maquillaje, mirando a ver si nos quedaban residuos anaranjados de los Doritos en los dientes. China admiraba su pelo: como siempre, estaba perfecto. Tenía rizos marrones gruesos, como los de mi hermana, los ojos almendrados y los labios regordetes, en forma de corazón, que rellenaba con lipstick oscuro. Me pasaría la mitad de mi vida enchulada de ella, odiando a cada tipo con el que salía. Ninguno de ellos sería nunca lo suficientemente bueno.

Boogie tenía el pelo castaño liso, que siempre se teñía, ya fuera de castaño o color miel, dependiendo de su estado de ánimo o de lo que fuera que encontraba en la farmacia. Era demasiado inteligente, y cantaba bien cabrón. Yo estaba locamente enamorada de ella entonces, pero nunca, nunca se lo dije. No sé lo que tenía, pero algo tenía. La forma en que siempre olía a espray corporal Violeta, la forma en que era valiente como yo nunca podría serlo, la forma en que amaba su cuerpo voluptuoso, llevando siempre mahones brasileños ajustados o minifaldas, cómo era ferozmente independiente, incluso a los trece años, todas esas formas en que era fuerte, pero también vulnerable. Sus padres la dejaban hacer lo que ella quería, quedarse fuera hasta tarde, salir con los muchachos mayores, y realmente no le prestaban ninguna atención. Quería, más que cualquier otra cosa, ser amada. Y yo quería, más que cualquier otra cosa, ser quien lo hiciera.

—¿Entiendes? —míster Williamson preguntó. Cuando elevé la mirada, estaba parado enfrente de mi pupitre, mirándome. No a Boogie, no a China, ni a nadie más. A mí.

—¿Qué? —respondí. Todo el mundo se rió.

—Eso pensé —me dijo—. Si estás teniendo problemas para escucharme, te puedes sentar al frente, cerca de mí.

El asiento del burro. Un asiento vacío junto al escritorio enorme de míster Williamson, frente a toda la clase, donde todo el mundo me miraría como si fuera una especie de idiota. Al carajo.

—Na, estoy bien —le dije, y rápidamente tomé mi pluma y fingí apuntar algo, sin mirar para arriba para evitar su mirada.

Míster Williamson se volteó y se dirigió a su escritorio, recogió una pila de papeles, y comenzó a repartirlos. Era una tarea. Se suponía que debíamos escribir un ensayo sobre el huracán Andrew: sobre nuestra experiencia, cómo nuestras familias se prepararon, cómo lo sobrellevamos y sobre las repercusiones de la tormenta. Míster Williamson se adentró en explicar la tarea en profundidad, y luego se acercó a mi pupitre de nuevo.

—¿Tienen alguna pregunta? —le preguntó a la clase.

—No —todo el mundo dijo al unísono.

—¿Jaqui?

Esperó.

—No —respondí.

—Bien.

Cuando sonó el timbre, agarré el papel, la libreta, la pluma, y lo metí todo en mi mochila, decidida a salir rápido, pero él me alcanzó.

—Jaqui —dijo con severidad mientras me dirigía a la puerta.

Caminé hacia su escritorio.

—¿Sí?

Se puso de pie con los brazos cruzados, y me di cuenta de que su labio estaba temblando un poco, como si estuviera más nervioso que yo.

—Espero que tengas tu tarea lista para la fecha de entrega. Mañana. No al día siguiente, o el día después.

—Sí —respondí.

Boogie y China me esperaron junto a la puerta, escuchando a escondidas.

—¿Qué te pasó la semana pasada? Faltaste.

—Estaba enferma —le dije.

Me miró y suspiró.

—Espero que te sientas mejor. Tengo ganas de leer tu ensayo. —Señaló a la puerta—. Te veo mañana.

DESPUÉS DE LA clase de míster Williamson, nos separamos y fuimos a nuestras clases electivas. Boogie y China se fueron por el pasillo, y yo me dirigí hacia la sala de música. Al pasar el baño de las nenas y la fuente de agua, me topé con Chanty, otra vieja amiga de Fisher. No habíamos hablado en un buen tiempo, y se veía más andrajosa que de costumbre, con una camiseta holgada medio metida en sus mahones apretados, su cabello castaño tirado hacia atrás en un moño desordenado. Llegó adonde mí, me dio un besito en la mejilla y un breve abrazo.

—Ey, nena, tanto tiempo —dijo.

Eso era normal para nosotras en la Escuela Intermedia Nautilus. Un beso rápido de saludo, un abrazo. Era nuestra forma de decir «¿qué es la que hay?» a nuestros amigos, a todos los otros muchachos que conocíamos de casi toda la vida, que habían vivido en la misma calle durante años, con quienes nos encontrábamos en la tienda de dulces, en la farmacia o mientras caminabas por el malecón. Miami Beach era en ese sentido como un pueblo pequeño: todo el mundo se conocía y todo el mundo conocía los asuntos de los demás. Pero Chanty y yo ya no éramos amigas. La verdad es que no. No lo habíamos sido por un tiempo, no desde que su madre decidió que yo era un problema, una bandolera destinada a terminar embarazada, a vivir del mantengo, o en la cárcel, y ésa no era la vida que quería para su hija.

Eso sucedió después de que a Chanty la pillaran cortando clases, meses antes. Chanty y yo habíamos salido de la escuela temprano, ido a la playa con su novio, Andre, y su pana, Devin, un hermoso y callado jamaiquino de alguna otra escuela del norte de Miami. Fuimos al parque en North Shore, y Andre encendió un blunt, arrebatándonos a todos. Estuvimos allí durante horas, los cuatro tirados en la arena, buscando figuras en las nubes, estallando de la risa cuando alguien encontraba un hamburger con queso o un elefante o un caimán.

—Ey —dijo Chanty después de un rato—. Tengo que orinar.

—Pues, orina —dijo Andre, sin quitar los ojos de las nubes.

Se levantó, lentamente, tratando de estabilizarse. Estaba fucked up.

Negué con la cabeza, desaprobando a Andre.

—Acompáñala, pendejo.

Cuando Chanty y Andre se fueron, Devin y yo nos quedamos atrás. Nos sentamos en la arena, juntos, apoyados el uno contra el otro.

—¿Quieres treparte a uno de esos árboles? —dijo, señalando a las uvas playeras más altas.

Me reí.

—No.

Se mantuvo en silencio durante un tiempo, como si lo hubiera intimidado, y me di cuenta de que era tímido. Pero él era más lindo que la mayoría de los muchachos que iban a Nautilus.

—¿Quieres besarme? —pregunté.

Sonrió, pero no dijo nada. Se volvió hacia mí, se inclinó lentamente, y yo tiré del cuello de su camisa, y uní mis labios con los suyos. Esperé, pero no hizo nada, sólo mantuvo su boca allí, torpemente, con los ojos cerrados. Podía ser esa la primera vez que besara a una nena, por la forma en que estaba allí pasmado, pero estaba bien bueno, así que le metí lengua. Nos besamos, lentamente, por un tiempo, y luego me alejé.

—¿Cómo era que te llamabas? —pregunté.

Negó con la cabeza y se rió.

—Devin.

Nos besamos durante mucho tiempo, las olas golpeando en la distancia, el viento soplando mis rizos en su cara, y cuando le metí la mano dentro de los pantalones, separó la cara ligeramente; abrió los ojos como si estuviera en shock, y luego sonrió. No sabía exactamente lo que estaba haciendo, pero lo hice de todos modos. Tenía curiosidad, y muchos de mis panas ya estaban teniendo sexo, y moría por deshacerme de mi virginidad, como si fuera una carga, y comoquiera ya para entonces me estaba masturbando tanto que estaba segura de que estaba lista. Así que lo besé y deslicé la mano dentro de sus calzoncillos y agarré su bicho y lo acaricié por unos tres segundos antes de que él soltara un solitario sonido largo, parte gruñido, parte gemido, y se viniera en sus pantalones.

—Mierda —dije.

—Carajo —dijo, y no me miró, o no pudo. Me besó de nuevo,
y luego tiró de mis mahones—. Quítatelos.

Me quitó mis mahones y mi ropa interior, y allí en la playa me
lamió ahí abajo, puso toda su cara en mi tota, y no tardé mucho
tiempo y abracé su cabeza con mis piernas y clavé mis dedos en
la arena y gemí y gemí y no me importó quién carajo me oyera o
estuviera mirando, y tal vez incluso me excitó un poco saber que
otras personas podían oírme. Por un segundo me preocupé de
que tal vez Andre y Chanty pudieran oírnos, de que nos verían
de camino de regreso de los baños, pero luego decidí que no me
importaba. Después de que me viniera, Devin me besó como si
finalmente hubiera descubierto lo que era un beso, su lengua en
mi boca, y pude probarme a mí misma: la sal, el cigarrillo que
se había fumado minutos antes de lamerme, y me sentí libre, al
menos por un tiempo. Más tarde, después de haber olvidado su
sabor, la forma en que su dedo se sintió dentro de mí, lo único que
sentí fue tristeza.

Cuando Chanty llegó a su casa esa noche, después de saltarse
la mayoría de las clases de ese día, su madre ya había recibido una
llamada de la escuela, y cuando le preguntó a Chanty dónde había
estado y con quién, en vez de decir que había estado con Andre,
dijo que había estado conmigo. Sólo conmigo. Y su madre, que
ya pensaba que era una mala influencia, me vetó de su vida. A
Chanty la dejaban pasar tiempo con todos nuestros demás panas, Boogie y China e incluso con Chuckie, el skater que vendía
marihuana en la cafetería. Pero no conmigo. Chanty caminaba
directamente hasta mí y me saludaba cada vez que me veía, pero
ya apenas pasábamos tiempo juntas. Yo evitaba hablar de ello sólo
para olvidar que yo era alguien que su mamá odiaba. Una loser.

Se lo conté a Boogie y a China, y ambas estuvieron de acuerdo

en que estaba jodida la cosa y que Chanty no le debió haber choteado a su madre que cortaba las clases conmigo.

Así éramos nosotras, como se suponía que debía ser. Guardá-
bamos los secretos de la otra, nos enjugábamos las lágrimas, nos
protegíamos las unas a las otras. Nos pasábamos notas durante las
clases, nos contábamos todo, nuestras fantasías y nuestros amo-
res, las peleas más recientes con nuestros padres, el concierto de
TLC para el que estuvimos ahorrando, el tipo que nos confesó su
amor mientras tomábamos la guagua juntos un viernes después
de la escuela. Nos sentábamos juntas en la cafetería, nos encontrábamos en los pasillos. Entonábamos «If I Ever Fall in Love»
de Shai y «Hold On» de En Vogue mientras esperábamos a que
sonara el timbre. Hacíamos misiones juntas, cortábamos clases
y tomábamos la guagua al centro comercial, o al pulguero, o a la
playa, cantando Whitney en la parte de atrás de la guagua. Nos
escapamos a los festivales de salsa en Bayfront Park los fines de
semana, cantando «Casi te envidio» de Andy Montáñez y «Mi
libertad» de Frankie Ruiz hasta que el parque cerraba. Fuimos a
fiestas de cumpleaños en Hot Wheels, donde nos subíamos a los
patines alquilados y atravesábamos la pista con luces de discoteca,
bailando al son de 2 Live Crew.

Llevábamos shorts y crop tops, mahones, ropa de básquet y
aretes de argollas enormes. Y no importaba lo que pasara, todo
el mundo tenía opiniones sobre cómo nos vestíamos: nos llamaban «marimachas», «arrabaleras» o «muchachas fáciles». Nuestros shorts eran demasiado cortos, nuestros mahones demasiado
apretados, demasiado holgados, nuestras voces demasiado ruido-
sas. Todo el mundo quería controlar lo que llevábamos puesto, lo
que hacíamos, con quién lo hacíamos. No éramos las muchachas
que el mundo quería que fuéramos. No se nos permitía hablar así,

querer así, no se suponía que sintiéramos el deseo que uno siente a los trece o catorce años. «Qué clase de muchacha…», les encantaba decir. Qué clase de muchacha, incluso cuando tomaban lo que les dábamos, y tomaban aquello a lo que tanto nos aferrábamos. Nuestras voces. Nuestros cuerpos. Intentábamos vivir, pero el mundo estaba haciendo todo lo posible por matarnos.

Solíamos tener novios que no duraban ni un año, ni un mes, ni una semana, muchachos mayores que no iban a la escuela, que guiaban Broncos y Camaros y Cutlass Supremes. Los escondíamos de nuestros padres, de los padres de nuestras amigas. Cuando nos cansábamos de ellos, los dejábamos, pero a veces no se iban, y llegaban a la piscina o al cine o a la pista de patinaje sin ser invitados, pidiendo hablar con nosotras por una última vez. Teníamos trece, catorce, quince, y ellos eran hombres que superaban los veinte, y no importa cómo les dijéramos que no, siempre volvían. Hasta que teníamos bebés, o abortos, y entonces sí se iban.

Éramos muchachas, pero hubiéramos pasado el resto de nuestros días juntas si hubiéramos podido. Hasta que un día nos dimos cuenta de que, sin querer, crecimos, nos separamos, nos rompimos los corazones.

IBA A MIS dos clases de Música, los únicos dos periodos en que me sentía culpable de saltar clases. Tan pronto entré a la sala de la orquesta, miss Seoane, con su manera dulce y alentadora de ser, me dio una charla: se suponía que debía estar practicando para un gran concierto al final del año, donde tocaríamos junto con nuestra banda de jazz y todos los conjuntos musicales de cuerdas y viento de la Miami Beach High. Yo era la única bajista avanzada de Nautilus, y me necesitaban. No podía seguir faltando a la escuela.

Me disculpé y prometí que repondría todas las clases perdidas.

Dos periodos después, en Piano, enchufé mis audífonos en uno de los teclados electrónicos Yamaha en la parte de atrás del salón. En vez de practicar el Minuet en G menor de Bach de mi partitura, pasé todo el periodo intentando descifrar la música para «Candy Girl». Toqué unas cuantas notas, las apunté, rellenando una hoja en blanco. Quería sorprender a Chris algún día, y pasé horas rebuscando en los estantes en busca de la partitura en Spec's y Camelot Music, pero nunca la encontré. Toqué «Candy Girl» hasta que sonó el timbre, luego guardé mis cosas y me puse la mochila. Antes de salir del salón, miss Seoane me entregó una carpeta con las partituras para nuestro concierto: «Majestia» de James Swearingen.

—No te olvides de practicar —me dijo ella con voz cantarina.

El resto del día mantuve la cabeza baja, evitando contacto visual, tomando notas y simulando que estaba resolviendo unos problemas de matemáticas, yendo de clase en clase sin detenerme el tiempo suficiente para notar lo que todos los demás estaban mirando: a mí. No me di cuenta hasta que acabó la escuela, hasta que estuve en mi casillero girando la rueda en mi Master Lock, pulseando la combinación. Había faltado al menos una semana, pero había pasado mucho más tiempo sin ver mi casillero. Después de un segundo intento, me apoyé en la puerta de metal roja, me dije a mí misma, respira, sólo respira. Me incorporé, lista para intentarlo de nuevo, echando un vistazo al largo pasillo lleno de gente, y ahí fue cuando vi que todo el mundo me estaba mirando, cada cara se volvió en mi dirección. Ni una sola persona intentaba disimular. Todos me miraban.

A mitad de camino al otro lado del pasillo, J.R. se apoyó en su propio casillero, de brazos cruzados. Estudié a la multitud, de un

rostro al siguiente, y luego de nuevo al de J.R. Se los había contado. Estaba segura de ello. Todos habían estado hablando de mí.
Probablemente les había dado todo tipo de detalles sobre cómo
era nuestro apartamento, cómo no teníamos comida en la nevera,
sobre mi madre y sobre el tipo que no conocía. Quería que la tierra se abriera y me tragara.

Sostuve mi libro de Álgebra contra el pecho; mi cara, mis orejas y todas mis entrañas estaban ardiendo. Al otro lado del pasillo,
J.R. aún me sonreía. Quería que lo viera. Quería que supiera que
les había contado a todos. Fantaseé con tirarle con el libro al otro
lado del pasillo, lo bien que me sentiría verlo volar y golpearlo con
las setecientas páginas de problemas matemáticos. Pero pensé en
miss Olga, en el Cuartel de la Policía de Miami; en Alaina, que me
admiraba y que probablemente estaba lidiando con sus propios
problemas en la Escuela Elemental Treasure Island; y en Paula,
mi consejera designada por el tribunal, a la que se suponía que
debía ver semanalmente, y cuya frase favorita era «Jaqui, ya no te
quedan segundas oportunidades». Pero J.R. seguía mirándome,
con esa estúpida sonrisa en la cara.

Finalmente, me paré toda recta y le grité al otro lado del pasillo:

—¿Y tú, qué carajo miras?

Y luego, como si hubiera estado esperando justo esa reacción,
me tiró un beso que hizo que todos estallaran de la risa, los muchachos preppy con sus blanquísimas y penetrantes sonrisas, los
roqueros con sus collares de perro y el pelo teñido negro aza-
bache, tres o cuatro muchachas ricas que nunca me hablaron
negando con sus cabezas mientras seguían a sus novios por el
pasillo, incluso la muchacha embarazada que intentaba ocultar
su barriga bajo hoodies extragrandes, como si fuera a engañar
a alguien. J.R. también se rió, como si yo fuera una especie de

show. Cuando finalmente dejó de reírse, frunció los labios, elevó los puños a las mejillas, limpiándose sus lágrimas imaginarias, para luego lentamente decir: «No llores».

No lloré. Tome una decisión, allí mismo en aquel pasillo: ésa no sería mi vida. Yo no era, y nunca sería, el tipo de persona que era acosada u objeto de burla, porque había crecido con un hermano mayor que me había dado palizas desde que estaba en pañales, con una madre que repartía palizas como si fueran lecciones de vida y, si algo me habían enseñado, era cómo pelear. Así que no, no lloré un carajo. En su lugar, solté la mochila y fui directamente hacía él, entrelazándome entre los mafuteros, los surfers, los skaters y los raperos wannabe, todos ellos cacareando y burlándose y mirándome mientras agarraba mi libro de texto con fuerza y con ambas manos, todas y cada una de sus setecientas páginas, y le pegué, cogiéndole la mismísima mandíbula. Se estrelló de lado contra su casillero, se deslizó hacia el piso, los brazos extendidos y una pierna escondida debajo. Y todos se callaron.

CUANDO LLEGUÉ A mi edificio esa tarde, pateando piedrecillas en mi camino y mirando mal a los de mi alrededor al pasarles por el lado, Chris me estaba esperando en el parking. Estaba sentado en su carro, mi madre apoyada en el lado del conductor, hablando con él. Cuando me vio, me saludó, y entró rápidamente.

—¿Le diste dinero? —pregunté.

Se rió, negando con la cabeza.

—Sólo un cigarrillo —dijo—. ¿Quieres ir a dar un paseo?

—Eres un foquin mentiroso —respondí.

—¿Qué es esa actitud?

—¿Por qué le das dinero a mi madre?

La expresión de Chris cambió, entrecerró los ojos.

—¿Qué está pasando? ¿Estás bien?

Y luego, a pesar de saber que nuestros vecinos de arriba probablemente estaban escuchando todo, estallé.

—¿Qué carajo haces aquí? —grité—. ¡Tú no eres mi novio! ¡Nunca serás mi novio! ¡No eres nadie!

Estuvimos allí por mucho tiempo después, los dos en el parking, sólo mirándonos el uno al otro. Me quedé ahí, con mi mochila bien sujeta, el sol en mi cara, mis sobacos sudados, manchando la camisa que él me había comprado de regalo, mirándolo fijamente. Podía oír a los nenes en el parque al otro lado de la calle dribleando la bola de básquet durante su partido de tarde, las bocinas de un carro sonando en algún lugar a lo lejos. No dijo nada. Quizás no supo qué decir.

Años después, pensaría en este momento, en cómo había querido herirlo, cómo le dije esas palabras sólo porque sabía que él no me haría daño.

Había cosas que nunca le había contado a Chris sobre mi vida, sobre todas las maneras en que había tratado de hacer mi vida llevadera. Que escribía canciones que cantaba en la ducha, que mis panas y yo cantábamos mientras tomábamos el trolley de ida y vuelta en Lincoln Road, que en mis sueños me imaginaba tocando en algún piano-bar, o en algún club de jazz, el pizzicato de mi bajo vibrando a través del tiempo y el espacio, que pasé la mayor parte de mis días fingiendo que podía cantar, soñando con ir de gira con Whitney o Mariah. O cómo llené libretas de espirales con historias de monstruos, que robé libros de la biblioteca, que me salté días enteros de clases para pasar tardes soleadas tirada en la playa, leyendo, y que, cada vez que tomaba esas paletas que me traía, pensaba en aquel niñito, el Baby Lollipops, en cómo habían encontrado su cuerpo, y cómo yo había anotado todos los detalles que podía recordar, páginas y páginas enteras, sin siquiera saber por qué.

Finalmente, Chris giró la llave de ignición. Me miró por otro segundo, y luego se puso sus gafas oscuras lentamente, sacó su Tercel fuera del parking y, sin decir una palabra más, se alejó.

Esa noche, de verdad hice mi tarea. Me leí la hoja de instrucciones de míster Williamson, luego me puse a trabajar, escribiendo fervorosamente, una página, dos páginas, tres, cuatro. Seguí escribiendo a pesar de que me pareciera más larga que cualquier otra tarea que hubiera intentado hacer, y, cuando mi pluma se quedó sin tinta, cogí otra y seguí escribiendo hasta que terminé.

Después, me acosté en la cama con los ojos cerrados, todo mi cuerpo vibrando, agotada como si hubiera corrido un maratón. Podía oír a mi madre en la sala, sola, riéndose. A esa hora solía estar preparándose para ir a janguear, rumbo a South Beach, donde iba a cazar hombres, donde había sido arrestada varias veces por posesión. En la sala, la oía hablar sola, luego reír y reír y reír.

Recuerdo la primera vez que oí a mi madre reírse así, sin razón. Fue unos años antes, apenas unos meses después de que nos mudáramos de Puerto Rico. Tenía ocho años. Acabábamos de mudarnos a un apartamentito en South Beach, a pocas cuadras de Fisher. Estaba haciendo sándwiches cuando sonó el teléfono. Ella contestó y habló durante unos minutos, luego puso el receptor boca abajo, se paró en la cocina, y lloró en silencio.

Era una llamada de Puerto Rico, me dijo. Su titi Meri acababa de morir.

Era la tía de mami, pero había sido una segunda madre para ella. Yo nunca conocí a esta mujer que mi madre había amado tanto, aunque había contestado el teléfono cuando llamó un par de veces, y sabía mi nombre, el nombre de Anthony, el de Alaina. Sólo la vi en una fotografía, su pelo canoso amarrado en un moño suelto arriba del todo en la cabeza, la cara pálida bañada en polvo, los labios pintados de un tono rojo artificial. No tenía historias de ella en vida, no tenía recuerdos de ella peinándome el pelo o regalándome feísimos suéteres hechos a mano para mi cumpleaños o de que hiciera la cena del domingo para nosotros. Ni siquiera sabía cómo había muerto, si tuvo un ataque al corazón o alguna enfermedad incurable, si había sido fulminada por un rayo o atropellada por un carro.

Mami había dejado los sándwiches en el counter de la cocina y agarré uno, miré cómo mi madre sostenía el auricular del teléfono en la oreja, cómo lo colgó y tropezó con la mesa de la cocina, y cómo retiró una de las sillas y se sentó. Me sentó en su falda, me envolvió en sus brazos y lloró en mi cuello. Tenía hambre, pero no me comí el sándwich. Lo cogí con cuidado, y me preocupé por no dejarlo caer o que se aplastara mientras mami me apretaba con todas sus fuerzas. Me mordí la lengua cuando se me ocurrió preguntar si había otros miembros de la familia con quienes estuviéramos emparentados, como esta tía que nunca había conocido, que estuvieran allá afuera en el mundo. La idea de estas personas sin rostro ni nombre, y mi madre, respirando mi aire, su cuerpo contra el mío, necesitándome tanto, me causaba dolor de pecho. Pero no había nada que pudiera ofrecerle. Así que le di de comer mi sándwich, se lo llevé hasta la boca, y le dio una mordida, lo masticó lentamente, y tragó con los ojos cerrados.

Después, hubo un cambio en el aire. Mami sentada en esa mesa, habiendo perdido una madre, llorando en voz baja, en silencio, entre sus manos, y de repente la risa irrumpiendo el silencio como una lanza. Ahuecó la boca, riendo y riendo y riendo.

Nos habíamos mudado a Miami Beach sólo meses antes, y apenas hablaba inglés, pero conocía la palabra «huérfana». Había visto *Annie* unas diez veces, y la idea de ser una nena sin padres me parecía aterradora y emocionante. Había sido como una fantasía terrible, algo que anhelaba, algo que temía. Y años más tarde, así fue precisamente como entendí el amor: emocionante y aterrador, de lágrimas y risas y luego lágrimas nuevamente. El amor, aprendí, podía destruirte. El amor enloqueció a mi madre.

UNOS DÍAS DESPUÉS, cogí la guagua hacia el centro de Miami, y luego el Metrorail hacia el Mailman Center for Child Development para ir a mi cita con Paula. Era la primera vez que la veía en su oficina: siempre nos veíamos en el tribunal o en el cuartel de policía o en una oficina en la biblioteca de mi escuela.

—Toma asiento —dijo Paula cuando entré en su oficina del cuarto piso.

Me senté en el sofá y ella se sentó frente a mí en su silla con ruedas. Llevaba pantalones y una blusa de manga corta, excepto que estaba descalza, con un anillo en los dedos de los pies y con los antebrazos tatuados, sus rizos marrones desordenados y encrespados. Ninguna de las cosas de su oficina encajaban con ella; quizás su ropa era una especie de disfraz para ocultar a la verdadera Paula, una mujer blanca tatuada, con joyas de piedra de luna turquesa y de pelo asalvajado que probablemente tocaba la batería en alguna banda de marquesina con otros terapistas.

La oficina de Paula era como una sala de juegos para niños, con unas mesitas y sillas plásticas como las de un salón de kindergarten. Con juguetes regados por todo el piso: Barbies, Legos, bloques. Juegos de mesa apilados en estanterías en miniatura. Había un conjunto de bolsas de habichuelas en la ventana, y, colgando en las paredes, unos dibujos coloridos en crayola de familias de palillo y casas con soles amarillos flotando sobre ellas.

—¿Cómo estás? —preguntó después de que me senté.

—Bien.

—¿Bien?

—Sí.

Le dije que estaba de vuelta en la casa de mi madre, pero me salté la parte en la que corté clases, me escapé de casa y fui arrestada. Para todos los efectos pensaba que había estado en la casa de papi todo este tiempo.

—¿Y cómo fue volver a ver a tu madre?

—Bien.

—Jaqui.

Frunció los labios, esperó. Y esperó.

Evité el contacto visual, revisando los juegos de mesa apilados en los estantes. ¿Para eso le pagaban, para jugar con nenes en su oficina?

—Estuvo bien —insistí.

Hablé de la escuela, de mis clases de Música, sobre Alaina, que se estaba quedando con papi por un tiempo, aunque vivía principalmente con mami, que no iba y venía del apartamento en Normandy Isle a South Beach con papi como yo hacía. Hablamos de Anthony, con quien peleaba constantemente, siempre luchando, y cómo a veces me sentía indefensa a su alrededor, y cómo a mi padre ni siquiera le importaba.

Giró su silla hacia la mesa auxiliar, cogió una caja de pañuelos y me los ofreció.

—¿Por eso es que siempre te escapas?

—No voy a llorar —le contesté, revoleando los ojos—. No es justo. Anthony nunca ha vivido con mami. No sabe con lo que Alaina y yo tenemos que bregar.

Me estudió por un momento, luego puso la caja de pañuelos en el brazo de la silla de al lado.

—¿Puedes contarme más sobre eso? ¿Con qué has tenido que bregar?

Se me ocurrió que las pocas veces que había visto a Paula nunca le había contado toda la verdad sobre mi madre, nunca mencioné las drogas o el alcohol, o cómo las cosas habían sido mucho peores para Alaina porque nunca huyó. Paula sabía que mi madre tenía una enfermedad mental y que estaba tomando su medicamento.

Traté de cambiar el tema: le conté todo acerca de Benny, cómo me compró Burger King y me llevó a casa, sobre cómo iba a ser tocar el bajo en un gran concierto de Fin de Año. Hablé mucho tiempo.

Paula me miró.

—¿Qué te hizo volver a la casa de tu madre? —preguntó después de un tiempo.

—Yo hago lo que quiero —le contesté.

Aquello la hizo incorporarse.

—¿Así que quieres que te traten como a una adulta?

—Sí. Puedo cuidar de mí misma.

—Entonces, ¿por qué no empiezas por comportarte como una?

Miré mis tenis, me encogí de hombros.

Cogió el pequeño zafacón de debajo de la mesa auxiliar y lo sostuvo frente a mí.

—Y bota esos cigarrillos.

—¿Qué cigarrillos?

—¡Dámelos!

Saqué el paquete de Newports del bolsillo de mis mahones, lo tiré al zafacón a regañadientes, dolida al pensar en cuánto costaría otro paquete.

—¿Cómo te enteraste?

—Apestas.

Me olí, pero no noté ningún olor.

—Siempre te digo que no tienes que vivir tu vida de esta manera. Y lo digo en serio. Algunas cosas están fuera de tu control, pero Jaqui… —se acercó, puso su mano sobre la mía— algunas sí lo están.

—¿Cómo qué?

—Como robar, pelear, fumar. —Esperó mi reacción, y luego continuó—: Como ir a clase.

Rodó su silla de nuevo hacia su escritorio, se puso los espejuelos de lectura, cogió una pluma y comenzó a garabatear algo en su bloc de notas amarillo. Cuando terminó, arrancó la página.

—Tengo algo para ti.

Se movió hacia atrás y me entregó la hoja.

Era una lista de preguntas. Cosas como: «¿Qué te pone triste?», «¿A qué le tienes miedo?», «¿Cuál es tu recuerdo más feliz?», «¿Dónde te sientes segura?», y «Si pudieras viajar a cualquier lugar, ¿adónde te irías?».

—So, ¿se supone que responda a todo esto?

—Para la sesión de la semana próxima. Considéralo una exploración.

—¿Querrás decir una tarea?

Suspiró.

—Ay, Jaqui.

CUANDO LLEGUÉ A casa esa tarde sonaba «This Used to Be My Playground» desde el cuarto de mami, los pasillos llenos de humo de cigarrillo. Al entrar en mi cuarto, oí risas, la primera de mami, luego la de un hombre. Mi madre, riendo y riendo, y luego, sobre la cacofonía del final de la canción y DJ Laz en Power 96, a Chris. Mi Chris. Su voz en el cuarto de mi madre.

Dejé caer mi mochila al piso y salí al pasillo. ¿Me lo había imaginado? ¿Chris haría esto? ¿Y mami? Me dirigí lentamente hacia la puerta de mi madre, y me quedé allí parada, esperando, escuchando, esperando. Y luego, ahí estaba otra vez. Chris y mi madre, riéndose juntos, sus voces ya familiarizadas la una con la otra. Habían hecho esto antes.

De repente, sin pensarlo, giré la perilla, abrí la puerta, los dos cuerpos desnudos luchaban por cubrirse, mi madre envuelta en las sábanas, y yo queriendo gritar, pero lo único que pude hacer fue exhalar un largo suspiro como si me estuviesen exprimiendo todo el aire de dentro. «¿Cómo te atreves?», quería decirle. Pero entonces, el humo comenzó a disiparse, el hombre desnudo en el cuarto de mi madre se puso los pantalones, y no eran los pantalones de Chris, sino los de Benny, y era Benny quien estaba allí de pie, esquivando mi mirada. Benny doblándose para recoger su camisa del piso. La voz de Benny. La risa de Benny.

—¡Jaquira! —gritó mi madre. No Jaqui, sino «Jaquira». No «por favor, cierra la puerta», sino—: ¿Quién carajo te crees que eres?.

Cerré la puerta sin saber por qué había sido tan fácil imaginar a Chris con mi madre, oír el sonido de su voz en el cuarto de mi madre, su risa. Me había sentido traicionada no porque lo amara, sino porque pensé que lo había perdido. Pasarían años antes de que pudiera verlo claramente: yo era una niña de trece años. Chris tenía veintiuno. Era un hombre. Tal vez pensé en él de la misma manera en que mami pensaba en Benny. Después de todo, era la hija de mi madre. Mi madre, que tenía treinta años en ese momento, que me había tenido cuando tenía tan sólo diecisiete años. Tal vez, en ese entonces, había sido exactamente como yo. Una muchacha ordinaria.

ERA UNA MAÑANA como cualquier otra cuando recibí la noticia. No había ido a la escuela el día anterior, y no me lo esperaba. Fue Chanty la que me lo dijo. Me estaba esperando frente al salón cuando llegué a la escuela, cinco minutos antes del primer timbre.

—Nena, ¿lo has visto? —preguntó tan pronto como me vio.

Parecía más delgada que la última vez que la vi, pequeña y pálida, con el pelo en ese triste moño que solía llevar ahora. Agarró mi brazo, tirando de mí a lo largo del pasillo hacia la recepción.

—¿Que si he visto qué? —pregunté.

Se echó a reír, saltando sobre sus talones. Había pasado tanto tiempo desde que habíamos tenido una conversación real, y no me había dado cuenta de lo mucho que la había extrañado hasta este momento, cuánto había cambiado. ¿Cuándo había perdido tanto peso? ¿Cuándo empezó a usar las camisetas de su novio, tres tallas más grandes que las suyas? ¿Era la misma nena que se había sentado al lado mío en cuarto grado? ¿La misma nena que corrió por Flamingo Park conmigo todo el verano? Me di cuenta de que ni siquiera sabía qué decirle, o cómo decirlo. Nos detuvimos justo enfrente de la oficina, y señaló el bulletin board donde publicaban anuncios y fotografías. Reparticiones de comida enlatada, ceremonias de premios, recitales de bandas de jazz, equipos deportivos intramuros...

—No estabas aquí ayer cuando lo anunciaron —dijo—. ¡Estabas cortando, foquin nerda!

No me esperaba eso. Sólo había entregado mi tarea y luego me olvidé de ella. Pero allí estaba mi ensayo impreso en una página del *Miami Herald*, anclado bajo una de las tachuelas del bulletin board, mis palabras a la vista de todos.

Chanty me explicó que míster Williamson lo postuló a algunos concursos de escritura para los estudiantes del sur de Florida, que el *Herald* fue recopilando historias sobre el huracán Andrew y que la mía fue seleccionada entre todos los estudiantes del Nautilus.

Casi lloro ahí mismo en aquel pasillo, casi lloro mientras me iba, dejando atrás a Chanty allí parada, corriendo a mi clase al sonar el timbre. Y más tarde, casi lloro cuando estábamos todos sentados en el salón de míster Williamson y me felicitó, me entregó una copia del periódico y contó a todos sobre lo ocurrido. China estaba sentada a mi lado, sonriendo; Boogie delante de mí, su cuerpo medio virado hacia mí mientras bromeaba: «¡Nena, ni siquiera sabía que podías leer, mucho menos escribir!», y todo el mundo se rió, incluyéndome. Fingí que todos los demás se reían por lo obvio: estaba en una clase de Inglés Avanzado, así que por supuesto sabía leer y escribir. Pero sabía la verdad: nadie realmente pensaba que pertenecía a aquel lugar.

Todo el mundo estaba sorprendido, incluyéndome a mí. Yo no era esa muchacha. Yo era la muchacha a la que seguían arrestando, la que faltaba a la escuela y suspendían, la muchacha que la mamá de Chanty no quería cerca de su hija.

Miré el periódico de nuevo, ahí en mis manos. Eso era una prueba de algo, pero no sabía de qué. Que sería escritora algún día, que sería algo, alguien que importaba.

CHRIS REGRESÓ UNOS días más tarde, como sabía que lo haría, con una bolsa de Twizzlers y una Pepsi de dos litros. Lo dejé entrar porque estaba hambrienta y sola y aburrida. Pasamos un rato en mi cuarto, escuchando Power 96, golpeándonos el uno al otro en la cabeza con Twizzlers y bebiendo refresco de una taza de plástico grande. Entonces, de la nada, se puso serio. Colocó la taza medio vacía en la alfombra junto a la cama, cogió mi mano.

—Sabes que realmente me importas, ¿verdad?

—Claro.

—O sea, de verdad. Realmente me importas. Te amo, y yo quiero que seas mi nena.

Respiré hondo.

—Okey.

Y eso fue todo. Era mi novio. Y menos de una hora después estábamos desnudos, los Twizzlers en el piso, el apartamento vacío, excepto por nosotros dos. Me quitó los mahones y la camiseta y cuando mis pantis no se deslizaron lo suficientemente rápido, los arrancó y echó a un lado.

—¡Qué carajo! —exclamé.

Se levantó la camisa sobre sus hombros y la tiró a un lado también, y por primera vez me percaté del pelo en su pecho, de la carabela tatuada en su corazón y de la bandera puertorriqueña que arropaba su hombro y la parte superior del brazo. Era musculoso, estaba sudado y olía a colonia y a cigarrillos y no podía pensar en una sola cosa que realmente me gustara de él. Ni una.

Una vez que estuvo desnudo, su bicho duro contra mi muslo, dije: «Dale, vamos de una vez».

—Okey, mami, lo que tú digas.

Cerré los ojos y pensé en Boogie, la muchacha que se sentaba al lado mío en el salón, la primera muchacha que me besó, en ese hermoso muchacho, Devin, que me lamió pero que no me chingó. Mientras Chris trataba de meterse dentro de mí, seguía pensando en Devin. ¿Por qué no podía ser él? Y luego cambié de opinión.

—Espera —le dije—. Para.

Tiempo después, a los treinta años, contando esta historia durante un drinking game de madrugada con unos panas, omitiría las partes sobre cómo le dije que no, cómo lo empujé, deslizándome por los lados y hacia atrás intentando quitármelo de encima, cómo me golpeé la cabeza contra la litera de arriba mientras intentaba escapar, su mano jalando mi pelo, sus labios rozando mis orejas, cómo seguía repitiendo «sólo duele un segundo», y después me dijo que me callara, que me callara, que me callara. Omitiría toda la sangre, una gran mancha que cubrió casi la mitad de la cama. O cómo un par de años después de esa noche, ya en la high, me encontré con él mientras caminaba hacia Burdines en South Beach. Cómo me sonrió, como si supiera algo de mí que el resto del mundo no podía ver, y esa sonrisa fue tan encantadora que me revolvió el estómago y casi vomito allí mismo en la sección de zapatos de mujeres, y cómo luego dijo: «Coño, nena. ¿Te encuentras con tu primer amor y no dices na?». Cómo su voz me llevó de vuelta a esa noche, la luz de la luna filtrándose a través de las mini persianas, la viga de madera de la litera superior casi rebanándome la cabeza en dos, su aliento agrio contra mi cara, cómo seguía pensando, ya casi acaba, ya casi acaba. Cómo después de que se fue arranqué las sábanas ensangrentadas y la cubierta del mattress, las enrollé y arrojé al zafacón al fondo. Cómo mami llegó a la casa al día siguiente, me encontró durmiendo en el mattress sin sábanas, me preguntó qué pasaba, y cuando dije que me sentía mal, me trajo agua, se sentó en el borde de la cama y me miró mientras la bebía. Cómo puso su mano en mi frente,

apartándome el pelo de la cara, y, cuando me miró a los ojos, noté
que buscaba algo. Pero, fuera lo que fuera que estuviera buscando,
sabía que ya se había esfumado.

MESES DESPUÉS DE esa noche con Chris, después de haberme ido
de la casa de mi madre, de camino a casa desde la oficina de
Paula, tomaría el Metrorail, me sentaría al lado de la ventana
a echar un vistazo a los transeúntes de la hora pico. Médicos y
enfermeras que salen de los edificios del hospital universitario,
los empleados jurídicos que se dirigen a sus carros, los agentes
correccionales del cuartel de Miami Dade con sus uniformes,
todos apiñados en el parking y andenes del Metrorail. Cuando
la mayoría de los pasajeros se habían bajado, me solía recostar
todo el camino de regreso, poner los pies en el asiento delante de
mí. Me bajaba en la parada Government Center y me cambiaba
a la guagua con dirección a Miami Beach hasta la casa de papi.
El centro de Miami estaría lleno de gente, como siempre estaba
en las tardes, con todos los turistas de compras en las boutiques
o dirigiéndose a Bayside Marketplace, los estudiantes del Miami
Dade Community College rumbo a sus trabajos. Al anochecer,
el centro de Miami estaría muerto, con la excepción de los grupos de indigentes, homeless haciendo fila para las camas frente
a la Casa Camillus y los tecatos y tweakers mendigando bajo los
puentes. Y luego, en algún lugar dentro de toda esa oscuridad,
mi madre. Estaría allí, noche tras noche, toda su vida recogida
en una simple mochila, con su pipa de cristal metida en el bolsillo
de fuera.

A los dieciséis años, después de que la depresión fuera demasiado, después de dejar la escuela y obtener mi GED, después
de dejar de hablar con Chanty para siempre, después de dejar las

clases de Música, de dejar de tocar el piano y el bajo, después de olvidarme de las apariencias de J.R. y Benny y Paula, yo trataría de olvidar el sonido de la voz de Chris cuando cantaba New Edition. *Candy girl, you are my world.* Y después de cumplir dieciocho años, cuando los columpios del patio de recreo en Normandy Park fueron reemplazados, el asfalto reaplicado, después de que toda la gente que había vivido en el barrio hacía diez, veinte años, se hubiera ido, yo me fui de Normandy Isle por última vez. Alaina estaba en la high, Anthony era bartender en un club en South Beach y yo trabajaba por las noches como técnica de farmacia y volvía a casa a un estudio vacío y pensaba en mi madre, a la deriva en esa ciudad, sola. En cómo descendió hacia la locura, a veces durmiendo en las escaleras de la Oficina de Correos de Miami Beach, a veces en el pasillo del edificio de un amigo. Me acordé de cómo se apartó de mí, pieza por pieza. Cómo la perdí, lentamente, hasta que un día ella simplemente no volvió a casa.

Muchachas ordinarias

Empezamos a hablar de morir mucho antes de que la primera mujer saltara. Qué harían nuestros padres una vez que nos fuéramos. Qué diría míster Núñez, el vicedirector de la Escuela Intermedia Nautilus, sobre nosotras en los anuncios de la mañana. Cómo muchos de nuestros panas llorarían allí mismo en el acto. Las canciones que nos dedicarían en Power 96 para que todo Miami Beach pudiera lamentarnos: «It's So Hard to Say Goodbye to Yesterday» de Boyz II Men, «Gangsta Lean» de DRS. Quiénes irían a nuestros funerales: los muchachos que nos habían roto el corazón, o los muchachos cuyos corazones nosotras habíamos roto.

La primera en saltar fue una mujer francesa, eso decía la gente. Ella no vivía en Southgate Towers, el complejo de apartamentos de papi, donde también trabajaba como guardia de seguridad, pero su novio sí. Según los vecinos del novio, habían estado teniendo problemas: ella bebía mucho, él bebía mucho, peleaban. Esa noche, los vecinos le contaron a papi que ella había estado golpeando la puerta un rato, llamando al novio, pero él no le abría. Mi padre estaba en la cabina de seguridad fuera del lobby cuando comenzó a recibir llamadas de algunos de los residentes de Southgate. Creían haber oído un ruido, algo que cayó del cielo, la unidad de aire acondicionado del techo, quizás. O quizás alguien había tirado algo pesado desde su balcón. Nadie esperaba que fuera una persona, mucho menos mi padre.

Nuestros planes comenzaron mucho antes de que la mujer francesa saltara, durante un periodo de cuatro meses que viví con mami en Normandy Isle. Durante unas semanas, Alaina pasó los fines de semana con papi y abuela, o en la casa de titi Xiomara, mientras Anthony vivía de maravilla con abuela, que le cocinaba y limpiaba y le lavaba la ropa.

Un día después de la escuela, Boogie y yo estábamos en los columpios, meciéndonos de un lado a otro, cavando nuestros tenis en la tierra e impulsándonos. Hablamos de cómo lo haríamos, imaginando hacerlo parecer un trágico accidente. Nos golpearía un Metrobús al cruzar la calle, cosa que sería fácil ya que nadie esperaba que una muchacha se parara frente a una guagua en plena tarde. El parque estaría animado con gente: los maleantes en las canchas, los niños en el carrusel, los nenes corriendo sus bicicletas en la acera, los bandoleros enmascarados en las esquinas esperando quién sabe qué. Nos fumamos un último cigarrillo robado, sacudimos las colillas antes de saltar la valla hacia fuera del parque. Ahora nos encargaríamos de aquello, del asunto de morir.

Algunas muchachas tomaban somníferos y luego llamaban al 911, o se cortaban las muñecas de manera equivocada y esperaban a ser encontradas en la bañera. Pero no queríamos ser como esas muchachas comunes y corrientes. Queríamos ser estranguladas, destrozadas, lanzadas. Queríamos la violencia. Queríamos algo de lo que nunca podríamos volver.

Las muchachas ordinarias no guiaban los carros de sus padres por la calle Cinco en Biscayne Bay, ni saltaban de la parte trasera de una pick-up en medio de la I-95, ni se prendían fuego. Las muchachas ordinarias no caían del cielo.

Pasamos la mayoría de las tardes así, en el parque, fumando los cigarrillos de mi madre, bebiéndonos su cerveza. A veces pagábamos a los tecatos del barrio para conseguirnos botellas de Cisco, Mad Dog 20/20 o St. Ides Cerveza Especial. De vez en cuando Kilo, mi novio, y su primo, Papo, aparecerían con una bolsa de Krypto y nos la fumábamos. Nos acostábamos en las literas, escuchando el mix de DJ Laz, y nos reíamos sin parar. Hasta que el efecto desaparecía y volvíamos a ser nosotros mismos nuevamente, imprudentes y audaces y encabronados con nuestros padres por no preocuparse de que pasáramos la mayor parte del tiempo en las calles, borrachos o arrebatados, por ser inútiles y periqueros. Pero no eran sólo nuestros padres. Estábamos encabronados con todo el foquin mundo. Con nuestros maestros, con el director, con los guardias de seguridad de la escuela, el agente del programa antidrogas Drug Abuse Resistance Education. Con toda esa gente que simplemente no entendía que no había manera ni pal carajo de que pudiéramos preocuparnos por las tareas, o por llegar a la escuela a tiempo —o preocuparnos en general— cuando nuestros padres estaban drogándose o siendo apuñalados, y cuando nos arrestaban, o nos atracaban o incluso algo peor. Apenas tres meses antes, Mikey, el mejor amigo de Kilo, había sido asesinado en un tiroteo de carro a carro.

UN SÁBADO POR la mañana, después de una larga noche de beber y de fumar en la playa, los cuatro caminábamos de regreso a Normandy Isle en una neblina. Era tan temprano que el cielo aún estaba gris y los Metrobuses acababan de empezar a correr. La acera a lo largo de Normandy Drive estaba desierta con la excepción de nosotros cuatro. Por un rato sólo caminamos, con la arena en nuestros tenis, nuestras bocas secas, mi pelo encrespado por la playa, Kilo cogido de mi mano, Papo y Boogie cogidos de las de ellos delante de nosotros, los cuatro marchamos por Normandy Drive, riendo, cagando todas las letras de «La Di Da Di» de Slick Rick y Doug E. Fresh. Era lo que hacíamos, fingir que éramos beach bums, que nada podía afectarnos, que la vida siempre sería así. Que viviríamos despreocupados, sin límites y llenos de música. Aún no sabíamos que Miami Beach no siempre sería nuestra. O que incluso en unos pocos años, cuando todos nos fuéramos, aún la reclamaríamos, pues nosotros en realidad nunca pertenecimos a ningún otro lugar.

Acabábamos de llegar a Normandy Park cuando vimos a un muchacho corriendo su bicicleta al otro lado de la calle. Era de piel oscura y llevaba el pelo rapado, una camisilla blanca y mahones cortos. Lo reconocí del barrio. Todos lo llamaban «Bambi». Era mayor que nosotros, ya se había graduado de la high, pero se veía joven.

Papo había puesto su brazo alrededor de Boogie, la acercó, y lo odié en ese momento, a pesar de que éramos amigos. Ella sonrió, apartándose la pollina demasiado larga fuera de la cara, y siguió cantando. Acababa de teñirse su largo y liso pelo castaño, y tenía un ligero tan de nuestros días en la playa. Papo tenía los ojos pequeños y una mata de rizos desordenados, amorfos, y no podía entender por qué ella se sentía atraída a él y no a mí. Sólo tenía trece años, pero ya era una copa C, y me masturbaba tanto que estaba segura de poder hacer venir a otra muchacha, fácil.

Cuando miré a Kilo, se había quedado mudo, y su rostro había cambiado, volviéndose del color del papel. Apretaba los labios, y pude ver la vena en su sien palpitando como hacía cuando estaba peleando con su mamá, o cuando estaba a punto de caerle encima a alguien. Todos nos detuvimos en el medio de la acera, y Kilo soltó mi mano, sacó su paquete de Newports y prendió uno. Tomó una larga calada y después se frotó el ojo con el dorso de la mano.

—¿Ustedes conocen a ese tipo? —preguntó Kilo.

—Ese es Bambi —le dije.

—¿No se parece a Mikey? —preguntó Kilo, pero nadie dijo nada.

De vuelta a mi cuarto, los cuatro nos amontamos en las literas. Kilo y yo nos sentamos uno al lado del otro en la litera inferior, con nuestras espaldas contra la pared, y Boogie y Papo se durmieron en la cama de arriba. Ella respiraba suavemente, Papo roncaba.

Kilo se inclinó y colocó la cabeza sobre mi falda, la vena de su sien le seguía palpitando. Puse mi mano sobre su cabeza, lo oí respirar, y después de un tiempo me di cuenta de que tenía lágrimas en los ojos. Yo las limpiaba con mi pulgar, pero seguían bajando. Envolvió sus brazos alrededor de mi cintura torpemente, como si fuera necesario aferrarse a algo, pero no sabía cómo. Éste no era el Kilo que yo conocía.

El Kilo que yo conocía hacía señales de ganga con los dedos y llevaba mahones holgados y camisilla blanca y Air Jordans high tops. Estaba tatuado, era mal hablado y loco. Miraba a la gente intensamente, se reía en voz alta, hablaba con todo el mundo, jugaba a pelota en la calle y le roncaba y ganaba a la mitad de los muchachos de Normandy Park. El Kilo que yo conocía fumaba blunts, bebía Olde English 800 de un trago, hablaba sucio, se craqueaba los nudillos, le tiró un puño directo a un tipo del doble de su tamaño por llamarme «bitch», grafiteaba toda la parte de atrás del Metrobús, lo botaron de la escuela.

Estuvimos así un buen rato, Kilo llorando en mi falda, sosteniéndome, y yo sin poder decir una sola palabra. Aunque odiaba verlo así, la verdad es que también hizo que la muerte pareciera una buena opción. Y me di cuenta de que eso era exactamente lo que quería: un amor como ése. Quería a alguien que me quisiera tanto que mi muerte lo rompiera.

LA PRIMERA VEZ tenía once años.

Vivía con mami en South Beach. Había sido diagnosticada con esquizofrenia paranoica tres años antes y estaba bajo los efectos de un cóctel de antisicóticos y ansiolíticos. También estaba bajo los efectos de la cocaína. Nuestras noches eran impredecibles. A veces mami dormía durante dieciséis horas corridas. Otras veces caminaba por el apartamento, hablando sola, riéndose, gritándome por hacer sabe Dios qué. A veces tiraba platos a través de la sala, o me amenazaba con quemarme con la plancha caliente, o venía y me daba una prendía de tres pares de cojones. A los once ya medía cinco con seis, era cuatro pulgadas más alta que mi madre, algo que le gustaba recordarme mientras me abofeteaba, cuanto más crecía, más grande tenía que ser mi paliza. Con el tiempo, comencé a golpearla de vuelta. Terminábamos a gaznatadas a menudo.

Ese fin de semana estaba a solas con mami. Estaba maníaca, hablaba sola, me gritaba, insistiendo en que le había robado un par de tacones. Buscó por todo el apartamento, dio vuelta a los cojines, levantó mesas, vació todas las gavetas en el piso, sacó los ganchos de los clósets. Al no encontrar sus tacones, me obligó a buscarlos, poniéndose detrás de mí mientras abría, cerraba, abría y cerraba gavetas, daba la vuelta a los mattress y vaciaba los botiquines. Hice esto una y otra vez, y cada vez que no encontraba los tacones, me pegaba en la nuca, cada vez más duro. Hasta que me negué a seguir buscándolos.

Sabía lo que significaba desafiar a mi madre, pero lo hice de todos modos. Me volví hacia ella, cerré los puños, di un paso atrás, y dije: «No te robé los foquin tacones». Me volví para irme, y ahí fue cuando sentí el golpe en la nuca: durísimo, mucho más fuerte que antes, seguido por una lluvia de golpes.

Me golpeó hasta que me caí, y siguió después de que me cayera, y sólo se detuvo cuando se quedó a gusto.

Después se puso varias capas de maquillaje, se metió en un trajecito plateado, encontró un par de tacones sustitutos y anunció que se iba a bailar.

Yo todavía seguía en el piso cuando salió por la puerta, sin poderme levantar aunque quisiera.

Me levanté unas horas más tarde y tomé las pastillas de mi madre, todos los antisicóticos, somníferos, ansiolíticos. Me las tragué junto con media botella de lavaplatos Dawn. Había escuchado historias sobre niñitos que habían sido envenenados con Drano, o detergente, o bleach, pero lo único que teníamos era Dawn. Si hubiéramos tenido algún Drano o bleach, lo hubiera usado también. Estaba decidida a morir.

Me senté en la sala y esperé a que mi madre llegara a la casa.

CUANDO ME ENCONTRÓ, estaba de rodillas en el piso de la cocina, vomitando azul.

No recuerdo haberme quedado dormida, o caminado de la sala a la cocina, o de estar de rodillas.

Tengo un vago recuerdo de estar en la ambulancia, de haberme incorporado en la camilla, de la mano de alguien presionada con fuerza contra mi pecho, sacudiéndome, trayéndome de vuelta de dondequiera que estaba.

Una voz de mujer: *¿Cómo te llamas? Abre los ojos. ¿Qué tomaste? No te duermas.*

Y ahí estoy hundiéndome, hundiéndome. Entonces me atraganto, un tubo por la nariz, otro por la garganta. *No luches. No tosas. Traga.* Hay caos, una mezcla de gente a mi alrededor, moviéndome, sosteniéndome hasta que me encuentro vomitando negro en un recipiente de plástico.

Ahí estoy, con el estómago clavándose contra la parte de atrás de mi garganta hasta que mis ojos casi revientan, hasta que hay vómito negro carbón salpicado por la parte de al frente de mi camiseta, hasta que no queda nada dentro de mí y me doy cuenta de que estoy en el hospital y que estoy en una camilla y que ahí está mi madre y que ahí está mi padre y que ahí estoy yo: tengo once años y estoy viva.

SOLÍA IMAGINAR QUE la mujer francesa sabía algo sobre el dolor, sobre la planificación. Que lo había intentado antes, de nena, de adolescente. Que se sentaba en su cuarto y escuchaba lo que estuviera sonando en la radio, escribiendo poemas sobre la oscuridad, soñando con saltar de puentes y tomar cócteles de arsénico y con la muerte por electrocución.

Porque no era una muchacha ordinaria.

Quiero pensar que alguien la amaba —antes de saltar, y después— aunque no lo supiera.

O quizás sí lo sabía.

EN HALLOWEEN, DECIDIMOS hacer un party. Habíamos pasado la noche en la casa de Kilo, durmiendo en sus dos camas individuales, y nos despertamos alrededor de las dos de la tarde, con los ojos lagañosos, las bocas sequísimas y preparados para buscar bulla. Llamé a Tanisha, que vivía a pie del vecindario de Kilo, y que fumaba hierba todo el día todos los días, y le dije que necesitábamos un sitio para un party. Una hora más tarde estábamos en su apartamento en Harding Avenue, fumando su Krypto y escuchando su freestyle ochentoso. Llamamos a todos nuestros conocidos con los detalles. Trae tu propia hierba, les dijimos, y llégale disfrazado.

Cada vez que la madre de alguien preguntaba por la supervisión, poníamos a Tanisha al teléfono. Les daba su dirección y número de teléfono, decía *por favor* y *gracias,* se reía fácilmente. Era el sueño de toda joven bandolera, mi tía. Como una mejor amiga mayor que te cubría las espaldas, que iría al tribunal contigo cuando no querías que tus padres se enteraran de que te habían pillado robando en Woolworth o en la bodega a la vuelta de la esquina, que actuaba como una nena a pesar de ser mayor. Ella pariseaba con nosotros, fumaba con nosotros y luego nos llevaba al cine o nos zambullíamos desnudos en South Beach. Ella nos enseñó no sólo cómo pelear, sino cómo pelear sucio, a utilizar cualquier objeto como un arma.

Esa noche, China no pudo llegarle porque tenía que llevar a sus hermanos y hermana a trick-or-treat y Chanty nunca apareció. Pero Boogie y yo nos vestimos de bebecitas, partiendo nuestro pelo en moñitos, dibujando pecas en nuestras mejillas con eyeliner, chupetes azul clarito colgándonos de cadenas de oro alrededor de los cuellos. Llevamos pijamas de Mickey Mouse y Winnie the Pooh, chupamos Charms Blow Pops, bebimos licor de malta de los biberones. El apartamento se llenó de nuestros panas de Nautilus, de los panas de Kilo del barrio, de los panas

mafuteros de Tanisha. Nos sentamos en un círculo en el piso de
la sala y pasó un blunt, escuchando House of Pain en el estéreo de
Tanisha a todo volumen, hasta que Kilo y yo nos aburrimos de ver
a todo el mundo brincando y nos robamos una docena de huevos
de su cocina.

Fuera, trepamos a la capota de un viejo Chevy Caprice de
alguien y arrojamos huevos a los transeúntes, a unos nenes que
iban de trick-or-treat, a un tecato tambaleándose por la calle, a un
tipo en una pick-up. Después, cuando todos los huevos ya salpica-
ban la Sesenta y Siete con Harding, saltamos del carro, Kilo todo
sudado, el licor de malta en mi biberón ya caliente. Kilo prendió
dos cigarrillos, me dio uno. Canturreé una versión arrastrada de
«Take Me in Your Arms» de Lil Suzy, y comenzamos a bailar bo-
lero en la acera. Kilo exhalaba el humo en mi cuello. Bailábamos
en el patio al lado del edificio de Tanisha, y nos derrumbamos
sobre la grama. Entonces nos quedamos allí, uno al lado del otro,
riendo y riéndonos de todo y de nada.

Todos los demás parecían estar tan lejos, a pesar de que estuviéramos ahí oyéndolos ir y venir; la puerta principal del edificio
se abría, se cerraba, se oían pasos corriendo a través de la grama, nuestros amigos se acercaban y decían: «Tienes grama en los
moños», y «Creo que se desmayaron» y «¿Qué carajo hacen allí
abajo?».

Cuando Boogie y Papo se acercaron, uno de ellos pateó uno de
mis tenis. Entonces Papo preguntó: «¿Crees que se darían cuenta
si les meo en las bocas?».

—Te mato —dijo Kilo.

—¿Estás muerta? —preguntó Boogie, riendo.

—Mis ojos están abiertos —respondí.

—Eso no significa que no estés muerta —dijo Boogie.

No miré a Kilo, pero podía oír su respiración a mi lado. No se reía como el resto de nosotros. No me daría cuenta hasta mucho más tarde, después de que el efecto del Krypto y el Olde English se esfumaran, después de la terrible pelea con mi madre, después de volver a casa de mi padre, después de que Kilo me hubiera metido cuernos con una muchacha del barrio y la hubiera preñado y llamado al bebé Mikey, como si esperase que este Mikey sí fuera quien lo salvara. Después de odiarla por robármelo, después de yo robármelo de vuelta años después, aunque sólo fuera por un rato, después de que nosotros dos, intentando ser los mismos dos nenes que habíamos sido, nos emborracháramos en la playa un sábado por la noche, esnortáramos ocho onzas en sólo un par de horas, después de que me mirase tomar un pase tras otro de perico y me dijera: *Bájale, ma, y cuidado, nena, con calma, así es como los moderfóquers se matan de sobredosis* y le respondí que así era exactamente como quería irme y que sería la mejor manera de morir y que nadie me extrañaría de todos modos, después de que me arrebatara la bolsa, me tomara la cara en sus manos, con su aliento de cigarrillos rancios y Hennessy, y dijera: *No quiero volver a oírte decir esa mierda jamás* y *no quiero perderte* y después de dejar que me abrazara y pensara en los dos acostados en la grama aquel Halloween cuando sólo teníamos trece y catorce, y a pesar de ser nenes parecíamos mucho más viejos, ya tan cansados, tan cansados que era como si hubiéramos estado peleando en una guerra. Ahí fue que entendí que quizás Kilo no era tan diferente a mí, que quizás entonces también había estado soñando con la muerte. Quizás fue a causa de ver a su amigo ser baleado ante sus ojos, tener que mirarse en el espejo todos los días, aceptar que todavía estaba aquí, todavía vivo, la memoria de Mikey un fantasma que no dejaba de llamarlo.

Pero en ese Halloween, los dos sobre la grama, lo único que sabía era que no sentía nada, y que al mismo tiempo lo sentía todo a la vez. Boogie y Papo se quedaron un rato, bromeando, fumando, riendo, y ni siquiera me di cuenta de que se colaron de nuevo al party. No podría decir cuánto tiempo nos quedamos allí —pudieron haber sido minutos, pudieron haber sido horas— pero me senté cuando casi nos pisotea una manada de nenes corriendo asalvajados a través del patio hacia el edificio de Tanisha. Había como seis o siete de ellos, nenes y nenas con los que fuimos a la escuela, corriendo, empujándose unos a otros fuera del camino, gritando: «¡Muévete!», y «¡Corre!», y «¡Vete-vete-vete-vete-vete!».

Más tarde, en medio de la sala de Tanisha, con la música bajita y los ojos de todos bien abiertos, todo el mundo escuchando y conteniendo la respiración, nos contaron la historia de cómo habían estado en la esquina de la Setenta y Siete con Harding. Cómo una pareja de ellos había estado sentada en la capota de un carro, mientras que Kilo y yo estábamos en el patio o fingíamos estar muertos o lo que fuera que estábamos haciendo. Cómo algunos muchachos en una pick-up se detuvieron justo al lado de ellos, cómo el del asiento del pasajero bajó su ventanilla, sacó un arma, y preguntó quién de ellos había arrojado los huevos. Y mientras estaba allí, la borrachera ya desvaneciéndose, el baile y la risa y la cara de Kilo contra mi cuello ya como un sueño que seguro olvidaría, no me sentí culpable de incitar a esos muchachos, y no me sentí mal de que a mis amigos casi les disparan por nuestra culpa. Los envidiaba por estar tan cerca de la muerte. Me imagino, como una escena de película, que la pick-up se acerca, que la ventanilla tinteada se abre lentamente, que la luz de la luna se refleja en el vidrio, y que, a continuación, aparece el cañón de la pistola, como una promesa.

ENTRÉ EN LA oficina de la consejera escolar una tarde, por capricho. Habían pasado meses desde que había ido a ver a Paula, mi consejera designada por el tribunal, y no es que la extrañara ni nada por el estilo. Me convencí de que era porque tenía una prueba de Matemáticas durante el quinto periodo y no me había molestado en estudiar, que no quería ver la cara de miss Jones frente a la clase mientras entregaba la prueba, o cómo me miraría mientras tomaba una de las hojas y pasaba las demás para atrás. La verdad es que no me importaba nada. Cada vez que miss Jones me llamaba a su escritorio y me preguntaba, su voz casi un susurro, por qué no había entregado ninguna tarea esa semana ni la semana anterior, o por qué nunca traía los libros de texto a la escuela, me encogía de hombros y ponía los ojos en blanco. Las últimas tres veces me había amenazado con enviarme a la oficina del director si volvía a ocurrir. Al día siguiente, la misma mierda. Me acercaba a su escritorio, otra vez, cruzada de brazos, y decía «mala mía», y actuaba como si fuera la primera vez en mi vida que había escuchado hablar de libros o tareas.

No sabía qué diría cuando entrara en la oficina de miss Gold. ¿Que era difícil ver a Chanty sentada en la parte de al frente del salón con todos sus panas nuevos cuando apenas nos hablábamos gracias a su madre? ¿Que China estaba planeando una gran fiesta de quinceañera, con trajes de gala y esmoquin y un DJ y que éramos tan pobres que no tendría manera de dar con el dinero suficiente para mi traje? ¿Que cada vez que volvía a casa de papi terminaba peleando con Anthony, y que él terminaba golpeándome hasta que se cansaba y que, pasara lo que pasara, abuela siempre se ponía de su lado?

Miss Gold era conocida en todos los grupos como la consejera de los losers, drogadictos, revoltosos, de los nenes que suspendían, nenes que peleaban o llevaban cuchillos a la escuela, nenes que se colgaban tanto que ya eran demasiado viejos para la Nautilus, nenes cuyos padres eran borrachos o drogadictos, o cuyos padres los golpearon, nenes sin hogar, nenes buleados, nenes con trastornos alimenticios, o cerebrales, o con problemas de ira. Así que, naturalmente, cuando me presenté en su puerta, sabía exactamente quién era yo.

—Entra, Jaqui —dijo, con la voz ronca, como si fumase varios paquetes al día—. Toma asiento.

Recorrió su melena larga y anaranjada con los dedos, y me di cuenta de que sus uñas eran larguísimas y de color oro. Se vestía como si fuera joven —llevaba una falda crema, una blusa de manga corta, tacones altos negros— y olía a perfume de flores. Era una mujer atractiva, y llevaba un montón de maquillaje, pero de cerca, se notaba la edad que realmente tenía. Era mayor que mi madre. Probablemente era abuela. Eso hizo que me cayera bien de inmediato.

Entré en la pequeña oficina y me senté en el asiento más cercano. Era más grande de lo que había imaginado, con unas pocas sillas ordenadas en un círculo. Me preguntaba cómo sabía mi nombre, y si vendrían más personas.

—Ya me preguntaba cuándo te vendrías —dijo, sentada en su silla de escritorio.

Se inclinó y abrió una gaveta, buscó en algunos archivos, luego sacó uno.

—Iba a sacarte de clase si no venías pronto.

Traté de no parecer sorprendida.

—¿De verdad?

Me sonrió mucho tiempo, mirándome, estudiándome.

Entonces, finalmente dijo:

—Sé todo sobre ti.

Dudé de que supiera absolutamente todo sobre mí, pero al mismo tiempo tenía miedo de lo que sí sabía, y cómo lo había descubierto.

—¿Como qué?

Abrió el archivo y se puso sus espejuelos de lectura, pasó las páginas rápidamente.

—Bueno —dijo—. Sé que has sido suspendida un par de veces.

Me observó desde detrás de sus espejuelos de lectura.

—Okey —respondí.

No me sorprendió saber que todo lo que pensaba que sabía sobre mí lo había leído en mi registro escolar.

Siguió sin quitarme los ojos de encima.

—Sé que has estado involucrada en una serie de peleas, dentro y fuera de la escuela, que huiste de tu casa hace un año y que la policía te recogió dos semanas más tarde, que fuiste arrestada el mes pasado por agresión agravada y que pronto tienes un juicio.

Se quitó los espejuelos y esperó.

Respiré profundo, pero no dije nada.

—Sé que estás enojada —me dijo, enfatizando la palabra enojada—, pero lo que no sé es por qué.

Me encogí de hombros y miré mis tenis, sintiendo de pronto que esto había sido un error, que hubiera preferido estar cogiendo el examen de Matemáticas de miss Jones en vez de estar allí sentada siendo interrogada.

—So, ¿me lo quieres contar? —dijo, cerrando el archivo sin siquiera mirarlo.

—No sé —le dije.

Asintió.

—¿Me quieres contar de tu situación en casa?

No tenía idea de lo que quería decir con «situación», pero me encogí de hombros de nuevo, puse los ojos en blanco como lo había hecho tantas veces con miss Jones.

—¿Qué quieres saber?

—Empecemos por lo que te trajo aquí.

Pensé en decirle que sólo quería escaquearme de clase, pero pensé que quizás eso no le haría mucha gracia. Crucé las piernas, las descrucé.

—A veces vivo con mi padre —le dije—, y a veces vivo con mi madre.

—Así que comparten la custodia.

Negué con la cabeza.

—Sólo voy donde quiero.

—¿Dónde vives ahora?

—La mayoría del tiempo con mi madre. Pero a veces no duermo allí.

—So, ¿dónde duermes?

—En las casas de mis amigos, la casa de mi novio, la playa.

—¡¿En la playa?! —dijo, levantando las cejas.

Pudo haber sido su expresión, la forma en que su rostro se transformó en algo que leí como incredulidad, luego ira, luego piedad, a pesar de que se suponía que era la consejera de todos los losers de la escuela, la mujer que había escuchado y visto de todo. O pudo haber sido otra cosa: que había admitido esto por primera vez, que se lo confesé a alguien que no eran mis panas delincuentes, a pesar de que no era realmente nada, nada comparado a lo que todavía necesitaba confesar. Que una vez, el año pasado, me paré frente al espejo de baño de mi padre con un cortador de cajas, decidida a rajarme las muñecas, pero luego no pude hacerlo, y en vez me corté tan profundamente en la parte superior del brazo que me dejé una cicatriz. Que a veces me imaginaba subiendo al balcón de hormigón del edificio de mi padre y me imaginaba sentada en el borde, inclinándome hacia delante, dejándome llevar por el tirón de la gravedad. Que a pesar de que no me gustaba pensar en ello, me encontraba enamorándome de nenas, que a veces cuando estaba alrededor de Boogie la hinchazón en el pecho y la garganta era como una bomba a punto de estallar.

Pero no pude decir nada de esto. No sabía por qué. Y justo ahí, sentada en la oficina de miss Gold, el último lugar en el que esperaba estar hacía una hora, rompí a llorar.

LA SEGUNDA VEZ fue ese invierno. Estábamos de vacaciones. Mi madre no estaba tomando sus medicamentos y habíamos estado peleando durante tres días seguidos. Nos gritamos la una a la otra porque no había comida en la casa. Porque mi música estaba demasiado alta. Porque mami aseguró que una mujer estuvo en el apartamento rebuscando entre sus cosas y que yo era la que la había dejado entrar. Mami siempre salía con estas historias: una mujer que entró en nuestra sala y movió todos los muebles mientras dormíamos, un hombre que nos miraba por nuestras ventanas a las dos de la mañana, la gente que le enviaba mensajes a través de la televisión o de la radio, un tipo que entró y se comió toda nuestra comida mientras que mi madre estaba de pie en la cocina, paralizada por el miedo.

Esa mañana, mi madre me despertó antes del amanecer mientras recorría todo el apartamento hablando sola, negándose a tomar sus pastillas o a dejarme dormir. Me cubrí la cabeza con la almohada y me la quitó; me empezó a sacudir. Necesitaba levantarme, me dijo que la ayudara a revisar todas las ventanas para que nadie pudiera entrar en la casa. Le di la espalda.

Me sacudió de nuevo y me gritó:

—¡Te dije que te levantes!

—¡Dale! —le dije—. Estoy despierta.

Ya había aprendido que cuando mi madre se ponía así, no tenía más remedio que hacer lo que ella me ordenaba. Así que corrí por el apartamento revisando todas las ventanas, las de la sala, las de su cuarto, las de mi cuarto. Me aseguré de que el cerrojo en la puerta principal estuviera cerrado y luego volví a la cama.

Diez minutos más tarde, mi madre irrumpió, de nuevo, insistiendo en que yo había dejado las ventanas abiertas, otra vez. Pero esta vez no me levanté. Estaba despierta, pero me negué. Gritó. Le grité. Me amenazó. Y la amenacé de nuevo. Luego se marchó.

Volvió con un cuchillo para cortar carne y me lo apuntó como una espada.

—¿Quién eres? —me preguntó.

Me incorporé y me golpeé la cabeza con la viga de madera de la parte de arriba de la litera.

—¿Qué carajo estás haciendo?

Salté de la cama, agarré mi almohada, que era lo más cercano que podía usar como escudo.

—Dime quién eres —dijo—, porque no eres mi hija.

Debí haber llorado, rogarle que se detuviera, que bajara el cuchillo. Debí haberme disculpado y decirle que la amaba. Pero en su lugar, antes de que pudiera detenerme, empecé a gritar.

—¡¿Me estás jodiendo?! ¡Yo nunca quise ser tu hija! ¡Tú no eres mi madre! ¡Eres una foquin loca y tecata!

Se quedó allí un rato sin decir una palabra.

Mantuve la mirada en el cuchillo, agarrando la almohada con ambas manos.

—Eres pequeña —dijo finalmente—, como una mosca. Eres tan pequeña que podría aplastarte. No eres nadie. No eres nada.

No creí en lo que dijo mi madre, al menos no al principio. Lo tomé de la misma manera que siempre tomé sus divagaciones: todo lo que decía era un sin sentido. Pero, después de que volviera a su cuarto me quedé ahí parada con la almohada en mis manos, todo en silencio excepto por mi propia respiración, y algo cambió. Fue como si un interruptor se hubiera prendido y todo en adelante ocurriera en piloto automático.

Dejar la almohada caer sobre la cama, el trayecto hacia la cocina por un vaso de agua del grifo, una bocina de carro sonando a todo lo que daba al otro lado de la calle, en algún lado.

Mi madre corriendo a la ventana de la sala, mirando a través de las persianas.

Las botellas de las recetas de mi madre en el counter, intactas durante semanas.

Mi madre corriendo de vuelta a su cuarto, dando un portazo.

La primera pastilla, un sorbo de agua. La segunda pastilla, otro sorbo. La tercera, la cuarta, la quinta, otra más.

Mi madre regresando de su cuarto, caminando de un lado a otro. Cuarto, sala, cuarto.

Otra pastilla, otro sorbo. Cuarto, sala. Otra pastilla y otra y otra.

La bocina del carro otra vez.

La forma en que mi madre pasó al lado mío tantas veces, pero ni una vez se volvió a mirarme para verme matándome una y otra vez.

Mi deseo, más que de cualquier otra cosa, de dormir.

Mi madre diciendo: «Eres pequeña».

Mi madre diciendo: «No eres nadie».

Mi madre diciendo: «No eres nada».

LA MUJER FRANCESA. Estaba allí antes de que me tragara la primera pastilla. Y estaría allí siempre. Pero lo único que realmente sabía de ella fue que saltó.

Más adelante, lo entendería: había estado pensando en ella como un mito, como una leyenda, como una historia. Pero ella no era ninguna de esas cosas.

LA SEGUNDA VEZ que me tragué todas las pastillas de mi madre y me encerré en mi habitación, no me senté a esperar a que me encontraran. La segunda vez arrastré un armario al frente de la puerta del cuarto para mantener a mi madre fuera. La segunda vez, me desperté mal del estómago, tropecé al salir de la cama, pero no logré sacar el armario del medio a tiempo para hacerlo en el baño, así que vomité toda la alfombra del cuarto. La segunda vez, me desperté para darme cuenta de que, de nuevo, no había muerto.

En mi cuarto, escupiendo una espuma blanca que, asumí, eran las pastillas de mi madre, y el Kentucky Fried Chicken que Kilo me había traído a última hora de la noche, vomitando trozos de pollo y puré de patatas y macarrones con queso, estaba segura de que, si no moría de una sobredosis de medicamentos recetados, me matarían las arcadas de vómito. En cuclillas sobre el reguero de la alfombra, las arcadas se convirtieron en exhalaciones intensas. Me tomó unos minutos enderezarme para poder empujar el armario del medio, para lavarme la cara y cepillarme los dientes, ponerme mis tenis y amarrar mi pelo en un moño, echar mis cosas en mi mochila e irme.

Pasé por Normandy Park, nerviosa y débil; me dirigí hacia el Circle K, donde compré una pequeña botella de Gatorade y conseguí menudo para el teléfono público. Afuera, bebí unos sorbos de Gatorade, después cogí el auricular, me temblaban las manos. Y entonces vomité de nuevo, sólo líquido esta vez, dejé el auricular colgando y me eñangoté ahí mismo.

Una vez más, tardé unos minutos en incorporarme. Después finalmente hice la llamada. Metí dos pesetas en el teléfono y llamé a mi padre. La línea sonó cuatro o cinco veces antes de que papi contestara.

—Hello —dijo, pero no como una pregunta, más bien como si estuviera molesto con la persona que llamaba. Me sorprendió el sonido de su voz, que no había oído en meses, no desde que me había escapado a casa de mi madre. Su voz removió algo dentro de mí, y no podía creer lo mucho que lo extrañaba, cuánto lo necesitaba. Quería pedirle ayuda. Quería contarle todo lo que había pasado desde que me fui, pedirle que viniera a buscarme, que me llevara a casa. Pero él me decepcionó tantas veces, y yo lo decepcioné a él tantas veces, que estaba segura de que eso era lo único que sabíamos hacer: decepcionarnos mutuamente.

—¿Hello? —repitió.

Pero no pude hacerlo. Así que colgué.

Me quedé allí de pie mucho tiempo, sintiéndome cansada, débil y muy enferma. Consideré volver a casa de mi madre, volver a la cama, dejar que el sueño me llevase. Pero no estaba segura de si las pastillas aún podían funcionar, si mi cuerpo había absorbido algunas de ellas antes de vomitar, si todavía había una oportunidad de morir.

Cogí el auricular de nuevo, pero esta vez llamé a Kilo.

VEINTE MINUTOS DESPUÉS, el padre de Kilo me recogió frente al edificio de mami. Guiaba su camioneta, con Papo en el asiento del pasajero y Kilo en la parte de atrás. Me metí en la camioneta, dejé caer la mochila al piso, y le di las gracias por recogerme.

—¿A dónde vamos? —preguntó el padre de Kilo.

Le di la dirección de mi padre en South Beach, e hizo un viraje a la derecha fuera del edificio de mami. En el asiento trasero, Kilo me tomaba de la mano. No le había dicho que mi madre me había apuntado con un cuchillo, o que apenas unas horas antes me había tomado sus pastillas ni que me había ido a la cama, que me desperté vomitando, sorprendida de seguir viva. Todo lo que había dicho por teléfono era que estaba enferma y que necesitaba pon a casa de mi padre.

Recosté la cabeza sobre su hombro, y él me rodeó con su brazo. Al frente, el padre de Kilo y Papo hablaban de los Miami Dolphins, del estadio Joe Robbie, lo que planeaban hacer ese invierno. Cuando llamé a Kilo para el pon, supe que me iría de Normandy Isle para siempre, que no había ninguna manera de que yo volviera con mi madre, no si podía evitarlo. Sabía que mi partida significaba que no vería a Kilo, ni a Boogie ni a Papo todos los días, y que tal vez no podría quedarme fuera toda la noche o pasar el rato en la calle cuando quisiera, que podríamos distanciarnos fácilmente. Pero estaba tan cansada.

Kilo se inclinó, me besó en la mejilla, luego susurró algo en mi oído que no pude entender. Me dije a mí misma que dijo: «Te amo», a pesar de que sabía que no era verdad, pero en ese momento necesitaba que lo fuera.

Pasé la mayor parte del viaje a South Beach pensando en nuestro tiempo como si ya fuera pasado. Cómo Kilo y yo habíamos bailado en el Halloween Dance de la Escuela Intermedia Nautilus, todo sudorosos, sin aliento y como locos. Cómo una vez Papo me había presentado a su vecino como «su cuñada», y después siempre me llamó «mana». Cómo habíamos caminado por todos lados, pasándola bien desde Setenta y Uno con Collins hasta Normandy Isle y hasta Bay Harbor, incluso a las tres, cuatro de la mañana. Cómo Boogie y yo nos sentábamos en un banco por las canchas en Normandy Park, nos emborrachábamos, fingiendo que éramos adultas, y veíamos un partido improvisado. Cómo Kilo y Papo actuaron como si fueran unos bichotes súper cool cuando eran de lo más normales. Cómo en la habitación de Kilo, las paredes estaban todas pintadas con espray y Sharpie, cubiertas de grafitis mediocres, los nombres de sus panas, sus barrios y, en el cuarto principal, la pieza de arte más grande: *R.I.P. Mikey*. Cómo una vez me encabroné tantísimo porque mi nombre no estaba escrito en ninguna parte que cogí su Sharpie y escribí *Jaqui n Boogie* en la pared junto a su cama, y luego dibujé un corazón alrededor de nuestros nombres. Cómo vino cuando lo llamé. Cómo tal vez me salvó la vida y ni siquiera lo sabía.

Ya para enero apenas nos veíamos. Para el día de San Valentín, Kilo ya estaba con la muchacha que se convertiría en la madre de su bebé.

Cuando salí del carro frente a Southgate Towers, el aire estaba demasiado caliente para el invierno. Incluso para diciembre en

Miami Beach. Me puse la mochila, miré la camioneta alejarse hacia el norte. Pasarían por North Beach, Setenta y Uno con Collins, y luego girarían a la izquierda hacia Crespi Park. Mientras tanto, entraría en el vestíbulo de la torre sur, tomaría el ascensor hasta el apartamento de papi en el octavo piso, donde mi abuela me recibiría con comida caliente y café con leche, siempre dispuesta a perdonarme por robarle sus cigarrillos, por huir, por ser arrestada tantas veces.

Unos días después de volver a casa, tuve un sueño. Estaba en el techo de la torre norte, de pie cerca del borde, mis brazos extendidos como alas. Estaba mirando a la Biscayne Bay y a través de las islas Venetians, y luego saltaba y antes de llegar al suelo, estaba volando, volando. El sueño volvía cada dos meses, y, siempre, volaba antes de tocar el cemento.

Un par de años después de que la mujer francesa saltó, otra mujer —una amiga de papi— se lanzaría desde uno de los balcones. Esta vez en la torre sur. Golpearía el lado del edificio, luego caería en el techo del cuarto de mantenimiento de la piscina y después sobre el suelo. Caería unos quince pisos. Y sobreviviría.

Catorce, o cómo ser una delincuente juvenil

Recuerdas ese primer partido de ajedrez que jugaste con tu padre: tú, sentada frente a él en la mesa, pensando «¿con quién se cree que está jugando este viejo?». Él disfruta viendo tu cara aturdida tras haberte capturado el último caballero y te suelta sermones sobre Dios sabe qué tratando de sacarle lecciones de vida a sus cuentos.

Tú crees que estás jugando. Él cree que está enseñando.

Estás decidida a hacer todo lo contrario a lo que tu padre te dice. Él está decidido a detenerte. Así es como se dicen «te quiero» estos días.

Te das cuenta ese día de que siempre recordarás tu única mala jugada, el momento en que podías haber tomado una decisión, pero tomas otra, y que a continuación todo tu partido se desmorona, pieza por pieza, jaque, jaque cruzado, y de repente, cuando tienes catorce años: jaque mate.

A LOS CATORCE, entré al Tribunal de Menores del Condado de Miami Dade sola, no era la primera vez que acudía sin nadie más.

Papi había dejado de venir después de mi cuarta o quinta vez delante del juez. Tanisha me había dado pon en el carro de su novio, pero me dejó al frente mientras encontraba parking.

En el segundo piso, en el bulletin board donde estaban enlistados todos los casos, encontré mi nombre al lado de la sala número 2-1. Siempre enviaban mis casos al mismo juez. A los catorce años, no había pensado mucho sobre esto, pero mirando hacia atrás, estoy segura de que el fiscal estaba harto de ver mi cara, de leer mi nombre y mis múltiples casos, harto de todos mis cargos, y que esperaba que el juez finalmente entrara en razón y me encerrara para siempre.

Cuando me acerqué a los bancos fuera de la sala 2-1, Tanisha llegó, encontró un lugar y tomó asiento. Tanisha tenía dieciocho, pero parecía tener treinta y cuatro. Se había vuelto delgada y pálida con los años, pero su pelo era el mismo, oscuro y grueso, hasta la cintura. Verse mayor era una cualidad que mi madre y la mayoría de sus hermanas compartían, pero Tanisha era la más parecida a mi madre: fumaba hierba, mezclaba metanfetaminas y medicamentos recetados, atropellaba a un novio con el carro de otro novio, nunca le decía que no a una pelea. Como mi madre, Tanisha no comía mierda. Cuando cumpliera dieciocho años —si es que llegaba a los dieciocho— Tanisha era exactamente la persona que quería ser.

A ella no le dije por qué papi no vino al tribunal conmigo, cómo había tratado de despertarlo esa mañana, abrió los ojos, me echó un vistazo, y volvió a dormir.

—Pero me meterán presa si no vas —le había dicho, a pesar de que secretamente esperara que el juez me diera unos meses en la cárcel.

Cada vez que era sentenciada a arresto domiciliario o a libertad condicional o a algún programa de intervención juvenil, me ponía furiosa. Quería probarme ante los demás delincuentes del barrio de mi padre en South Beach, ser capaz de decir que me había enfrentado a las consecuencias y salir de la cárcel juvenil con historias. Pero, sobre todo, creo que quería que mi padre me prestara atención.

Bromearíamos sobre esto años más tarde, cuando fuera estudiante de último año en la universidad y mi padre se hubiera vuelto a casar, cuando los recuerdos de mis años de teenager dejaran de llenarnos los ojos de lágrimas. Papi y yo jugábamos al ajedrez sentados en la mesa del comedor, bebiendo Presidentes, yo tomándome demasiado tiempo para hacer un movimiento y papi esperándome como lo había estado haciendo durante años, sentado al otro lado de la mesa contando historias. La vez que el director de la escuela lo golpeó con un palo tan fuertemente que se rompió y él corrió todo el camino a casa para contárselo a abuela. Cómo a los veinte años había tenido que irse una noche potando cuando uno de los tiradores del caserío lo quería matar, cómo huyó de Puerto Rico a Nueva York y regresó a la isla un par de años después. Cómo se alistó en el ejército cuando yo era una bebé, pero recibió la baja médica después de unos meses. Y cómo mi padre y yo éramos tan parecidos: la vez que salté en Biscayne Bay después de emborracharme y dos hombres en un barco de pesca me tuvieron que rescatar. El día que me arrestaron por agredir a una policía, golpeándole los espejuelos de su cara. Cómo siempre me estaban arrestando, siempre estaba corriendo, y cada vez que alguien tocaba a la puerta, cada vez que sonaba el teléfono, él se preparaba para las malas noticias, abuela siempre preguntaba: «¿Y qué es lo que ha hecho esta vez?».

Pero esa mañana, antes de mi cita en el tribunal, mi padre dijo:

—Bien. Así quizás aprendes una lección.

Estaba cansado de perder el sueño por mí, tenía dos trabajos siete días a la semana, y no se había tomado unas vacaciones desde que nos mudamos a Miami desde Puerto Rico.

Esa mañana, Anthony iba tarde para la escuela, pero se aseguró de despedirse antes de salir del apartamento.

—Mira, recuerda —dijo—, si te meten presa, ¡no dejes caer el jabón!

Se echó a reír mientras agarraba su mochila y salía por la puerta.

Tan pronto como se fue, fui a la nevera por una botella de kétchup, y mientras abuela lavaba los platos, abrí la puerta del clóset de Anthony y vertí un charquito de kétchup dentro de sus tenis favoritos. Zapato izquierdo, zapato derecho.

En la 2-1, frente a la abarrotada entrada del juzgado, esperé a la otra muchacha. Cada vez que una muchacha entraba por la puerta o se detenía a buscar su nombre en el bulletin board, Tanisha preguntaba: «¿Ésa es ella?».

Uno tras otro, los adolescentes y sus padres entraban a la sala, tomaban asiento a nuestro alrededor y esperaban a que sus nombres fueran llamados por el alguacil del tribunal de menores. No la veía. Quizás no vendría.

Finalmente, uno de los alguaciles salió de la 2-1 y dijo mi nombre. Miró por encima de la multitud, esperando a que alguien respondiera.

Me levanté, miré a mi alrededor.

Otra muchacha y su madre se levantaron.

—¿Ésa es ella? —Tanisha preguntó.

Quise decir que sí. Pero en ese momento, no estaba segura. Habían pasado varias semanas, y tanto había sucedido desde entonces, tantas otras peleas, tanto beber, fumar. No recordaba cómo era físicamente. Sólo recordaba su cara de aquel día en el tribunal. Cicatrices de acné, una pollina flacucha. La forma en que revoleó los ojos cuando me pasó por el lado, la forma en que se había enrollado las mangas de la camiseta. No recordaba haberla golpeado semanas antes, o cómo se veía su cara cuando la golpeé, o si sus ojos habían estado cerrados, o quién más había estado allí, o si me había devuelto el golpe, o si alguno de sus panas se habían metido también en la pelea, o si había enredado sus manos en mi pelo y había jalado de él, o el entumecimiento en mi cuero cabelludo que normalmente venía acompañado de la jalada, o la rabia o la culpa que casi siempre sentía después de una pelea. Pero me presentaba ante el juez, el fiscal, los agentes de la policía, la muchacha, la madre de la muchacha, y creía, sin duda, que si decían que lo había hecho, pues lo había hecho, y cualquier sentencia que el juez me impusiera, me la merecía.

CONSÍGUETE UN MONTÓN de panas bandoleros. Empieza a janguear con los maleantes. Y ni lo pienses dos veces cuando uno de los reclutadores de la ganga te diga que, para demostrar que tienes babilla, tienes que a) ser atacada, o sea dejar que te metan una prendía cinco de sus principales miembros, o b) dejar que una turba de panas te hagan un gangbang.

Acostúmbrate a robar en tiendas, a vandalizar, a robar carros y a guiar peligrosamente. Escápate de casa seis, siete veces. Abandona la escuela. Deja que te arresten más veces de las que puedes contar; pasa más noches en la cárcel juvenil que en tu casa. Hazlo sólo porque sí. Disfrútalo porque eres joven e invencible y porque, seamos sinceros, no crees en las consecuencias.

Pasa tu cumpleaños número catorce en la calle, fumando Newports y tragando Cisco por galón, sin querer nada más. No pienses en tu padre. Ni en tu abuela, que ha estado despierta toda la noche preguntándose, de nuevo, dónde estás. Si estás bien. Si estás viva.

ESA SEMANA, BOOGIE y yo cogimos la guagua a Hialeah para visitar a nuestro pana, Héctor, que había estado en arresto domiciliario durante tres meses. Cuando llegamos allí, nos dejó llevarnos su carro, aunque ninguna de las dos tenía licencia y apenas sabíamos cómo guiar. Fuimos a la bodega de la esquina para comprar unos Newports y blunts marca Phillies.

El tipo que siempre trabajaba en la caja registradora era un pana viejo, un tipo a quien todo el mundo llamaba «Papi». «Ey, Papi», lo llamábamos mientras caminábamos y nos dirigíamos directamente a las neveras. «¿Qué hay, Papi?», mientras colocábamos los Doritos y las Pepsis en el counter.

Boogie se dirigió a las neveras. Pedí mis cigarrillos y cinco Phillies, y él los puso en el counter.

—Más vale que traigas ID la próxima vez —dijo.

—No son para mí, Papi —le dije riéndome—. Son para mi mamá.

Sonrió.

—Sí, claro.

Una vez que salimos por la puerta, Boogie sacó dos pequeñas botellas de Cisco de cada bolsillo de sus holgadísimos mahones.

—Agárralas —dijo, entregándomelas a mí, y se metió en el asiento del conductor.

—Sigue bebiendo esa mierda de jugo. Te va a salir un foquin hoyo en el estómago.

CATORCE, TE DIRÁN tus amigos. Te enrolarán un blunt salpicado de perico y te contarán historias sobre toda la mierda que ya habían hecho a los catorce años.

Decides que esto es lo que quieres ser. Decides que puedes hacer cualquier cosa, beber cualquier cosa, fumar cualquier cosa, y para tu próximo cumpleaños, ya eres adicta al caos, a la violencia, al exceso. Pero, sobre todo, una adicta a la adicción.

EN CASA DE Héctor, después de un par de horas bebiendo y fumando, Boogie y yo decidimos hacernos tatuajes.

—Házmelo en el tobillo —le dije a Héctor.

Y lo hizo; su máquina de tatuajes casera zumbaba. Era una cosa extraña, con un motor y dos lápices con cinta adhesiva a cada lado del tubo de la aguja improvisada, y juraría que aquello aumentaba el dolor, porque Héctor la había creado, y a Héctor le gustaba ver cómo te retorcías. Boogie estaba tumbada en el sofá, con el pelo recogido en un moño, asegurado con un scrunchie. Traté de mantener mi pierna absolutamente quieta, lo cual era casi imposible teniendo en cuenta toda la hierba que acabábamos de fumar.

—Enrola otro —le dije—, pa cogernos un break.

Se detuvo, riendo y negando con la cabeza.

—Bendito, nena, yo pensaba que ustedes eran fuertes. No duele tanto.

Me dio el cuarto de Olde E que había estado bebiendo, y tragué un gran sorbo, y lo devolví.

—Quédate quieta —dijo, agarrando mi pie de nuevo, presionando la piel justo debajo de mi tobillo. Me preparé. Mientras las agujas perforaban mi piel, miré a Boogie, que tenía tatuajes en ambos tobillos, a Héctor, que estaba cubierto de ellos y se afeitó su cabeza para mostrar el dragón en su cráneo. Podría ser más fuerte, me dije a mí misma. Me quedé quieta, respirando. Revisé las fotos de las paredes, de la mesa de centro, los patrones de manchas en el techo escarchado, cerré los ojos. Cualquier cosa con tal de distraerme del dolor.

—¿Cuántos años tenías cuando te hiciste el primero? —le pregunté a Héctor.

No dijo nada por un rato, y yo me pregunté si estaba molesto conmigo. Aunque Héctor actuaba como un teenager, tenía treinta años. Era uno de esos tipos: cada barrio tiene uno. Ese tipo que les da a todos los delincuentes juveniles locales un sitio para prender, un suministrador sin fin de Olde E y Newports y el ocasional blunt o un poco de perico.

Entre el caos de los muebles desparejos y de las viejas mierdas rotas, cada foto en el apartamento de Héctor era de su hija, Vanessa. Murió de meningitis cuando tenía dos años, me lo había contado un día. Ni siquiera llegó a verla. Había estado encarcelado en Metrowest toda su vida, desde antes de que ella naciera. ¿Y su madre? Nunca más le habló. Estaba muerto para ella. Héctor tenía dos lágrimas tatuadas justo debajo de su ojo derecho, una por cada año de su vida que había perdido y, sobre el corazón, su nombre en tipografía Old English. A los catorce años, no sabía nada sobre la pérdida de un hijo, pero sí sabía algo sobre el amor. Su historia me hizo pensar en Alaina, mi hermanita, que estaba viviendo con mami mientras yo estaba en la calle o en la playa, bebiendo y fumando, sin realmente preocuparme un carajo por nada. Alaina era la persona que más amaba en el mundo, a quien sólo pude ver un par de veces, los fines de semana, cuando vino a quedarse con nosotros, a quien dejé atrás cuando me fui de casa de mami después de no soportar más estar allí. Ella había estado allí, siempre, y ahora tenía que lidiar con mami sola. La había dejado sola.

Héctor se detuvo, respiró hondo.

—Ah, mierda. Recuérdame, ¿cómo se escribe tu nombre?

Debí de estremecerme, debí de haber puesto una cara que encontró comiquísima, porque se rió, se puso una mano en la frente, se rió un poco más. Era una mierda de tatuaje. Y mi tobillo decía: JACKI.

APRENDE A PELEAR sucio, a morder los puntos blandos en el cuello y en el muslo interior, a arrancar aretes de argolla y extensiones. Embadúrnate la cara con vaselina antes de una pelea para que no te puedan cortar, para que los golpes resbalen sin dejar una marca. Mantén cinco o seis cuchillas de afeitar metidas en un moño suelto en la parte de arriba de la cabeza: en una girl fight, siempre te jalarán del pelo. Aprende que cualquier cosa puede servir como arma: lápices, botellas, piedras, hebillas de cinturón, un calcetín lleno de níquels, un candado Master. Con el tiempo, llevarás otras armas: nudillos de bronce y cuchillos de bolsillo, pero nunca una pistola porque lo que realmente te encanta es la pelea. Además, no estás loca.

Aprende a recibir una pela. En las calles, siempre habrá alguien más grande que tú, más fuerte que tú, más malo que tú. Alguien te golpeará a puño limpio cuando estés sentada en la parada de guagua fumando y comiendo mierda con tus amigas. Alguien romperá una botella de Olde English en tu cabeza mientras estés discutiendo con tu macho frente a Taco Bell. De regreso a tu casa de un party, te asaltarán seis nenas que pensaban que las mirabas mal. Y a pesar de que sí las hayas mirado mal, y aunque la noche anterior tú y tus amigas hayan asaltado a otra nena en algún otro party, aún pensarás que han jugado sucio, y mañana volverás por ellas.

DESPUÉS DE IRNOS de la casa de Héctor, en la parada de tren de Hialeah, Boogie y yo fumamos, compartimos la última botella de Olde E y hablamos sobre nuestros próximos tatuajes. Un Monte Carlo color oro se detuvo frente a nosotras, abrió la ventanilla trasera del lado del conductor. Yo ya me estaba preparando, el carro estaba lleno de gente, y las nenas de Hialeah siempre buscaban pelea cuando llegábamos a su vecindario. No dijeron una mierda, sólo se quedaron mirándonos fijamente. Pero para mí, y para la boquisucia y empericada de Boogie, era una invitación directa a pelear.

Tomé una última calada, tiré la colilla hacia el carro, crucé los brazos sobre mi pecho, y las insulté. Una de las nenas sacó la cabeza por la ventanilla.

—¿*Whatcha claim*? —preguntó. Quería saber de dónde éramos antes de darnos una prendía.

Me quité los aretes, los metí en mi bolsillo trasero, y aunque sabía lo que iba a pasar, aunque ya había estado del otro lado en suficientes prendías de caserío para saber quién se iba corriendo y a quién se le iba de la mano, aun así, dije:

—Mámame la tota, pendeja.

NO RECUERDO SI se me cayó la botella de Olde E, si la puse en la acera, ni cuándo fue que esa misma botella se estrelló contra mi cráneo, haciendo estallar el vidrio como perdigones. O a Boogie quitándome a las muchachas de encima cuando me vio en el piso, recibiendo una patada en la cara cortesía del conductor quien, según dijo ella, parecía estar inyectado de esteroides. No recuerdo cuándo el Monte Carlo se marchó, con el conductor gritando por la ventanilla que nos iba a pegar un tiro a las dos, o cuándo llegó la ambulancia, y después los policías. Pero recuerdo estar sentada en la acera, Boogie que gritaba de fondo que tenía vidrio en el ojo, los paramédicos que me hacían preguntas.

¿Cómo te llamas?

—¿Qué?

¿Cómo te llamas?

Él sostenía mi muñeca, tomando mi pulso.

—Jaqui.

Toqué la parte de atrás de mi cabeza, miré fijamente mi mano, mis dedos ensangrentados. Alguien presionaba en la parte de atrás de mi cabeza y dijo:

—*Quédate quieta.*

Luego más preguntas:

¿Qué edad tienes? ¿Sabes tu número de teléfono? ¿Sabes tu dirección? ¿El número del trabajo de tus padres?

¿Qué fue lo que pasó?, alguien seguía preguntando.

¿Sabes su número de teléfono?

Traté de tocarme la cabeza de nuevo, pero alguien me retiró la mano.

—Nos asaltaron —oí decir a Boogie, claramente, como si estuviera dentro de mi cabeza.

Mírame, dijo otro uniformado tocando el tatuaje recién hecho de mi tobillo. *Mírame. ¿Estás en una ganga?*

Me estremecí, me dolía el tobillo, las manos en la cabeza, más dolor.

Mírame. ¿Esto es un tatuaje de ganga?

Catorce. Beberás y pelearás, te arrebatarás y pelearás. Quince. Pasarás días fumando haze con tu pana, J., robándote el stash de su exnovia hasta que ella llegue a su casa y te encuentre sentada en el piso de la sala pasando joints y viendo los Lost Boyz rapear sobre el amor a lo gueto en BET, los dos desnudos excepto por las Jordans a juego.

J. dirá: «¿Quieres probar perico?». Y, aunque siempre dices que nunca le metes a esa mierda, lo haces de todos modos, y después decides caminar a casa, paranoica pal carajo.

MI PADRE NUNCA me contó la historia de lo que pasó cuando llegó al hospital ese día.

Cómo papi estaba en el trabajo cuando recibió la llamada, entonces le pidió pon a uno de los policías que estaba fuera de servicio.

Cómo el policía, un amigo suyo, le recomendó que me entregara al Estado.

«Piensa en tus otros hijos», dijo.

«Es lo mejor para ella», dijo.

«Ella te va a matar a ti», dijo.

Y aunque me prometí a mí misma que cambiaría, se lo prometí a mi padre y a abuela, una semana después volví a la calle.

Cuando cumplí los dieciocho, cubriría el tatuaje con rosas. Casi una década después, un pana que había pasado cinco años encerrado me dijo que, en la cárcel, un tatuaje de una rosa significaba que habías pasado un cumpleaños entre rejas.

AL VOLVER DEL hospital, pasé unos días en el sofá viendo televisión con abuela mientras Anthony estaba en la escuela y papi dormía tras su turno nocturno como guardia de seguridad. Abuela hizo bacalao guisao con cebolla caramelizada, lo sirvió sobre guineítos con un lado de aguacate, y nos sentamos juntas en el sofá, comiendo y viendo repeticiones de nuestra novela mexicana favorita, *El extraño retorno de Diana Salazar*. Le gritamos a la pantalla cuando descubrimos que Irene del Conde era realmente Lucrecia Treviño, una bruja malvada del siglo XVII que conspiró para quemar a Lucía Méndez en la hoguera por brujería y así poder robarle a su amado, Mario Villareal.

Abuela sacudía el puño hacia la televisión cada vez que veía a Irene del Conde.

—¡Maldita! ¡Y el pobre Mario no tiene idea!

Reímos y reímos, y durante un tiempo parecía que abuela había olvidado que era la nieta decepcionante, la que siempre estaba causando problemas.

A medida que el día se volvió noche, después de las noticias de la tarde, vimos *Dos mujeres, un camino,* y nos preguntamos cómo Erik Estrada tenía trabajo como actor siendo tan mal actor. Nos reíamos ante la tele cada vez que él hablaba, y en secreto, lo odiaba, porque había engañado tanto a su esposa como a Bibi Gaytán, de quien estaba locamente enamorada.

Durante casi una semana completa, me quedé en casa con abuela fingiendo que aún me dolía la cabeza para que se sentara conmigo, para que nos cocinara algunos pancakes con extra de mantequilla o un poco de tembleque con extra de canela. Solas yo y mi abuela, ninguna hablaba de lo que había sucedido en la parada de tren.

Y luego, un día, revolviendo unos tazones de dulce de lechosa en nuestras faldas mientras Diana Salazar soñaba con su vida pasada como Doña Leonor de Santiago, abuela dejó de evadir el tema.

Bajó el volumen del televisor.

—¿Qué pasa, Jaqui? —preguntó.

Me volví hacia ella.

—¿A qué te refieres?

—Ésta no es la vida que quiero para ti —dijo.

Ésta no es la vida que quiero para ti. Ésa era la frase de mi padre. Me decía esas palabras una y otra vez. A los quince años, cuando me pilló la policía después de una pelea en el parking de la farmacia Eckerd. A los dieciséis, cuando hice mis maletas, salí de su casa, y abandoné la high. Cuando estuve sentada en un tribunal después de apuñalar a Anthony, enfrentándome a cargos de tentativa de homicidio, esperando a escuchar si iba a ser juzgada como adulta. Cuando papi me llevó a mi primera reunion de Narcóticos Anónimos después de tres noches agonizantes y delirantes en desintoxicación, tomado de mi mano, los dos sentados al frente, el orador de la noche contando su historia sobre un padre y su hijo sin quitarme los ojos de encima, y en todo lo que podía pensar era en lo fácil que sería conseguir más perico, más metanfetamina, lo fácil que sería morir, y después de eso, el orador me encontró escondida entre las sombras y me dijo: *Yo una vez fui como tú*, y después habló de cómo la vida es una elección que nosotros hacemos. *Elige la vida*, dijo, y mi padre, tratando de compensar por todos esos años de ausencia, tratando de ser un hombre mejor de lo que había sido toda su vida, extendió su mano, me envolvió en sus brazos y me dijo: *Ésta no es la vida que quiero para ti* y todo mi cuerpo se estremeció cuando me abrazó y, no lo sabía todavía, pero iba a pasarme toda mi vida intentando que estuviera orgulloso de mí, intentando ser todo lo que creía que él quería que una fuera, intentando ser la hija que creo que se merece, y no podía saberlo todavía, pero él me rompería el corazón una y otra vez, y una parte de mí cree que hay justicia en ello. Algunas nenas crecen para ser el tipo de mujeres que se enamoran de hombres como sus padres. Algunas nenas crecen para ser como ellos.

—¿De qué estás hablando? —le dije a abuela—. Estás exagerando.

Me miró por largo rato, sus canas recogidas en cuatro moñitos perfectos, sus labios fruncidos, con una tristeza en los ojos que no comprendería hasta años más tarde, cuando ya fui una mujer y ella se había ido.

DIECISÉIS. ENCUENTRA UNA muchacha que creas que se lo merece, una muchacha ordinaria que fuera tu amiga el mes pasado, una muchacha que pasó miles de horas contigo en el teléfono, confesándote sus miedos, sus sueños.

Mírala, contémplala abiertamente, mírate a ti misma en sus ojos antes de hacerlo. Hazlo. Golpéala en la cara una y otra vez, hasta que te quedes sin respiración. Empújala contra un carro parqueado. Patéale el estómago. Cuando se abrace, patéale la cara y rompe su nariz. Se aferrará a tu pierna, la aguantará, ensangrentándote todos tus mahones, todos los tenis, sin comprender cómo eres capaz de hacerle esto. Tú, que una vez le sostuviste el pelo mientras vomitaba detrás de las canchas después de que se emborracharan en Southern Comfort. Tú, que le escribiste poemas en los márgenes de sus libretas y los dejaste allí para que los encontrara. Te preguntará: *¿Por qué, por qué, por qué?* Seguirá con la mochila puesta.

Estarás en el parking del Burger King, y al menos veinte otros muchachos estarán allí, animándote. Tratará de escapar de ti, pero no la dejarás ir. Eres como un animal rabioso, la multitud alimenta tu ira. Eres el Macho Camacho en el cuadrilátero, bailando sobre José Luis Ramírez. Eres Joe foquin Frazier en el Madison Square Garden, y ésta es la lucha del siglo.

Olvida cómo ustedes dos, tú y esa muchacha ordinaria, se ataban los patines la una a la otra los viernes por la noche. Cómo se sostenían, brazo con brazo, cómo daban vueltas y vueltas en la pista de patinaje rapeando al son de Wu-Tang Clan, *Can it be that it was all so simple then?* Olvida cómo se pasaban notas en clase, cómo todo tu cuerpo se estremeció cuando se desnudó ante ti por primera vez. Cómo más de una vez pensaste en decirle «te amo», pero nunca te atreviste.

Considéralo un entrenamiento para el mundo real.

Serás arrestada, enviada a la cárcel juvenil otra vez. En el tribunal, verás a tu padre por primera vez en semanas. Habrá lágrimas en sus ojos, pero no será la primera vez que lo veas llorar, ni la última. Te abrazará, querrás ser su niñita de nuevo, y su mirada te dirá todo lo que necesitas saber, que desearía que fueras más como tu hermanita, que nunca falta a la escuela, que siempre saca A y nunca causa problemas. Una muchacha correcta y respetable, la muchacha que abuela crió. Querrás decirle que lo sientes, que vas a cambiar. Pero no lo harás, porque ya se lo has dicho muchísimas veces y no sabes qué es peor, que ya no te crea o que te siga creyendo.

Muchachas, monstruos

«Cuando teníamos doce, aprendimos solos
a volar».
—John Murillo, «Renegades of Funk»

«Todas nosotras niñas, ahora mujeres».
—T Kira Madden, «The Feels of Love»

Aquel invierno, cuando Boogie cumplió catorce años, se nos metió en la cabeza que podíamos huir, dejar Miami Beach y nunca más regresar. Durante meses, todas las noches me perdía en un libro, leía todo lo que el bibliotecario ponía en mis manos, lo que por lo general significaba libros escritos por hombres blancos, sobre gente blanca, para blancos. Los bibliotecarios de la Biblioteca Pública de Miami Beach nunca, nunca, nos recomendaban libros sobre personas negras y trigueñas, ni sobre las muchachas queer de los proyectos de vivienda pública, ni de gente como yo. Ni siquiera sabía si esos libros existían. Así que leí *The Virgin Suicides* en un fin de semana. Terminé *Drácula* durante tres días que estuvimos sin luz porque alguien no pagó la factura de Florida Power & Light, y usé una linterna para alumbrar sus páginas bajo las sabanas. Leí *It* de Stephen King en varias semanas y luego caminé por el vecindario en busca de la abertura a las alcantarillas bajo Miami Beach. No la encontré. Y entonces leí *The Catcher in the Rye* y perdí la cabeza por Holden Caulfield. Decidí hacer exactamente lo que Holden hizo. Huiría de todo. De casa, de la escuela, de todos. Excepto de Boogie. Me la llevaría conmigo.

Le había contado a Boogie sobre mis planes una noche mientras nos fumábamos los cigarrillos de mami en el parque, cómo había estado pensando en largarme pal carajo de allí. Estábamos sentadas en un banco del parque, Boogie viendo a los nenes jugar básquet, con su pelo pintado castaño cayendo por su espalda en capas; su eyeliner hacía que sus ojos marrones resaltaran.

—Hagámoslo —dijo.

Estaba down. Ella había visto mi vida, había pasado horas acurrucada conmigo en mi litera inferior cuando todavía vivía con mi madre, me había abrazado mientras mami, en medio de un episodio psicótico, corría por el apartamento hablando sola, abriendo clósets y alacenas y puertas de los cuartos en busca de un hombre que aseguraba que la había seguido a la casa y que se escondía en nuestro apartamento. Boogie se sentó conmigo en el piso de mi cuarto, sus brazos alrededor de mi cuello, después de venir mi madre hacia mí con un cuchillo, y había ayudado a los hombres que me sacaron del agua cuando salté a Biscayne Bay y casi me ahogo.

Boogie tenía sus propios problemas —su madre le prestaba más atención a su macho que a ella, siempre estaba peleándose con su padre— pero era como yo. Leía libros, soñaba con convertirse en una cantante famosa algún día, salir de Miami y viajar por el mundo. Hablamos de lo que sería nuestra vida, conseguiríamos conciertos y tocaríamos en clubes de jazz de todo el país. Ella cantaría porque realmente podía cantar, y yo tocaría el piano o el bajo y escribiría todas las canciones. Con el tiempo, cuando envejeciéramos, escribiríamos libros sobre nuestro tiempo juntas en la carretera. Imaginábamos aventuras pidiendo pon a New York City, aunque no buscaba un lugar específico, pues no creía que perteneciera a ningún lugar. Queríamos conocer personas exóticas en las paradas del subway, pasar el rato en Lavender Room, patinar sobre hielo en Central Park. Seríamos como Holden, excepto que aprovecharíamos nuestro tiempo en la ciudad y chingaríamos. Mucho. Encontraríamos algunos raperos de New York en mahones holgados, camisetas de básquet y chingaríamos en la parte de atrás de su limusina, escuchando «Shook Ones» de Mobb Deep o «C.R.E.A.M.» de Wu-Tang. Parisearíamos en Limelight, nos convertiríamos en club kids, usaríamos disfraces de Halloween en febrero. Cabello rosa, sombras de ojos plateadas y brillosas, lipstick azul, collares de cuero para perros. Narices, cejas, labios perforados. Ya no me parecería en nada a la muchacha ordinaria que vivía con la loca de su madre enfrente de Normandy Park, la muchacha de los mil secretos que creía en los monstruos. Por fin sería libre.

ESE INVIERNO, CUANDO las luces de Navidad se iluminaron alrededor de Normandy Isle y South Beach, cuando en todas las estaciones de radio de Miami comenzó a sonar «Feliz Navidad», Boogie y yo nos fugamos. No dejé una nota, no di ninguna explicación, y Boogie tampoco. No habría nada para nuestros padres cuando descubrieran que nos habíamos fugado. Pensamos que sería más fácil de esa manera, que nadie intentaría encontrarnos, o peor aún, detenernos.

Tiré una muda de repuesto en mi JanSport y salimos a la calle, caminando por Normandy Drive, y alcé el pulgar una vez que llegamos a la esquina de la Setenta y Uno con Collins.

—No podemos meternos en el carro de un tipo random —dijo Boogie—. Tenemos que ser listas.

—Okey —respondí, pero cuando un sedán verde se detuvo, nos montamos sin darle siquiera una segunda mirada al conductor.

Se llamaba Carlos y se dirigía hacia Bird Road.

No teníamos ni idea de dónde era eso, pero cogimos pon de todos modos.

Era un hombre de mediana edad con una melena gruesa de pelo negro que gritaba «Just For Men». Iba en el asiento del pasajero mientras Carlos nos conducía por la 836, con un cigarrillo prendido pellizcado entre los labios. Preguntó sobre nuestros novios y nuestros padres, y sobre qué hacían dos nenas de catorce metiéndose en carros con desconocidos.

—Nos fugamos —dije, mirándome en el espejo de la visera.

—¿Y eso por qué? —preguntó.

Me encogí de hombros.

—Porque mi casa soquea. Porque todo este foquin lugar soquea.

—No deberías hablar así —dijo—, una nena tan bonita como tú.

Pero no iba a caer en sus mierdas. De mi madre aprendí que los hombres siempre fingen que les importas, que dicen exactamente lo que quieres oír cuando quieren algo a cambio. Y los hombres siempre quieren algo.

Llegué a la consola del medio para alcanzar sus Marlboros, saqué uno para mí, y le pasé el paquete a Boogie. A medida que se retiraba de la carretera y nos acercábamos al letrero del Bosque Encantado de Santa, el parque temático de Navidad de Miami, tuve una idea. Boogie y yo nunca habíamos estado allí, por lo que parecía el destino: era exactamente donde se suponía que debíamos estar.

Eché un vistazo a Boogie sobre mi hombro, recogiéndome los rizos en un mono. Le sonreí a Carlos como si nunca le hubiera sonreído a ningún hombre antes, y le pregunté si nos podía llevar al Bosque Encantado de Santa.

—Puedo soltarlas al frente —dijo.

Pero no había captado el mensaje. No tenía intención de que nos dejara ya que entre las dos apenas teníamos tres dólares y no podíamos pagar las taquillas de entrada, costara lo que costara. Y ni hablar de las machinas, la comida, el arcade.

—No —aclaré—. Queremos que nos acompañes.

Nos detuvimos en una luz roja, Carlos miraba por encima del guía sin decir una palabra. Me solté el mono, mis rizos cayendo sobre los hombros. Boogie se sentó en la parte de atrás, las cejas arqueadas, esperando.

—Dale —dijo—. Vamos.

Tiré las manos sobre mi cabeza, y Boogie gritó. Carlos sonrió, acomodándose en el asiento del conductor, arrojando su cigarrillo por la ventanilla. Y entonces la luz cambió.

Dentro del Bosque Encantado de Santa armamos todo tipo de lío. Hicimos que Carlos pagara las taquillas de entrada, que nos complaciera con helados, con orejas de elefante, con pizza. Nos colamos en la fila y lo dejamos atrás mientras nos montábamos en el Gravitron y en los carritos locos. Nos montábamos en cada machina mientras él fingía que era una especie de hustler de antaño, con sus gafas oscuras después de que se hubiera puesto el sol, fumando como chimenea y moviendo la cabeza al son de cualquier canción que pusiera el DJ. Nunca me preguntó por qué nos llevó, por qué estaba pagando por todo, sin siquiera me paré a considerar la razón por la que había pasado toda la noche esperando a dos nenas menores de edad que recogió a un lado de la carretera, porque sabía, sabía, incluso si Boogie no lo sabía, que iba a llegar un momento en que la noche terminaría, y Carlos nos mostraría lo que realmente quería, y lo que realmente era.

DESPUÉS DE PASAR horas en el Bosque Encantado de Santa, después de que nos cansáramos de montarnos en casi todas las machinas, Boogie y yo nos montamos en la estrella, chupando los Ring Pops que Carlos nos había comprado. Íbamos la una al lado de la otra, y cuando nuestra cabina subió, pudimos ver todo el parque: los trabajadores del Bosque disfrazados de los duendes de Santa y un Frosty the Snowman, la nieve falsa de algodón bajo los árboles de Navidad que bordeaban la franja principal, los nenes terminándose sus hot dogs y sus cotton candy mientras abordaban el carrusel, en todas partes el olor de la canela y masa frita, los teenagers haciendo fila para la Montaña Espacial y la MegaDrop. Y, entonces, cuando llegamos a la cima, allí estaba: el árbol de Navidad más alto del sur de Florida.

Más tarde, Carlos se transformaría. Se enojaría con nosotras por flirtear con un grupo de muchachos de Treasure Island, y cuando Boogie besó a uno de ellos fuera de la Gruta de Santa. Me acorraló en el taller de montaje, me apretó los pechos con fuerza. Lo empujé hacia atrás, pero eso no ayudó porque era más fuerte que yo, y sus ojos ya estaban brillosos tras tanta cerveza y tanto deseo. Me agarró ahí, entre las piernas. Y entonces me echó una mirada que sólo yo podía leer, una mirada que decía que me tenía, que ése era el precio de mi desenfreno y de mi libertad, era suya. Pero después Boogie y los muchachos se presentaron y Carlos me soltó, y pensé: *Dios mío, gracias, gracias, gracias*, agarré a Boogie y echamos a correr, nos deshicimos de Carlos y de los muchachos

197

también. Tomamos la última guagua de vuelta a casa, estuvimos sentadas junto al conductor, que escuchaba la estación de Jesús, y años más tarde recordaría ese momento y pensaría en Holden, en cómo corrió después de que míster Antolini trató de coquetear con él, cómo todo el libro era acerca de Holden huyendo, pero que él realmente no fue a ninguna parte, sino a su casa, porque quizás al final no tenía ningún otro lugar adonde ir.

Pero todo eso vendría más tarde. Montadas en esa estrella, aún en ese momento en la cima del mundo, Boogie y yo no teníamos ni idea. Habíamos terminado de chupar nuestros Ring Pops y mirábamos el parque temático, a las personas y las luces y la nieve falsa y las mierditas cursis de Navidad; a pesar de que estábamos a menos de una hora de distancia de Miami Beach, en ese instante, creíamos que estábamos de camino, o que de alguna manera ya lo habíamos logrado. Que ya éramos libres.

La primavera que China cumplió quince años, fuimos a un salón de banquetes para su quinceañero, todas con nuestros trajes de gala lila, guantes de codo, con los pelos fijados en moños elaborados, labios pintados de rojo. Desfilamos por el pasillo, nuestros compañeros de baile con sus esmóquines negros, sus lazos lilas para combinar con nuestras faldas. Mientras «Tiempo de Vals» sonaba por los altavoces, nos movíamos al son de la música como si estuviéramos en alguna película antigua, contando *uno dos tres cuatro, uno dos tres cuatro*, al ritmo de la música, como la tía de China nos había enseñado, las manos de los nenes en nuestras cinturas, nuestras palmas sudorosas dentro de nuestros guantes cursis. Nos guiñábamos desde el otro lado de la sala y sacábamos la lengua cuando captábamos la mirada de China, riendo mientras su familia miraba desde sus mesas extravagantemente decoradas. Nosotros girábamos y girábamos con nuestras faldas anchas, y cuando la canción terminó, seguimos bailando, otra canción y otra y otra, todos sonriendo, sudorosos y sin aliento, con demasiado Keith Sweat y Boyz II Men, demasiado «Freak Me» y «Rub You the Right Way». Dejamos de preocuparnos por cómo nos veíamos, o qué podrían pensar sobre nosotras.

Después de que los muchachos se fueron de la pista de baile, después de las fotos y del corte del bizcocho, después de que nos quitamos nuestros trajes de gala lilas y nos metimos en los pequeños trajes negros que habíamos elegido para nosotras, después de que dejamos caer nuestros pelos y nos deshicimos de esos ridículos tacones, volvimos a la pista de baile, sólo las muchachas, colgando la una de la otra. Cantamos cada canción, nuestras mejillas enrojecidas, nuestros ricillos sudorosamente pegados a nuestras frentes, a nuestras nucas, nuestros hombros y espaldas iluminadas, y dejamos de pensar en el mundo real, en nuestros problemas del mundo real: quién estaba en arresto domiciliario, el hermano de quién acababa de recibir una sentencia de diez años por estafa, los padres de quién vivían cheque a cheque. Sentimos la música vibrando a través de nuestros cuerpos, desde los dedos de las manos a los de los pies, los latidos martillando nuestros pechos, llenándonos. Estábamos radiantes. Éramos sólo respiración y ritmo, riendo y riendo en los brazos de la otra, y por un rato, mientras el mundo giraba, las luces azules y rojas y amarillas parpadeando por todo el salón de banquetes, miré a nuestro alrededor, a mis muchachas, sus caras redondas cubiertas del maquillaje de sus madres, cómo todos estaríamos en la high en unos pocos meses, y todo lo que sabía era que las amaba, nos amaba. No lo sabía todavía, ninguna de nosotras lo sabía, pero serían estas muchachas de barrio, estas muchachas ordinarias, las que me salvarían.

EL OTOÑO DESPUÉS del quinceañero de China, el año en que empezamos la high, Shorty y yo nos hicimos amigas. Habíamos coincidido antes, nos conocimos cuando algunos panas y yo estábamos planeando pelear con algunas otras nenas de la Nautilus, una ridícula garata que duró un minuto en la acera y que terminó con una de las nenas teniendo una convulsión frente al Hunan Chinese Restaurant y con el resto de nosotros corriendo en diez mil direcciones distintas cuando las patrullas de la policía llegaron con sus luces parpadeantes.

Shorty resultó ser una de mis amigas más cercanas, a pesar de que no nos conocíamos desde hacía mucho tiempo: se había mudado desde Chicago justo un año antes. Nos resultó muy fácil hacernos amigas, dejarnos crecer el pelo, vestirnos igual. Era pequeña, con ojos saltones y unas cuantas pecas alrededor de su nariz, y siempre, siempre, estaba sonriendo. Ese otoño, ese año, fue una de las pocas personas a las que acudí con mis miedos, mis sueños, mi ira.

En nuestro primer periodo en la clase de Música, Coro Avanzado, nos dividieron en dos grupos; Shorty estaba con las sopranos, y yo con los contraltos. Cada mañana entrábamos, nos sentábamos juntas, hablábamos mierda sobre algunas de las otras muchachas contralto, la novia de algún tipo del que Shorty se había enamorado, la hermana de un muchacho que me había delatado cuando había cortado clases. Hasta que míster Martin entraba y me enviaba de vuelta a los contraltos. Desde mi spot en la segunda fila, veía a Shorty de pie directamente frente a mí

en el semicírculo, sonriendo, sus ojos grandes. Me mató no ser
una soprano, no poder alcanzar esas notas altísimas como Shorty.
Pero también me mató no poder cantar a su lado, que nunca llegáramos a estar codo con codo mientras tratábamos de sonar como
Alvin and the Chimpmunks cantando «You May Be Right»
de Billy Joel o cuando cambiamos la letra de «End of the Road» de
Boyz II Men a algo nasty, o cuando bailamos y aplaudimos como
un coro de góspel mientras cantábamos «Oh Happy Day». Estaba secretamente obsesionada con *Sister Act 2: Back in the Habit*
y muy obsesionada con Lauryn Hill, así que no me importaba
cantar sobre Jesús.

Ese invierno, vimos *New York Undercover* mientras hablábamos en una conversación grupal por teléfono, Boogie y China,
Flaca, Shorty y yo, todas en la party line, gritando a la televisión
cuando Malik Yoba, Michael DeLorenzo y Lauren Vélez salían
pitando calle abajo persiguiendo a algún traficante de drogas.
Cortamos fotos de Jodeci y Boyz II Men y 2Pac de las revistas y
las pegamos en las portadas de nuestras libretas. Vimos a Janet
y Pac enamorarse en *Poetic Justice*, y todas queríamos ser Janet,
garabateando poemas en los márgenes de nuestros libros de texto,
pavoneándonos en la escuela en mahones holgados y botas militares. Vimos *The X-Files* y nos imaginamos resolviendo misterios
paranormales, pariendo bebés alienígenas, convirtiéndonos en
monstruos. Y después especulamos sobre el tamaño del bicho de
Mulder. Sentimos la calidez de ese lugar entre las piernas y no
había nada monstruoso o extraño al respecto.

Ese invierno, medimos nuestra vida en canciones, cantando
mientras nos poníamos el eyeliner frente al espejo, cuando nos
cruzábamos en los pasillos de la escuela, mientras esperábamos la
guagua frente al parque. Hicimos nuestra propia versión de «I'll

Be There» de Mariah Carey en el carro de China de camino a un sleepover. Nos daban arranques de sesiones espontáneas de perreo mientras caminábamos a lo largo de West Avenue, cuando un carro pasaba con «Shake Whatcha Mama Gave Ya» puesto a todo lo que daba, mientras subíamos las escaleras mecánicas en Aventura Mall. Hicimos la coreografía de los bailes para «Pop That Pussy» y «The Uncle Al Song» en la casa de China. Nos sabíamos todas las letras de cada canción de DJ Uncle Al, «Mix It Up» y «Hoes-N-Da-House» y «Bass Is Gonna Blow Your Mind». Uncle Al, que era bien conocido en todo Miami por promover la no violencia y la paz en el barrio, pero fue asesinado a tiros fuera de su casa en Allapattah. Nos molestábamos la una a la otra cantando «It's Your Birthday» mientras colgábamos de los monkeybars en el parque, *lightning in our limbs**, mientras tomábamos refrescos de naranja en Miami Subs, mientras grafiteábamos las canchas de handball. En todas partes Boogie, China, Flaca, Shorty, Jaqui.

Esa primavera les pagamos a unos tecatos en el 7-Eleven para que nos consiguieran botellas de Cisco de fresa, tomamos la guagua a Bayside, nos montamos en los party boats, bailamos y bailamos y bailamos con los muchachos mayores, dándoles nuestros números de teléfono al final de la noche. Visitamos los clubes de todas las edades, Pac Jam y Sugar Hill y Bootleggers, donde no vendían alcohol, pero donde todo el mundo fumaba hierba. Nos pasábamos el blunt en la pista de baile, todas sudadas y sonrientes, y en el escenario, las muchachas mayores maquilladas con polvo de bebé movían y movían sus nalgas, mostrándonos las tetas, todas las muchachas abucheando, todos los muchachos

---

*   Murillo, J. (2010). «Renegades of Funk». *Up Jump the Boogie*. Nueva York: Cypher Books.

gritando, animándolas con los puños en el aire. Sonreíamos entre
nosotras nerviosamente, reconociendo a muchachas de la escuela,
dos años mayores, tres años mayores, la prima de nuestro amigo,
una muchacha con la que salió mi hermano una vez. Y un día
ese invierno, nos enteraríamos de cómo una de esas muchachas
—vimos su cara en las noticias—, y su mejor amiga fueron encontradas flotando en Biscayne Bay, estranguladas y atadas. Sus fotos
escolares estuvieron en nuestras teles durante días, durante semanas, su historia en la primera plana del *Sun-Sentinel* con el titular:
«Fueron amigas inseparables, y fueron asesinadas juntas». Nos
acordaríamos de su baile, especulamos sobre el quién, el cómo,
el por qué. Hablábamos de lo jóvenes que eran, de lo mucho que
tenían por vivir, como si supiéramos algo sobre la vida y de cómo
vivirla. *We knew nothing but what eyes could see*.*

Ese verano, en el último día de escuela, Shorty y yo cortamos
clase después del almuerzo y nos dirigimos a la playa para celebrar El día de esquipear clases, las dos en Daisy Dukes y chancletas, nuestros pelos rizados salvajes y encrespados, y blanqueados
por el sol. En el muelle de South Pointe, los muchachos de la high
en trajes de baño y gafas, observando los cuerpos de los demás
por primera vez, haciendo sonar «Thuggish Ruggish Bone» de
Bone Thugs-n-Harmony en sus radios, tirándoles piropos a las
muchachas en el camino. Después, cuando una pelea estalló, un
tipo hundiendo a otro bajo agua, los brazos agitándose como locos, corrimos hacia la orilla para verlo. Cuando finalmente pudo
liberarse, ninguno de nosotros lo vio venir: su caminata de regreso del carro, una pistola cargada sacada de su guantera. Cómo nos

---

*   Murillo, J. (2010). «Renegades of Funk». *Up Jump the Boogie*. Nueva York: Cypher
    Books.

perdimos de vista en medio del caos; Shorty corrió por la costa, y yo me dirigí al agua. Los cuerpos en la arena, todas alejándonos de los disparos. Más tarde esa noche, nos veríamos en las noticias, todos esos teenagers sueltos por la playa, en el muelle, sin padres por ningún lado, el lejano rocío de las olas rompiéndose.

Apenas unas semanas después, Shorty y yo volvimos a la playa, bebiendo Olde E con unos tipos que acabábamos de conocer. El sol en nuestras caras, bikinis bajo camisetas extragrandes, caminamos un par de cuadras al apartamento de los tipos. Y una vez ahí, con quince y dieciséis años y en el apartamento de un desconocido, «Underground» de DJ Playero sonando en la radio, estaba tan claro, era tan fácil de ver. Cómo nos separaron, y sabían exactamente qué decir. Shorty en el baño, yo en la sala, la botella medio vacía en el piso. Nunca se me ocurrió preguntar qué edad tenía: la suficiente como para comprar alcohol, para tener su propio apartamento. Cómo me arrancó el traje de baño, los golpes en la puerta del baño, su mano sobre mi boca, la música tan alta. Cómo lo empujé, pateé, intentando alcanzar el cenicero, el control remoto, cualquier cosa, hasta que finalmente, la botella, y yo era Shorty y Shorty era yo y nosotras éramos todas las muchachas, no habíamos estado solas, estábamos *all of us** en aquel apartamento, en ese baño, *all of us* respirando, vivas, *lightning in our limbs*, golpeando aquella puerta durante minutos, unas horas, toda una vida, y por un momento pensé que era posible que pudiera perderla, que podía ser una de esas muchachas.

Fue lo mismo el verano siguiente, y el verano después de ése:

---

* Madden, T K. (2016). «The Feels of Love». *Guernica*. Recuperado de: www.guernica-mag.com/the-feels-of-love/.

volvimos a beber, a fumar, a pelear, a bailar, bailar, bailar, a huir. Queríamos que nos vieran, por fin, vivir las vidas que habíamos diseñado para nosotras. Queríamos más que el ruido, lo queríamos todo. Éramos unas muchachas ordinarias, pero hubiéramos dado cualquier cosa por ser monstruos. No éramos criaturas o extraterrestres o mujeres disfrazadas, sino muchachas. Éramos muchachas.

TERCERA PARTE

Familia

Ciudad playera

I.

Una tarde de agosto, el año en que empezamos la high, conocí a Cheíto. Regresaba de la playa con Boogie, descalza sobre la abrasadora acera porque alguien me había robado todas mis mierdas mientras estaba metida en el agua, incluyendo mis chancletas. Boogie todavía tenía sus chancletas, su toalla y su lipstick medio derretido en la mochila. Pero yo no llevaba nada, excepto mis shorts y la parte de arriba de mi traje de baño: lo que llevaba puesto mientras nadaba. Trataba de lucir cool mientras iba de puntillas de vuelta a casa cuando un Datsun color azul se detuvo al otro lado de la calle.

—¿Necesitas pon? —gritó el conductor.

Boogie sonrió.

—Hoy es tu día de suerte, nena.

Examiné el carro, vi la bandera de Puerto Rico colgando del espejo del carro y conté dos muchachos. Miré hacía abajo a mis pies en llamas. «Pal carajo».

Cruzamos la calle, y el muchacho que iba de pasajero se movió a la parte de atrás. Antes de que Boogie pudiera deslizarse y tomar su lugar, el conductor me señaló, me miró a los ojos.

—Siéntate al frente conmigo —dijo.

Boogie se sentó atrás con su amigo. Me senté al frente, ligán-
domelo. Tenía la piel oscura, recorte con cerquillo, los ojos color
avellana que se veían casi verdes a la luz del sol. Siguió sonriéndome, seguro de sí mismo: estaba bueno y lo sabía. Sospechaba de
cada uno de sus movimientos. No le sonreí de vuelta.

—Voy para la calle Nueve con West Avenue —dije.

—No hay problema.

Estuvo callado por un minuto, entonces me dijo:

—Mi nombre es Cheíto, by the way.

—Jaqui —le dije—, y ella es Boogie.

Ya había decidido que no iba a entablar ninguna conversación
con ellos, pero darle nuestros nombres no me pareció gran cosa.

—¿De dónde eres? —preguntó.

—Dobla a izquierda en la calle Cinco —dije.

Se acercó a la luz de la Quinta. Me senté para atrás e ignoré su
pregunta.

—¿Por qué tienes que ser tan malcriá, nena? —exclamó
Boogie—. Ella es puertorriqueña y yo soy cubana.

—Yo nací en Caguas —me dijo Cheíto—, y la familia de mi
mamá es de San Lorenzo. ¿Y tú? ¿Naciste en la isla?

—En Humacao.

—¡Oh! ¿Así que te gusta Tito Rojas? Él es de Humacao.

Subió el volumen de su radio, estaba sonando «Condéname a
tu amor» de Tito Rojas.

Le sonreí.

—Lo amo. Y a Pedro Conga. Pero no mucha gente conoce a
Pedro.

Me miró de reojo.

—¿Bailas salsa?

—Claro que sí. Eso está en el contrato.

Boogie golpeó mi asiento.

—¿A qué te refieres? ¿Qué contrato?

Cheíto se volteó y la miró.

—Tú no sabes de eso. Eres cubana.

Le sonreí y me volteé hacia ella.

—El contrato boricua.

Puso los ojos en blanco.

—Pendeja.

Cheíto y yo nos reímos, y él enfiló hacia el norte por West Avenue hacia mi edificio, con las ventanillas abiertas, el viento azotando mi cara y mi pelo.

Cuando paramos en Southgate Towers un minuto más tarde, abrí la puerta y salí del carro rápidamente.

—¡Espérate! —dijo Cheíto— ¿Puedo llamarte?

Cerré la puerta, luego me incliné y miré dentro del carro. Se veía lo suficientemente simpático. Nos había dado pon. Me entregó una servilleta de Taco Bell y garabateé mi número de teléfono en ella.

Negó con la cabeza.

—Qué mala —me dijo—. No puedo creer que ibas a irte sin darme tu número.

Se la entregué.

—¿Cómo sabes que no es falso?

En el asiento trasero, Boogie todavía hablaba con su amigo.

—Te llamaré y lo averiguaré —dijo Cheíto.

Me llamó dos días después y hablamos durante horas. Hablamos sobre Puerto Rico, sobre la comida puertorriqueña, la música puertorriqueña. Me habló de su niñez en Hialeah y de sus veranos en Caguas y en San Lorenzo. Le hablé de Humacao, de Fajardo, de Luquillo, de Miami Beach. Los dos guillándonos de nuestras abuelas, que nos habían criado. Compartimos historias sobre nuestros padres, ambos mujeriegos, y sobre todas las mujeres que habían traicionado. Comparamos historias sobre nuestras madres, ambas heridas por los hombres con los que se habían casado. Nos enseñamos nuestras canciones favoritas. Nos escuchábamos respirar en la línea cuando nos quedábamos sin mierda que decir. Alrededor de las tres de la madrugada nos estábamos quedando dormidos por teléfono, pero no colgamos hasta que salió el sol, y luego acordamos hablar de nuevo al otro día.

Al día siguiente, me recogió y fuimos a la playa por el Fontainebleau Hilton. Nadamos juntos en el mar, nos tiramos de cabeza contra las olas, haciendo carrera bajo el agua. Nunca me dejaba ganar. Cuando me cansé, me dejó aferrarme a sus hombros.

En el agua, me cargó, me levantó hasta que tuvo que elevar la mirada donde mí, y envolví mis piernas alrededor de su cintura. Él era fuerte, más fuerte de lo que pensaba. Por los músculos en sus brazos, sus hombros y su espalda, me di cuenta de que levantaba pesas. Era dos años mayor que yo, medía seis pies, y no se veía como un nene, pero tampoco era un hombre. Era demasiado gracioso, y siempre me preguntaba qué quería, y me gustaba todo de él. En el agua, con mis piernas envueltas alrededor de su cintura, lo besé. Un beso rápido y suave en los labios.

Nos besamos de nuevo cuando me soltó esa noche. Me tomé mi tiempo alcanzando la manija de la puerta, y luego se inclinó y me preguntó:

—¿Puedo darte un beso de buenas noches?

Tomé el ascensor hasta nuestro apartamento en el octavo piso, con el sabor de su beso en mis labios, y sabía, no me pregunten cómo, que algún día yo me casaría con ese muchacho.

CHEÍTO PIDIÓ CONOCER a mi familia de inmediato; vino una tarde y le estrechó la mano a abuela, se presentó, se comió su comida, y se la ganó cuando le habló en español. Pero no en cualquier español. Habló con su acento boricua, y abuela, que hablaba bien jíbara, arrastrando sus erres en vez de pronunciarlas, se enamoró inmediatamente de él. ¿Haber traído a casa a este muchacho, tan puertorriqueño, tan respetuoso, que trajo consigo los sonidos del hogar, de la isla, que fue a la escuela, que tenía un trabajo y su propio carro que se pagó él mismo, que me llevaba a hacer diligencias, como pagar la factura de la luz y recoger el Adobo Goya y la salsa de tomate cuando se nos acababa? Era, ante los ojos de mi abuela, mi mayor logro. Me lo decía cada vez que él venía a verme, tan pronto como se iba.

—No metas la pata. Es lo mejor que te ha pasado.

Hizo lo mismo con papi. Le apretó la mano, se presentó, le habló en español, habló de salsa y de carros, de boxeo y de básquet, de todas las cosas que mi padre amaba. Y así hizo con Alaina, Anthony, mami, con todas mis tías, con todos mis amigos. Se interesó por cada persona en mi vida, conversó con ellos, los hizo reír, les dio paseos, les hizo favores. Era tan bueno con la gente, con los animales, con los niños. Todo el mundo lo amaba. Lo amaban tanto que tenían miedo de que lo dejara perder, de que lo espantara, de que me fuera con un pandillero durante una semana, como solía hacer. Cuando no venía durante un par de días porque tenía que trabajar, se preocupaban, me preguntaban si todo estaba bien. Como si estuvieran esperando a que metiera la pata. Los amaba y los resentía por ello.

Pero la verdad es que también tenía miedo. No me había sentido tan amada antes ni me había sentido tan feliz. Con él, comía comida puertorriqueña cada vez que podía, pasaba los fines de semana en la playa, iba a conciertos de salsa y merengue en Bayfront Park. Me presentó a su abuela, a su padre, a su madre, a su madrastra, a su hermanita bebé. Esta última, que tenía un año, me adoraba. La llevábamos al mall y fingíamos que era nuestra. Le cambiaba el pamper, le daba de comer, le pasaba un cepillo de bebé por sus rizos suaves. Cuando empezó a hablar, me llamó «Tati». Tenía conversaciones enteras conmigo en un lenguaje de bebé que sólo ella entendía, y yo asentía, le sonreía y le hacía preguntas, como si yo esperara una respuesta adulta: «¿Cuándo vas a conseguir un trabajo y empezar a pagar la renta? ¿Por qué no haces la cama, o lavas los platos? ¿No crees que debas ayudar más a tus padres en la casa?».

Pero para el resto de su familia sólo era una muchacha suelta de caserío, una gritona sin modales de mesa, una delincuente de ropa holgada que no tenía futuro, una marimacha con demasiados piercings que se negaba a vestirse de la manera en que debía vestirse una mujer puertorriqueña apropiada, que se negaba a servir de la manera en que se supone que una mujer puertorriqueña apropiada debe servir a su hombre; definitivamente no era la mujer con la que ellos pensaban que Cheíto terminaría.

Cheíto me dijo una y otra vez que no me preocupara por ellos, que él me amaba, que amaba todas las maneras en que yo era alborotosa y divertida, que amaba mis piercings y mi ropa holgada, y que no le importaba lo que pensaran los demás sobre cómo se suponía que debía actuar una muchacha apropiada, y que definitivamente no necesitaba a una mujer que le sirviera o lo cuidara porque se podía cuidar a sí mismo. Sólo quería estar conmigo, la verdadera yo. Es cuestión de que pases algún tiempo con ellos, me dijo, y llegarán a conocerte, y entonces también te amarán.

Me llevaba a comer a casa de su abuela al menos una vez a la semana, y a mí me encantaba ir allí, aunque no le cayera bien a su familia. Entrábamos y Cheíto le daba un abrazo a su abuela, un beso en el cachete, entonces abrazaba y besaba a su padre, abrazaba y besaba a su madrastra. Su hermanita gritaba mi nombre «¡Tati!», y corría hacia mí, y yo la agarraba, la levantaba sobre mi cadera. Estaba impresionada con cómo todos ellos se amaban tan intensamente los unos a los otros y nunca tenían miedo de demostrarlo, dándose besos y abrazos como nunca vi en mi propia familia. Yo nunca, nunca, vi a Anthony besar a papi. Los hombres de mi familia no besaban ni abrazaban a otros hombres. No nos habíamos sentado en una mesa a comer juntos en años. Apenas nos hablábamos. No podía recordar ni una sola vez que mi padre me dijera que me amaba, o la última vez que mi madre me había abrazado. A veces abrazaba a Alaina, por lo general cuando ambas llorábamos porque Anthony nos había hecho alguna mierda retorcida. ¿Y Anthony? Nunca nos habíamos abrazado. Nunca, nunca, nos dijimos «te amo». Nos comunicábamos lanzándonos mierdas de un lado al otro del cuarto. La única persona que me abrazó, o me besó, o me dijo que me amaba era abuela.

Cuando nos sentábamos a comer en la casa de la abuela de Cheíto, podía palpar el amor en la sala. No me había dado cuenta de que eso era algo que había extrañado hasta entonces, hasta que todos estábamos sentados en la mesa redonda con nuestros platos llenos, todos sonriendo, preguntándonos unos a otros sobre el día, pasando tostones al otro lado de la mesa, diciendo «por favor» y «gracias» como una foquin familia común y corriente. Esto es lo que se suponía que era una familia: personas que en realidad se amaban. Me sentí robada. Miré alrededor del comedor, la forma en que su madrastra le servía las habichuelas en el plato a su padre, la forma en que su abuela le daba de comer a su hermanita bebé en su high chair, Cheíto sonriéndome desde el otro lado de la mesa. Maldita sea, amaba a esa gente, aunque me odiaran. Y lo supe entonces: eso era todo lo que quería.

Pero había algo más que sabía y que siempre supe. Yo era la hija de mi padre. Cuando Cheíto no andaba cerca, volvía a ser la misma Jaqui de siempre: «¡Fuck love! ¡Fuck family!». Cortaba el quinto y sexto periodo, me escapaba con los panas a fumar en el parque, o me iba a janguear al Bayside, me montaba en los party boats, llegaba a casa borracha o arrebatá a las tres, cuatro de la mañana. Después, de alguna manera, me levantaba a las siete de la mañana para llegar a la escuela. Y llegaba tarde todos los días.

Tuvimos sexo por primera vez después de estar juntos durante unos meses. Estábamos en la playa, jangueando en el puesto del salvavidas de noche, hablando, riendo y besándonos. Cheíto estaba sentado en el muelle, la espalda contra la pared del puesto del salvavidas, y me monté en su falda y comencé a bajarle el zipper de sus mahones. Habíamos hablado acerca de hacerlo por un tiempo, pero nunca de los detalles. Él era virgen y dijo que quería esperar a que estuviera lista, quería que decidiera cuándo y dónde.

Lo cabalgué hasta que se vino, y justo cuando iba a levantarme, llegaron los patrulleros de la playa en un four-wheeler, alumbrando con su linterna en nuestra dirección.

Nos paralizamos cuando vimos la luz, nuestros brazos alrededor del otro.

—No es el momento ni el lugar —dijo el policía.

Mantuvo su linterna apuntando hacia nosotros.

—Nos vamos —le dijo Cheíto—. Nos vamos ahora mismo.

La patrulla de playa se alejó cuando nos vio levantarnos. Cheíto se subió el zipper de los pantalones, se los abrochó, y yo me puse los shorts.

—¿Estás bien? —me preguntó.

—Estoy bien —respondí. Y lo estaba. Recogí mis tenis, mis medias.

Después nos echamos a reír.

—Perdóname —dijo.

La próxima vez, nos consiguió una habitación en un motel en Hialeah, en Okeechobee Road, un sitio con una cama queen, un jacuzzi y televisión por cable y porno gratis en todos los canales. Compró una botella de Mr. Bubble al tipo de la recepción, supongo que estaba tratando de compensar, pero ni siquiera la usamos.

Cuando entramos en la habitación, prendí la televisión, vimos cada uno de esos viejos pornos por unos segundos, hombres calvos con culos peludos, panzas cerveceras y bigotes gruesos como escobas, jalándoselas encima de las tetas de las mujeres. Me asqueé.

—¿Esto es lo que les gusta a los muchachos? —pregunté—. Porque definitivamente no es lo que les gusta a las muchachas.

Pero no tenía idea de lo que les gustaba a las muchachas, no realmente.

Apagó la televisión, me besó, prendió la radio, me besó otra vez. Puso 99 Jamz, estaban tocando una mezcla de R&B. Me recostó en la cama, besándome en los labios, mordiéndome el cuello, besándome y mordiéndome los muslos. Me quité el brassier y lo tiré a un lado. Me quitó la ropa interior y colocó su cabeza entre mis piernas, y luego se deslizó sobre mí, besándome en los labios, en el cuello. Envolvió la sábana alrededor de los dos, y luego me abrazó hasta que me quedé dormida.

Cuando me desperté, tal vez una hora más tarde, todavía me abrazaba, la música seguía sonando. Me di la vuelta, estiré los brazos, y luego me senté. Se sentó también, me jaló hacia él y enterró su rostro en mi cabello.

—Ey —me dijo, besándome arriba de la cabeza.

Nos entregamos el uno al otro, besándonos, y se puso encima de mí, me apartó las piernas, y me penetró lentamente. Nunca dejó de besarme.

Seguimos así durante horas, hasta que no pude más, luego nos dormimos el uno en los brazos del otro.

Todo era nuevo, pero me encantó cada segundo. Quería estar con él, siempre. Despertarme a su lado todas las mañanas. Por primera vez en mi vida, pensé, estaba claro que alguien me amaba. Y yo también lo amaba a él.

A PESAR DE que tenía quince años, pensaba que era grande, como si tuviera control total de mi vida, y aunque no lo tenía, pensaba que debería tenerlo. Estaba harta de que la gente me tratara como a una niña, intentando controlarme. Así que empecé a ahorrar dinero. Conseguí un trabajo de mesera, y luego, cuando cumplí dieciséis, dejé la escuela y empecé a trabajar en una farmacia. Unas semanas después, me mudé de la casa de mi padre a un hotel. Un mes después, Cheíto y yo conseguimos un pequeño apartamento al otro lado de la calle de la playa.

Éramos teenagers, los dos trabajábamos full-time sólo para pagar la renta, tomábamos la guagua hacia y desde el trabajo. No teníamos mucho: nuestra ropa, un viejo televisor que Cheíto tenía en su cuarto de niño, una mesa plegable de Target, una cama y un pequeño gavetero que su padre nos había dado. Estábamos pasándola mal, pero bregando. Hubo tantos trabajos: la farmacia, el servicio de valet parking, otra farmacia, una tienda de ropa en el centro comercial, otro restaurante. Entonces un día, Cheíto decidió que quería dejar de vivir cheque a cheque. Quería una carrera, un futuro lleno de cosas que nunca podría tener si se quedaba en Miami Beach, trabajando sólo para pagar nuestro pequeño apartamento en la playa.

Llamó al reclutador local de la Marina. Venía de una familia de veteranos militares, tenía tíos y primos en el ejército y la Marina y había estado hablando con ellos sobre esto durante meses.

Le supliqué que se quedara. Podría ir a la universidad, insistí. Yo conseguiría un segundo trabajo.

Pero no quería que consiguiera un segundo trabajo. Quería ganar suficiente dinero para hacer algo más que sobrevivir, dijo. Quería que pudiéramos viajar, ver el mundo. Yo también quería que él tuviera todas esas cosas, pero no sin mí.

Podríamos casarnos, dijo, tan pronto cumpliera con el entrenamiento y terminara la escuela. Entonces podría llevarme con él adondequiera que fuera.

—¿Y si hay una guerra? —pregunté—. Y ahí, ¿qué?

Sentí que estaba perdiendo todo mi mundo. Él había sido la única persona que creía en mí, la única persona que pensaba que era buena. Era mi familia.

El día que se suponía que debía volar a Parris Island para el entrenamiento básico, de pie afuera de la Estación de Procesa-

miento Militar de Miami, su mamá, su abuela, y yo, todas llorando, suplicándole que se quedara, su padre le dio un abrazo, le dijo
que se fuera.

—No tienes futuro aquí —dijo su padre—. Si te quedas aquí
por una muchacha, te arrepentirás por el resto de tu vida.

Unas semanas después que él se fuera, su padre recogió la
cama, el armario y la televisión. Exactamente tres meses después
de eso, fui desahuciada de nuestro apartamento.

II.

Hablábamos de Miami Beach como si nos perteneciera sólo a
nosotras, convencidas de que los turistas y spring breakers
que venían a nadar en nuestro océano y a bailar en nuestras
discotecas estaban jodiendo nuestra ciudad. Éramos unas maleantes de diecisiete, dieciocho, diecinueve años, con el cabello
recogido en trenzas pegadas y moños apretados, con mucho spray
de pelo y lipliner marrón oscuro, con piercings en las narices y los
ombligos, con argollas enormes, y tatuajes carcelarios en los tobillos. No teníamos tiempo para muchachos de Hollywood o del
norte de Miami, culicagaos que guiaban sus carros destartalados
con las ventanillas abiertas porque no tenían aire acondicionado,
que gritaban desde sus carros y pedían nuestros números de teléfono mientras cruzábamos Washington Avenue o Lincoln Road
con nuestras chancletas atizando la acera.

¿Qué sabían ellos de surfear durante los vientos huracana-
dos, de chingar en puestos de salvavidas, de respirar bajo el agua?
¿Qué sabían ellos de los millones de gatos realengos meando en
las dunas de arena, de las bandadas enteras de gaviotas que lanza-

ban torpedos de mierda, de los refugiados, de los kilos de cocaína y de los cadáveres que llegaban a nuestras costas?

Nosotras éramos las que sabíamos lo que era pertenecer a este lugar, sentirse plenas durante los drum circles bajo la luna llena, bailando, bebiendo, fumando con nuestros panas. Sabíamos lo que significaba llenar de sangre nuestros nudillos aquí, romper dientes aquí, vivir y respirar estas calles día a día, el resplandor de los letreros de neón del hotel frente al mar, la sal y el sudor de esta ciudad playera.

Una noche, parqueamos el viejo Mustang de Brown detrás de la pista de patinaje en Collins y enfilamos hasta la playa. Tomamos nuestras botellas de Olde English y de Mad Dog 20/20, los seis pasando un blunt y escuchando «Hit 'Em Up» de 2Pac sonando fuerte desde la radio de alguien, y cada vez que ellos cantaban *Grab your Glocks when you see 2Pac* los muchachos se agarraban los bichos y todos nos meábamos de la risa. Brown comenzó a bailar y a quitarse la ropa mientras lo animábamos, A.J. y yo alrededor saltando, eñangotándonos de la risa, dándonos golpes en las rodillas. Flaca, China y Cisco subieron a la cima del puesto de salvavidas, cantando: «¡Dale, Brown! ¡Dale, Brown!». Cuando se quitó todo menos los calzoncillos, Brown se rindió, y todos lo abucheamos, y le tiramos nuestras medias enrolladas y tenis.

Cisco cambió la canción, y Flaca y China se bajaron del puesto de salvavidas y las tres corrimos hacia la orilla, hundiendo nuestros pies en el agua. Pateé las olas, las salpicaba, y China gritaba. Seguí salpicando, sumergiendo mis manos en el agua y apuntando a sus cabezas, pero China despegó y arrancó hacia la playa.

—¡Me vas a joder el pelo! —gritó Flaca.

Me salpicó de vuelta, pateando y pateando sus largas piernas contra las olas pequeñas, sosteniendo su cuarto de litro en una mano. Reía y reía, su pelo castaño en una donita arriba de su cabeza, con sus baby hairs de la frente y las sienes fijados a su piel con tanto spray que ni siquiera el agua salada podía arruinarlos. Dio unos pasos atrás y me sacó el dedo malo, y, por un momento, me miró como si estuviéramos en quinto grado.

China, Flaca y yo estábamos en cuarto grado en Fisher cuando nos conocimos, y siempre habíamos sido buenas amigas. El padre de Flaca y papi se conocían, habían sido amigos durante años. También era amigo cercano de mi tío Junior. De niñas habíamos pasado cada 31 de octubre en la fiesta callejera de Halloween de Lincoln Road, vestidas de hippies, de roqueras punk, de brujas. Habíamos pasado el último año yendo a misiones, cogiendo la guagua hasta el mall, tomando prestado el carro de la madre de China y yendo a Grand Prix Race-O-Rama, donde pasábamos horas jugando a Mortal Kombat, montando go carts, disparando Lil' Hoops, y posando ridículamente dentro de la cabina de fotos. Cuando estábamos todas juntas, volvíamos a ser esas mismas nenas.

Flaca y yo reíamos y reíamos, hasta que de repente, en medio de la oscuridad, Brown apareció, sin nada más que su ropa interior, y comenzó a caminar hacia el océano.

—Mala mía, pero tengo que mear —dijo.

Intercambiamos miradas, entonces Flaca y yo gritamos: «¡Fo!», y corrimos hacia el puesto del salvavidas para buscar a China.

Nos encontramos a China bailando con Cisco y A.J., con una botella de Mad Dog en mano. Cuando la música paró, tomó un sorbo, después otro, y otro, y alguien gritó: «¡Choguéatelo!», y se

lo estuvo chogueando, y todos nos unimos, aplaudiendo y gritando
«¡chogüéatelo!», y gritando cuando terminó la botella, la sostuvo
al revés para que todos la viéramos.

Detrás del puesto de salvavidas, estábamos A.J. y yo, con la
arena entre nuestros dedos, tocándonos en la oscuridad. Corrimos alrededor riendo y riendo, y tomé su mano y bailé en círculos
alrededor de él en slow motion.

No recuerdo cuándo A.J. me dijo por primera vez que me
amaba, o siquiera si me lo dijo, pero lo sabía. Lo sentía cada vez
que venía, cada vez que nuestros muslos se tocaban cuando nos
sentábamos juntos en el sofá de China, o cuando los seis nos teníamos que apretujar en el Mustang de Brown y me sentaba de
lado en su falda, tratando de no poner todo mi peso sobre él, mi
labio rozando contra su oreja, sus brazos alrededor de mi cintura.
O cuando nos quedábamos despiertos toda la noche conversan-
do, a pesar de que tenía que levantarse temprano para la escuela
a la mañana siguiente: algo de lo que ya no tenía que preocuparme porque era una dropout. O en las noches en que el alcohol y
la hierba hacían girar mi cabeza, el calor y la nota llegándome
las dos a la vez, y sólo A.J. estaba alrededor para evitar que me
cayera.

Abajo en la orilla, Brown estaba tan borracho que cayó de rodillas y después se acostó de lado en la arena. Más tarde, todos
lo cargamos de vuelta a su carro. Flaca nos llevaría a su casa que
quedaba a unas pocas cuadras. Todos tambaleábamos por las escaleras hacia su pequeño estudio, dejamos a Brown durmiendo
en la bañera, y nos pusimos a fumar Newports en el balcón. Él
despertó con los munchies una hora más tarde. «¿Tienen queso?»,
preguntó desde el baño. A.J. agarró un paquete entero de Kraft

Singles de la nevera de Flaca, y dos de nosotros los tiramos a la
bañera, rebanada por rebanada, y Brown trató de atraparlos con
la boca.

Pero antes de todo eso, con los seis bailando y corriendo por la
playa, con China bebiendo el Mad Dog, Flaca y Cisco besándose
en los escalones del puesto del salvavidas y A.J. mirándome bajo
la luz de la luna, con una nube de humo a nuestro alrededor, envolví mis brazos a su alrededor y le dije: «No me sueltes».

Nos reíamos, metiéndole al blunt.

Éramos las olas lejanas estrellándose contra la orilla, la música, el océano y el calor subiendo, subiendo, subiendo, como una
fiebre.

Éramos cuerpos hechos de humo y de agua.

LA VERDAD ES que no me gustaba A.J.: sólo éramos panas. Había
pasado los últimos meses esperando a Cheíto, amargada, borracha, esnifando cocaína, peleando y colándome en las discotecas
en Washington Avenue. Había conseguido mi GED y empezado
a tomar clases en Miami Dade Community College, pero estaba
colgándome en cada una de ellas porque casi nunca iba a clase, y
cuando iba, estaba borracha o drogada o simplemente no me interesaba. Había estado durmiendo en el sofá de mi padre durante
meses.

Después de que Cheíto terminó su Especialidad Militar y
Ocupacional, regresó a casa. Nos quedamos en un hotel por dos
semanas. Esa primera noche me pidió que me casara con él.

Acababa de cumplir diecisiete años, y estaba locamente enamorada y tan feliz de tenerlo de vuelta, aunque sólo fuera por
dos semanas, y estábamos semidesnudos, besándonos en la cama,
cuando sacó una cajita blanca. Un anillo.

El día antes de que tuviera que volar para el Entrenamiento de Combate Marino fuimos al Old City Hall de Miami Beach y nos casamos.

El año siguiente, nuestra vida matrimonial consistió en Cheíto en Camp Lejeune, entrenamiento, y después la escuela, y después su deportación a Okinawa; yo durmiendo en el sofá de papi, cortando clases, levantándome sólo para a ir a trabajar y arrebatarme, y luego volver a casa y desmayarme en el sofá nuevamente.

La mayoría de las noches jangueaba con Flaca y China. De vez en cuando A.J., Brown y Cisco se unían e íbamos todos a Society Hill, una barra de mala muerte al aire libre en Washington donde nos servían bebidas y nunca pedían ID. El sitio estaba pintado todo de negro y verde oscuro y tenía algunos de los nombres de los clientes habituales grafiteados en las paredes con spray paint; las leyendas de South Beach, gente con la que crecimos y que todo el mundo conocía. Society Hill era tan pequeñito que apenas podías bailar allí, pero alguien siempre prendía un blunt y lo pasaba, y todos terminábamos bailando de todos modos, nuestros cuerpos pegados, esquivando los codazos a la cara y empujando a los tipos que trataban de perrearnos por detrás. Después, terminábamos en la playa, fumando hasta que el mundo se ralentizaba, bailando como si tuviéramos algo que celebrar. Mientras estábamos juntos, nos olvidábamos de que éramos muchachos con problemas de adultos. Algunos de nosotros ya estábamos casados, algunos de nosotros ya teníamos hijos, algunos de nosotros habíamos dejado la high y no teníamos más remedio que trabajar, algunos de nosotros teníamos padres a punto de ser deportados, algunos de nosotros habíamos perdido a nuestras madres, algunos de nosotros vivíamos por nuestra cuenta, tratando de pagar la renta. Mientras que otras muchachas estaban ahorrando para el baile de prom, para los trajes y las fotos de graduación, yo estaba ahorrando para pagar el depósito de un apartamentito en West Avenue, lo que estaba tomando más tiempo de lo esperado ya que gastaba la mitad de mi sueldo en drogas y en alcohol. Flaca trabajaba para poder pagar su mitad de la renta. China trabajaba para cuidar de sí misma, de sus hermanos y de su hermana. Todo el mundo tenía sus mierdas. Pero esas noches en la playa fingíamos ser nenas de nuevo, tomando fotos con la cámara de Flaca, escribiendo nuestros nombres en los puestos de los salvavidas, dejando siempre algo atrás, deseando que la noche y la playa nos recordaran, como si de alguna manera supiéramos que esos momentos eran preciosos, fugaces. Como si de alguna manera supiéramos que nos estábamos quedando sin tiempo.

Y así era. La high llegaba a su fin para ellos, y ya había llegado a su fin para mí. Ellos tendrían un finde de graduación, viajes a Disney World. Pasarían cosas importantes la noche de prom, yo pasaría horas peinando y maquillando a Flaca y a China, ayudándolas a prepararse. Yo no iría, porque algo de ver a todas esas personas de nuevo después de estar infelizmente casada y estar colgándome en la universidad me hacía sentir como un fracaso. Pero después, iríamos a la playa, Flaca y China se quitarían los tacones y correrían por la arena, sus faldas largas aleteando en el viento, el resto de nosotros persiguiéndolas, y pensaría *esto es como las películas*, y de pronto me sentiría esperanzada.

PERO ESO NO duraría mucho. Habría otra noche, todas metiéndonos en el carro de otro amigo, todas conduciendo rumbo al norte al Grand Prix Race-o-Rama, yo sentada en el asiento del pasajero, y todos los demás apiñadas en los asientos traseros de su Chevy Impala.

Él era mayor, era veinteañero, y vendía perico y meth para pagar la renta. Me llamaba todos los viernes, me preguntaba si quería salir, y me sentía culpable, pero también estaba resentida con Cheíto por dejarme, así que aceptaba. Siempre me traía a China y a Flaca, conseguía que nos llevara a comer, a bailar, a comprarnos tragos. Hacía todo lo que le pedía, nos compraba Taco Bell, me traía botellas de Palo Viejo, me traía blunts enrolados con perico o marihuana kripi. Me llamaba «Jaquira», pronunciándolo de la manera correcta, arrastrando las erres, y algo sobre él me sonaba familiar, lo hacía parecer seguro. Se llamaba Nate y lo único que me gustaba de él era cómo decía mi nombre. Y que me traía drogas.

Esa noche me trajo dos blunts: uno para mis amigos, y uno especial para mí, enrolado con tanto kripi que todo el carro olería a pega marca Elmer horas después de que me lo hubiera fumado. Fuimos al Grand Prix, a jugar en el arcade durante un par de horas, y luego esnifé tanto meth en polvo que estuve ida, totalmente ida. Habría fotos de esa noche, Flaca y China y yo poniendo caras en la cabina de fotos, como nenas. Nenas de la high. Y después la noche empezaría a desvanecerse, mi corazón latiendo en el pecho, la sensación de que me moriría, de que me quería morir. Flaca, China y Nate me llevaron afuera, y me arranqué mis argollas, arrojándolas a través del parking porque mis orejas estaban en llamas. Me pusieron en el asiento de atrás, y cuando el carro arrancó del parking traté de brincar fuera hasta que alguien agarró mi collar, mis brazos, mis piernas. Y luego, todo mi cuerpo en llamas, en la parte de atrás del carro, Flaca por un lado, China por el otro, las dos me sujetaban, meciéndome para que me durmiera,

evitando que alcanzara la manija de la puerta mientras Nate me
llevaba a casa. Flaca le gritaba: «¡¿Qué puñeta le diste?!». Y Nate
mintió diciendo: «Oye, ésa fuiste tú, nena. Yo no le di un carajo».

Y más tarde, después de que Cheíto y yo nos separáramos
y de estar viviendo con Nate, después de que Nate me golpeara
en la calle y tratase de huir, después de que me arrastrara desde
el pasillo de vuelta a su apartamento y a su cuarto, después de
que alcanzara el teléfono y lo arrancara de la pared, envolviera
el cable alrededor de mi cuello, prometiendo que si lo dejaba de
nuevo me mataría, después de que esperara a que se durmiera
o tomara una ducha, después de que corriera a la puerta de al
lado y tocara las ventanas de los vecinos e hiciera una llamada
tras otra, sería Flaca quien aparecería en el carro del novio de
su madre en mitad de la noche. Tomaría mi mochila y la tiraría
a los asientos de atrás y miraría mi cara, mi cuello, y diría: «Ese
foquin cabrón». Volvería al carro, y cuando nos alejábamos, lo
diría de nuevo: «Ese foquin cabrón».

No le conté que ya había hecho esto antes. Que la última vez
llamé a mi padre, y que se había detenido en la parte trasera del
edificio, con su amigo en el asiento del pasajero, ambos decididos
a prender a Nate, hasta que dije «vámonos antes de que alguien
llame a la policía», y entré a la guagua, toda su bravuconería
desvaneciéndose. No le dije que a la mañana siguiente él llamó:
«Perdóname, perdóname», y que dejé que me recogiera después
del trabajo, y regresé a su apartamento. Ni le dije que desde eso
sólo había pasado una semana.

No hablaríamos de eso para nada después. Pero la próxima
vez que supe de él, semanas más tarde, estaba llamando por cobro desde la Cárcel del Condado de Dade. Acepté la llamada sólo
porque quería preguntarle por cuánto tiempo estaría encerrado.

—Diez meses —dijo.

—Bien —respondí, y entonces colgué.

Y esa fue la última vez que supe de él.

Unos meses después de cumplir dieciocho, los seis estábamos sentados alrededor de la sala de China pasándonos un blunt entre China, Flaca, A.J., Brown, Cisco y yo, escuchando música y ocasionalmente brincado del sofá para bailar al son de «Esa morena» de D.J. Laz. Era todavía temprano en la noche, y todos estábamos esperando a que abriera Society Hill para poder caminar las ocho cuadras a Washington.

Cheíto había estado en Okinawa durante casi un año. No visualizaba un futuro para nosotros. En verdad no podía ver un futuro en absoluto. Todavía estaba exactamente donde había estado hacía un año, durmiendo en el sofá de mi padre, una quedá escolar arrebatada, con un GED y algunas clases suspendidas de la universidad pública. Todo lo que había hecho durante el año pasado había sido beber, fumar y esnifar cocaína. Había tomado más drogas que hecho tareas, apenas había asistido a las clases, pasaba todas las noches en Society Hill, y luego en la playa. Era más de lo mismo. La misma gente parada afuera del club, la misma gente pasándose blunts a lo largo de la pista de baile o tratando de perrearte o de obtener tu número de teléfono, olvidándose de que la semana pasada ya les habías dicho que no estabas interesada, o que la semana anterior habían caminado donde ti, de chulitos, y te habían derramado un trago en las tetas. Nada había cambiado. Alaina estaba en la high y vivía con papi también, pero apenas la veía. Después de la escuela, trabajaba en una tienda de surf en Lincoln Road, vendiendo camisetas, bikinis y tablas de surf. Anthony estaba de mesero en algún restaurante para turistas en South Beach. Papi estaba saliendo con un par de mujeres diferentes y todas me odiaban. Abuela cocinaba y limpiaba, fumaba como chimenea en el balcón, y veía telenovelas. Mami estaba viviendo en las Normandy Isles sola, donde era desahuciada cada par de meses, y se quedaba con Mercy cuando necesitaba un lugar donde dormir. Y aquí estaba yo, sin hacer absolutamente nada, con un marido en algún lugar al otro lado del mundo. Estaba fracasando en la vida.

Había estado pensando en ello por un tiempo, pero fue en ese momento cuando se me ocurrió: todos nos dirigimos hacia la misma dirección, trabajos esporádicos o fracasos en la escuela o simplemente, en la brega. China y Flaca trabajaban a tiempo completo, apenas ganando lo suficiente para pagar la renta y comprar tenis y pagar sus facturas de teléfono. Y ninguna de nosotras sabía hacia dónde nos dirigíamos.

Esa noche seguí a China y Flaca por la puerta trasera, donde prendimos algunos cigarrillos y nos sentamos en los escalones de China, chisteando y riendo, y cuando terminé el mío, lo pisé en el escalón de abajo, luego lo tiré. Sería el último que me fumaría. Hasta aquí había llegado.

—Miren —les dije—. Creo que ya sé lo que voy a hacer con mi vida. Cheíto lo hizo, y salió de esta mierda y vio el mundo. ¿Por qué yo no? Creo que voy a alistarme en el ejército.

Ambas se miraron y parpadearon.

—¿Qué quéee?

Estaciones de batalla

L legamos al Comando de Entrenamiento de Reclutas Navales de Great Lakes el verano de 1998, el verano de *Armageddon* y de *The Miseducation of Lauryn Hill* y del partido en que Michael Jordan hizo su fadeaway jumper y ganó en los últimos cinco segundos con los Chicago Bulls. Llegamos en guaguas, recién aterrizados de nuestros vuelos desde Miami, desde California, desde Nueva York, cansados y sudorosos e inquietos en nuestros asientos. Teníamos dieciocho, diecinueve, veintipocos, nuestros pelos bien cortos, nuestras fotos de familia metidas en nuestras mochilas, las direcciones de nuestros amigos garabateadas en papel de libreta doblados en los bolsillos de nuestros mahones.

Cuando nos bajamos de la guagua, la contramaestre de turno nos sonrió a cada uno de nosotros, y luego, una vez que todo el mundo estaba de pie afuera, gritó con todas sus fuerzas:

—¡Atención!

Nos quedamos en posición de atención, como nuestros reclutadores nos habían enseñado, algunos de nosotros emocionados, algunos de nosotros aterrorizados. La contramaestre nos sonrió de nuevo, caminando de un lado para el otro, examinándonos, luego dio un paso atrás para ver a todo el grupo, algunas de nosotras, mujeres, la mayoría, muchachas ordinarias.

—Qué tristísimo grupo de reclutas —dijo—. Bienvenidos a Great Lakes, o como algunos de ustedes llegarán a conocerlo, Great Mistakes (Grandes Errores).

Nos presentamos en el centro de inscripción, recogimos nuestras asignaciones, nuestros uniformes, nuestras botas, sábanas para nuestras literas. Estábamos allí por un futuro, la mayoría de nosotros, reclutados con la promesa de ayudas universitarias, beneficios médicos y la promesa de ver el mundo. Algunos de nosotros éramos military brats. Algunos de nosotros sólo queríamos probar algo, enorgullecer a nuestros padres. Para cuando llegué a Great Lakes, llegué a pensar que el ejército era la única manera de salvarme.

En la Marina, me convertí en una muchacha totalmente diferente. Recibía órdenes. Seguía las reglas. Trabajé duro, más duro de lo que había trabajado en toda la vida. Me gané la confianza de los comandantes de la división de reclutas y su respeto. Me hicieron líder de sección. Pasé con A mis clases de seguridad, las inspecciones de personal, las pruebas de estado físico. Pasé con A el entrenamiento de bombero, la cámara de gas, el entrenamiento de armas. Me sentía como una foquin superstar. Pasé con A la prueba de las Estaciones de Batalla, la prueba final que reunía todas nuestras habilidades de la Marina y, antes de graduarme, recibí un meritorious promotion, o graduación con méritos.

En la Marina, por primera vez en mi vida, me creía capaz de ser buena en algo, que podría tener una vida llena de promesas y de oportunidades. Era la primera vez en mi vida que la gente esperaba que fuera exitosa, que me miraba y veía a alguien que era inteligente y capaz, con un futuro. Y me asustaba muchísimo.

Había sido más fácil dejar que la gente asumiera que terminaría muerta, o en la cárcel, o drogada y viviendo en la calle. Había sido más fácil no querer nada, no creer en nada.

DURANTE EL DÍA, el Comando de Entrenamiento de Reclutas de la Marina se veía vivo, como si el mundo se moviera más deprisa. Las naves llenas de reclutas, la galera repleta de marineros en sus mamelucos o trajes de pitufo cantando sus números de identificación en el torniquete, las salas de simulacros con divisiones enteras marchando adentro, practicando sus ejercicios con las banderas. Afuera, los marineros y los reclutas marchaban al unísono, gritando los saludos y respuestas militares, trotando de un lugar a otro, desde el USS Carr a los pasillos de simulacro a la galera de Navy Exchange, sus gorras de RECLUTA protegiéndolos del sol.

Nos midieron para los uniformes, las botas militares de punta de acero que debíamos llamar «boondockers», las cantimploras firmemente ajustadas a los cinturones de protección, chaquetas de aviación, impermeables.

Después de unas semanas, durante un sofocante día de verano en Great Lakes, me uní a la formación con todo mi equipo, enfilé junto al recluta Seaman Santiago, un chicano tatuado de piel oscura de California. Santiago, a quien llamaba «G-mo» cuando estábamos solos, estaba en nuestra división hermana, y fue mi compañero en casi todas las fases de entrenamiento. Los dos éramos líderes de sección y siempre marchábamos juntos, corríamos juntos, nos sentábamos uno al lado del otro en la comida y en clase. Habíamos sido inseparables desde la segunda semana del campo de entrenamiento, enviándonos cartas a través del US Mail, pasándonos las notas en clase, hablando de pie en la formación, haciendo push ups durante el entrenamiento físico o marchando a las salas de simulacro.

G-mo miró a su alrededor en busca de señales de un comandante de la división de reclutas, después tomó mi mano rápidamente y le dio un apretón.

—¿Todo bien, Jaqui?

Soltó mi mano y miró hacia delante, tratando de evitar ser visto por un RDC, un comandante de división.

—Todo bien —respondí.

Brooks, el contramaestre de nuestra división hermana, que por lo general comenzaba los saludos y retransmitía órdenes de otros RDC, estaba de pie al margen, observándonos. Se acercó, fingiendo haber visto algo en el piso.

—Ustedes dos zánganos deberían bajarle dos a ese toqueteo —dijo.

Detrás de nosotros, Jones estaba ajustando su cinturón de seguridad y riéndose de nosotros.

—Son tan sweet. Deja que sean reciclados por fraternizar.

No sabía por qué Jones estaba bichifoqueando con nosotros. Hacía apenas un par de semanas tenía novia en el campo de entrenamiento de la que no podía separarse, hasta que tuvo que volver a entrenar a otros primerizos en otra división. A ella la reciclaron después de que la pillaron metiéndose en los dormitorios de los hombres durante su turno de vigilancia de las dos de la madrugada. Reciclaje: enviar a alguien a empezar desde cero el entrenamiento con otra división; es lo que se les hacía a los reclutas que ameritaban disciplina, que fraternizaban o rompían las reglas. Básicamente, era para reclutas que fueran pillados haciendo algo.

De reojo, vi a la contramaestre Thompson, una de los RDC, caminando directamente hacia nosotros. Me preparé. No era alguien con quien quisieras joder.

La contramaestre Thompson se dirigió a Jones.

—¿Cuál es su séptima orden general, recluta?

Era la única mujer RDC de los seis que dirigían nuestras dos divisiones, y la más dura. Tenía que serlo. Ser una mujer en el ejército, especialmente una afroamericana, significaba que tenías que trabajar con hombres que pensaban que eran mejores que tú, más rápidos que tú, más fuertes que tú. Significaba que tenías que probar tu valía constantemente, cada minuto de cada día, cuando incluso las reglas decían que no eras lo suficientemente buena. En aquel entonces, a las mujeres no se les permitía ser SEAL, no se les permitía servir en submarinos, no se les permitía ser buzos de rescate. Pero cuando PO Thompson entrenaba con nosotros, superaba a todos los hombres. Y ésa era sólo la parte física. Ser una afroamericana en la milicia también significaba que tenías que ser el doble de inteligente, el doble de capaz. Tenías que conocer tu trabajo y el de todos los demás, y ver cómo personas menos cualificadas obtenían todos los ascensos. Todos los demás RDC tenían rangos más altos que la contramaestre Thompson, pero ella era la que lo sabía todo, a la que los hombres recurrían cuando necesitaban respuestas a sus preguntas, cuando necesitaban a alguien que conociera todo el Procedimiento Operativo Estándar. Era la que nos levantaba a las cuatro de la mañana, la que podía acordarse de detalles históricos de la milicia de memoria, la que era siempre puntual. Estaba claro para todos nosotros: ella era la que dirigía esta mierda. Y cuando estábamos a solas con ella en las salas de mujeres, nos lo recordaba, nos lo decía cada vez que tenía una oportunidad: *Ustedes necesitan demostrarles que éste es nuestro mundo, que mandamos nosotras. Nunca dejen que piensen lo contrario.*

Jones, que fue tomado por sorpresa, se irguió en posición de atención con una mirada tonta en su cara. No me di cuenta de que había estado mirándolo de reojo hasta que Thompson se volvió hacia mí y me sonrió. Carajo. Miré hacia adelante, me paré en posición de atención y mantuve los ojos abiertos a pesar de saber la que nos venía encima.

Inhaló profundamente, luego gritó a hacia la formación en la división:

—¡Seaman Recluta Díaz perdió su buena conducta militar!

Dio un paso hacia mí, puso su cara justo al lado de la mía, tan cerca que podía oír su respiración, respiraba fuertemente.

—Vamos a ver si ella puede ayudarlo, Jones —dijo—. ¿Cuál es su séptima orden, Díaz?

—¡No hablar con nadie, a menos que esté en la línea de mando, contramaestre! —grité.

Sonrió, se viró hacia Jones, y dijo:

—Jones, al piso.

Se volvió hacia mí, y dijo:

—Díaz, ayúdelo.

Salí de la formación, luego bajé a la posición de push up, comencé a hacer flexiones tan rápido como pude, contando en voz alta como durante el proceso.

—Uno, contramaestre, dos, contramaestre, tres, contramaestre, cuatro, contramaestre…

A mi lado, Jones ya había llegado a los veinte push ups. Paró de contar, sosteniendo su última flexión en lo alto, luego se volvió hacia la contramaestre Thompson, y dijo:

—Contramaestre, solicito respetuosamente permiso para reincorporarme.

—Te reincorporarás cuando yo diga —dijo ella—. ¡Sigue con las flexiones!

Jones seguía flexionando. Me costó mantenerme, pero seguí adelante.

Cuando la contramaestre Thompson se fue a inspeccionar al resto de la división, Jones se viró y me miró.

—Ey, ¿todo bien, Díaz? —sonrió.

Volví la cabeza hacia él, le sonreí y le saqué la lengua.

Ambos empezamos a reír en voz alta, e incapaz de sostenerme arriba en posición push up, caí al suelo. Oí a G-mo riéndose, pero volví a levantarme y seguí flexionando antes de que la contramaestre Thompson volviera.

—Díaz, reincorpórate —ordenó Thompson—. Jones, reincorpórate.

Los dos nos levantamos, nos sacudimos, y volvimos a ponernos en la fila.

EN LAS NOCHES en el USS Carr, me acostaba en mi litera escuchando el silencio, los otros reclutas dormían, respiraban y tiraban pedos, algunos hablaban en sueños. Tenía insomnio, y a veces pasaban horas y seguía despierta. Estaba en la litera superior, mirando la oscuridad, tratando de recordar cómo sabía una Pepsi, recordar el ruido en las calles de casa. El olor de la cocina de abuela, el sofrito, el lechón asándose en el horno. Los rizos de Alaina sin lavar, enredados. Cómo papi se arrodillaba en la sala para orar todas las noches antes de salir al trabajo. Eso era todo lo que tenía, así que aunque no creía en la oración, oré para que esas cosas me mantuvieran en pie por el resto de mi tiempo en el campo de entrenamiento.

En esas noches en que no podía dormir, escribía una carta tras otra. Le escribí a cada miembro en mi familia. Le escribí a Cheíto. Le escribí a la familia de Cheíto. Les escribí a cada uno de mis amigos. Le escribí a G-mo. Escribí en mis diarios, escribí como si mi vida dependiera de ello. Pero la familia de Cheíto nunca me escribió. Mi propia familia apenas me escribió. De vez en cuando recibía una carta de Flaca o de China. Una vez recibí una carta de Alaina, y luego seis postales corridas. Cheíto me escribió cada semana, diciéndome lo orgulloso que estaba, lo fuerte que yo era, cómo me extrañaba. Me sentía culpable cada vez que abría una de sus cartas. Cuando Cheíto se fue al campo de entrenamiento, sólo le había escrito tres veces en las doce semanas que estuvo allí. Estaba resentida con él, me rompió el corazón. Y luego también estaba G-mo.

Las cartas de Flaca, China y Alaina me hacían sentir como mierda. Las extrañaba, extrañaba mi hogar, y mientras no estaba, el mundo entero seguía adelante como si yo nunca hubiera estado allí:

Papi fue desahuciado y tuvo que mudarse a otro barrio.

Alaina fumó su primer blunt.

Una guerra de gangas estaba arrasando con Miami y Miami Beach.

Un par de nuestros amigos fueron condenados por tentativa de homicidio y fraude. Uno cumpliría siete años de prisión. El otro recibió una sentencia de veinte años.

Nuestra antigua escuela intermedia fue demolida, una institución fue construida en su lugar.

Society Hill se incendió.

EN EL CAMPO de entrenamiento, lejos de casa, lejos de amigos y parientes, conocí a Eliza. Estaba en mi división, y a veces hacíamos vigilancia contra incendios juntas en plena noche. Era alta y fuerte, con hombros anchos y el pelo rapado, y a veces la miraba desde lejos. Sabía que era gay. Simplemente lo sabía.

Una mañana en la galera, sentadas en el desayuno después del entrenamiento físico, Eliza frente a mí, nuestras miradas se cruzaron. Nos miramos durante mucho tiempo, sin decir nada porque no se nos permitía hablar, mirándonos más tiempo de lo que era aceptable, más de lo que nos resultaba cómodo, y lo supe. Era como si nos hubiéramos encontrado en una multitud, donde sólo nos podíamos ver la una a la otra. Después de un tiempo, desvié la mirada, con la esperanza de que G-mo, sentado a mi lado, no se hubiera percatado. Aún entonces podía sentir sus ojos clavados en mí, y más tarde, al ponernos de pie para dejar nuestras bandejas, al salir nuevamente fuera para entrar en formación, al marchar a pasodoble hacia la USS Carr para meternos en las duchas, y luego dentro de las duchas. Conocía cada curva de su cuerpo, cada tatuaje. Y ella conocía los míos.

La cosa continuó así por un tiempo, Eliza y yo mirándonos sin decir nada. A veces, sentadas en clase, la pillaba mirándome desde el otro lado del salón, y desviaba la mirada. Otras veces, estaba sentada en la parte de atrás, observándola, esperando a que se volteara para verme, y la mayoría de las veces no lo hacía, pero a veces, era como si pudiera sentir que la miraba yo también.

EN LA MAÑANA antes de la prueba final de Estaciones de batalla nos dieron todo el equipo que necesitábamos para sobrevivir a un ataque al USS Carr. Equipos de seguridad contra fuegos, máscaras de gas, cascos Kevlar, cantimploras extras para mantenernos hidratados durante la carrera de cinco millas. Habíamos aprendido a aplacar todo tipo de incendios, cómo poner un barco en marcha, qué hacer si uno de nuestros compañeros caía por la borda, cómo disparar una pistola, una M16, cómo abrirse paso en medio del agua, cómo crear un dispositivo flotante usando nuestros impermeables. Durante Estaciones de batalla, teníamos que probar que podíamos valernos de todas esas habilidades. Habíamos estado viviendo en la tercera cubierta de una réplica de portaaviones durante las últimas ocho semanas, y todo lo que habíamos aprendido desde que llegamos fue en preparación para aquella noche. En tres horas, seríamos atacados por una flota enemiga.

A medianoche, nos despertaron los ruidos de explosiones simuladas, alarmas de incendio, y Atkins, nuestro RPOC, que gritaba órdenes en su acento sureño de Tennessee.

—¡Arriba todos! —Atkins gritó—. ¡Estaciones de batalla! ¡Estaciones de batalla!

Nuestro comandante de división, la contramaestre Thompson, estaba en el 1MC, su voz sonando por todo el barco:

—Cuarteles generales, cuarteles generales, diríjanse todos a sus estaciones de batalla. Estaciones de batalla, diríjanse todos a sus estaciones de batalla.

Salté de la litera superior, aterricé de pie y me dirigí directamente hacia mi casillero.

—Tienen tres minutos para asegurar todo el equipo a la deriva —dijo el RPOC.

Se suponía que debíamos correr por la cubierta y ponernos en formación usando cada pieza de equipo de la que disponíamos: las máscaras de gas limpias, cantimploras llenas y bien ajustadas a nuestros cinturones de seguridad, nuestros cascos Kevlar de diez libras, correas de barbillas bien apretadas, impermeables dentro de las boondockers, shorts debajo de los impermeables, trajes de baño debajo de nuestros shorts. Aquellos de nosotros que éramos líderes de sección llevábamos mierdas extra: tenía otra bolsa de marinero llena de suministros de primeros auxilios, cantimploras extras, máscaras de gas de repuesto, toallas sanitarias, tampones, panty liners.

Cuando me puse en formación con todo mi equipo, caí en la misma fila de G-mo. Llegamos temprano. Menos de la mitad de nosotros estábamos en formación.

—Buena suerte, Jaqui —dijo.

Sonreí.

—Buena suerte.

De repente, la contramaestre Thompson salió de la nave, corriendo, dividiéndonos en escuadrones de cinco o seis. En nuestro grupo, teníamos a Jones, Brooks, G-mo, Williams —que era la recluta mujer y maestra en armas— y yo. Brooks y G-mo eran fuertes y estaban en forma, y siempre obtenían puntuaciones altas en cualquier cosa relacionada con la condición física. Jones era pequeño y rápido como el diablo. Pero estaba preocupada por Williams, que era mayor que el resto de nosotros, y especialmente por mí misma. Al menos Williams podía disparar. Pero Estaciones de batalla se trataba del trabajo en equipo, y si una persona no llegaba hasta el final, no se veía bien para el resto de nosotros. Temía estar retrasando al resto. Me caía bien toda la gente de mi escuadrón. Se habían convertido en mis panas durante los últimos dos meses, como familia. Todo el mundo amaba a Brooks porque era justo, y porque no dudaba en ayudarte y porque siempre estaba representando a Brooklyn, se sabía todas las letras de las canciones del Notorious B.I.G. Williams, la única muchacha blanca en nuestro grupo, era revoltosa, pero muy divertida. Como trabajaba como una de las maestras en armas del barco, podía ir y venir sin permiso, y a veces le pasaba notas a G-mo de mi parte, me traía notas suyas de vuelta. Y Jones y yo siempre estábamos vacilando. Jugaba al básquet, y a veces lo llamábamos «Muggsy»,

porque amaba a Muggsy Bogues, pero también porque era pequeño, pero aun así podía disparar.

La contramaestre Thompson comenzó a llamar a los grupos,
ordenándolos afuera. Cuando llegó a nosotros, dijo:

—¡Brooks, llévate a tus compañeros y sal!

Y salimos corriendo.

CORRIMÓS HACIA LOS salones de simulacro, hacia los viejos han-
gares de aviones. Una vez dentro, nos separamos en equipos a
medida que nos adentrábamos en la carrera de obstáculos: un
laberinto de compartimentos, mamparos, escotillas, escaleras,
artillería, mangueras, cuerdas. Nuestra primera prueba fue una
misión de rescate. Uno de nuestros compañeros de barco estaba
herido, y teníamos que transportarlos en una camilla, terminar
la carrera de obstáculos sin dejarlos caer. Si los dejábamos caer,
o los dejábamos directamente, o si se quedaban sin oxígeno o se
ahogaban, todos moriríamos y no pasaríamos la prueba.

Elegimos a Jones para la camilla ya que era el más pequeño,
y lo llevamos hacia el primer obstáculo, un compartimento en
el que se había cortado la electricidad. Encontramos nuestro camino en la oscuridad, sin tropezar ni golpear la camilla contra
un mamparo, y lo hicimos rápido para evitar que se quedara sin
oxígeno.

Luego lo llevamos a través de un mamparo colapsado sobre
la cubierta, todo lleno de escombros: arena, gravilla, rocas grandes,
tierra, equipo roto. Con sólo un pie y medio de espacio, tuvimos
que arrastrarnos por la gravilla a través del agujero en el mamparo para llegar al siguiente compartimento, todo esto sin apoyar la
camilla. Brooks fue el primero en pasar al otro lado, arrastrándo-
se por la gravilla. Sacó el brazo para sostener un extremo de la

camilla, mientras Williams pasaba a través, luego me pasé, dejando
a Joe aguantando el otro extremo y empujando la camilla a través
del agujero justo antes de arrastrarse hacia el otro lado. Después
de eso corrimos a través de lo que parecía ser una playa, toda en
gravilla y el cielo arriba iluminando con luces parpadeantes y cega-
doras, todo esto mientras alrededor sonaban una especie de balas
que pasaban silbando entre nosotros.

Finalmente llegamos a la zona donde tenían a los heridos, bajamos la camilla de combate, y tan pronto lo hicimos, un par de
marineros nos escoltaron fuera del área:

—¡Dale, dale, dale!

LA SIGUIENTE FASE era en un gran almacén, y tan pronto llevamos la camilla, nos abordó un hombre de control de daño.

—¡Ha habido un incendio! —dijo, y luego los sprinklers se
activaron, rociando agua sobre nosotros. Lo seguimos hasta el
frente de la recámara, donde cincuenta grandes misiles activos
estaban apilados uno encima de otro. Nos dijo que necesitábamos
mover todos los misiles afuera y hacia la siguiente recámara antes
de que la habitación se inundara, que tuviéramos cuidado de no
dejarlos caer y que evitáramos que chocaran el uno contra el otro
e inmolarnos. Y después salió del compartimento, se subió a una
pequeña escotilla hacia la siguiente cámara para observarnos.

Cada uno de nosotros recogió un misil, subió a la escotilla
y lo colocó en el piso en el siguiente compartimento. Pero eso
nos estaba tomando demasiado tiempo, por lo que hicimos una
fila y comenzamos a pasarnos los misiles unos a otros, hasta
que Brooks, hacia el final, colocó cada uno en la habitación. Los
sprinklers echaban agua, el agua se acumulaba rápido, luego más
rápido, hasta que uno de los rociadores estalló.

—¡Puñeta! —grité—. ¡Tenemos que ir más deprisa!

—Si el agua nos llega a la cintura, tenemos que irnos —dijo G-mo.

Parecíamos estar moviéndonos tan lento, que jamás podríamos mover todos esos misiles.

G-mo comenzó a levantar los misiles más rápidamente, moviéndose con prisa.

—¡Vamos!

Traté de moverme tan veloz como G-mo, pasando el misil a Williams, pero era demasiado pesado para moverlo tan rápido. Y a Williams también le estaba costando. Empezaba a pensar que G-mo y Brooks estaban cargando con todos nosotros.

De repente, otro sprinkler estalló. El agua se acumulaba aún más rápido, y estábamos todos empapados, y todo nuestro equipo estaba empapado, y todo se estaba poniendo más pesado. Estaba tan cansada, trasnochada, desplazándome a través del agua lentamente, mi bolsa de marinero estaba tan empapada y tan pesada. Sentí que podía colapsar.

De repente, todos los sprinklers estallaron, y todo el mundo comenzó a chapotear a lo largo del compartimento, aferrándose a lo que podían y corriendo rumbo a la escotilla. Si el agua llegaba a la escotilla, se inundaría la otra recámara. Necesitábamos movernos.

G-mo y Brooks llevaron la última ronda, sin cuidado, a toda prisa. Nos trepamos a la escotilla, pasamos al otro lado y cerramos la puerta detrás de nosotros.

COMO NUESTRO BARCO fue atacado, inundado e incendiado, se estaba hundiendo. Pasaríamos las próximas doce horas moviéndonos de un escenario al otro: tuvimos que tirar de todas las cuerdas y asegurarlas para poner el barco en marcha. Tuvimos que transportar a los heridos a un lugar seguro. Tuvimos que movernos a través de un laberinto en una parte de la nave que había sido casi totalmente destruida por el fuego, abriéndonos camino entre las llamas en la oscuridad sin tocar los mamparos calientes, caminando a través del humo, aferrados a la manguera mientras apuntábamos a las llamas en la oscuridad. Tuvimos que abandonar el barco, saltar desde la borda hacia el océano, y nadar hasta el barco de rescate más cercano evitando los ataques de los tiburones.

Durante el campo de entrenamiento, habíamos sido entrenados para abandonar la nave escalando una torre de quince pies y saltando de pie a las profundidades de una piscina olímpica. En Estaciones de batalla, la torre era el doble de alta y había Navy SEALs en el agua fingiendo ser tiburones. Si uno de ellos te atrapaba, estabas muerto.

Yo estaba de pie en la parte superior de la torre de treinta y cinco pies, después de que todo mi escuadrón hubiera saltado. Todos estaban en el agua, nadando entre los tiburones hacia el barco de rescate. Y yo estaba paralizada.

Se suponía que debía saltar. Si no lo hacía, me reciclarían y mi equipo se jodería. No pasarían la prueba de Estaciones de batalla.

Me acerqué al borde, medí la distancia entre la torre y el barco de rescate. Miré al frente al reloj en la pared al otro lado de la piscina, pero no pude leer la hora. Era plena noche. A esta hora mañana en la tarde, Estaciones de batalla se habría terminado y la mayoría en nuestras dos divisiones recibiría su uniforme de la Marina. Aquellos que no pasaran tendrían que seguir usando sus gorras de recluta y no se graduarían. Todo el mundo lo sabría.

Tenía que saltar. Tenía que ir al borde, caer de pies en el agua y nadar. Pero no podía salir de aquella torre.

En la piscina, uno de los Navy SEALs salió a la superficie, se mantuvo a flote, se quitó el snorkel de la boca. Cuando me vio, me gritó:

—¡Salga de esa torre, recluta!

Detrás de mí, otro SEAL trepaba la escalera persiguiéndome. Todos en el agua estaban mirando a la torre, me miraban a mí. En el barco de rescate, Brooks y G-mo ya estaban sentados, observando, Jones y Williams montándose al barco.

—¡Más vale que salga de esta torre, recluta! —me dijo el SEAL que estaba detrás de mí.

Ahí estaba yo, ante todo mi escuadrón, Brooks y Jones y G-mo, y los otros escuadrones que ya habían terminado el evento, secándose al lado de la piscina. Todo el mundo mirando.

—¡Más vale que salte de esta torre antes de que la empuje yo! —dijo el SEAL y me estremecí.

Pensaba en todas las veces que había considerado saltar desde el balcón en Southgate Towers, del octavo piso, del decimoquinto piso. Esa vez que salté del techo de un edificio de dos pisos. Estaba tan drogada. Pero ahora, en esta torre, estaba sobria, dolorosamente sobria, y todo el mundo estaba mirándome, esperando un acto de valentía. Pero ¿no lo sabían? No era valiente. Era una muchacha que le temía a la oscuridad. Una muchacha con tanto miedo de ser lastimada que siempre se marchaba primero. Nunca había sido valiente.

Y entonces escuché la voz de G-mo.

—Dale, Jaqui —gritó—. ¡Dale!

Frente a toda nuestra división, frente a todos los RDC, todo el mundo mirando a G-mo, mirándome a mí, dándose cuenta de que me había llamado por mi apodo, no por mi apellido, ni siquiera por mi nombre de pila. Nadie en la marina me conocía como «Jaqui». Sólo G-mo. El aún no lo sabía, y quizás yo tampoco, pero antes de que se acabara el mes, lo jodería. Los dos estaríamos fuera del campo de entrenamiento, en Tech Core, y él sería el mismo G-mo, serio, inteligente, trabajador, divertido, un tipo de California al que le gustaban los lowriders, que jugaba a las cartas y que quería hijos algún día. Exactamente el mismo tipo que él siempre dijo que era. Vendría a visitarme a mi cuartel y yo sería una persona completamente diferente, y me miraría a los ojos y no me reconocería, preguntaría: *¿Qué te pasó, Jaqui? Ésta no eres tú.* Él no podía saberlo, pero para entonces yo ya me habría ido.

Miré hacia abajo de nuevo, luego al frente. Crucé los brazos sobre el pecho, los pies juntos, inhalé profundo. Cerré los ojos y di un paso adelante de la torre, sintiendo un gran vacío en el estómago. Había soñado con este momento tantas veces, mi cuerpo cayendo por el aire, el piso de concreto allí abajo, el océano allí abajo, nada allí abajo. ¿Esto fue lo que sintió la francesa? ¿Qué pasa si nos han mentido sobre la gravedad? ¿Y si nunca aterrizo? ¿Y si caigo para siempre?

Me oí gritar todo el trayecto. Y luego golpeé el agua.

MANTUVE UN DIARIO durante todo el campamento de entrenamiento, durante todas esas semanas y meses. No quería olvidar que hubo un tiempo en el que pensé que terminaría exactamente como mi madre, que quizás la Marina había salvado mi vida. No quería olvidar a mis compañeros después de que todos nos graduáramos, a los panas que habían sido como familia, después de que nos enviaran a las escuelas o a nuestras primeras misiones, después de haber pasado meses en el mar. Tampoco quería olvidar la noche de Estaciones de batalla, cómo a todos nosotros, sonámbulos, hambrientos y nerviosos, se nos sacudió del sueño

con el estruendo de las alarmas de fuego, y los comandantes de la
división de reclutas que gritaban en el 1MC. Ni de cómo nos poníamos nuestro equipo de batalla, los cascos Kevlar, las máscaras
de gas, las cantimploras, cómo corrimos a lo largo de la base hacia el USS Marlinspike, un destructor de misiles guiados, y cómo
apagamos incendios toda una noche, vaciamos compartimentos
inundados de una artillería pesada, arrastrándonos a través de la
gravilla y debajo de los alambres de púa en la oscuridad, trans-
portando a nuestro compañero de barco herido en una camilla
de combate, jugando a la guerra. Tampoco quería olvidar cómo
fue esa carrera final, agobiados por todo nuestro equipo, cargándonos los unos a los otros, llorando, y el orgullo que sentí cuando
crucé la línea final. Hasta ese momento, no sabía que podía ser
tan fuerte, no creía que pudiera ser realmente salvada.

DESPUÉS DE ESTACIONES de batalla, tarde una noche, Eliza y
yo fuimos asignadas a lavar la ropa para toda nuestra división
durante nuestro turno de vigilancia. Fue la primera vez que
tuvimos una conversación real después de semanas de sólo mi-
rarnos, de sentarnos una frente a la otra, y de casi sonreírnos
cuando nos cruzábamos en el USS Carr, o en el salón de clases
o en la cocina.

Esa noche cargamos las lavadoras, pusimos el detergente y
luego nos sentamos en el piso de la lavandería, escuchando a Dru
Hill en su Discman, compartiendo sus audífonos, las dos cantando «We're Not Making Love No More». Después de Estaciones
de batalla, todos estábamos menos tensos, y los RDC apenas nos
vigilaban mientras los demás dormían. Así que podríamos janguear. Doblamos la ropa, nos contamos historias. Me habló de su
hija, que estaba en casa con su exmarido.

—¿La extrañas? —pregunté.

—Es difícil —dijo—. Pero estoy haciendo todo esto por ella. Ella lo entiende.

Me sorprendió que tuviera una hija, un exmarido, una vida entera que incluía a una familia. Era marimacha, musculosa, tenía la voz ronca, y se sentía cómoda en su propio cuerpo. Era mayor que yo y parecía saber exactamente quién era. Sabía cuán libremente podía cogerme la mano y cantarme y preguntarme sobre todo lo que quisiera saber. Lo sencillo que sería romperme el corazón. Incluso con su camiseta de NAVY y con sus ridículos shorts, era sexy. No podía imaginarla con un hombre. Por mucho que lo intentara, sólo podía imaginarla conmigo.

No le conté de Cheíto.

Nos sentamos allí por un tiempo, escuchando música y cantando, y cuando me besó, la besé de vuelta. Quería tocarla por todas partes, pero no sabía cómo. Lamí los tendones suaves de su cuello, sus hombros, la parte baja de su espalda, todo sudor y sal. No había arte en lo que hicimos. Cuando me chingó, fue rápido, las dos mirando las puertas de la lavandería, las dos exasperadas, como si nos estuviéramos aferrando a algo, mientras el reloj en la pared sonaba como si estuviera listo para estallar.

Tan pronto terminamos, ya lo recordaba como algo del pasado. Por mucho que hubiera soñado con ese momento, y aunque por primera vez en mi vida por fin me sintiera como yo misma, como la mujer que se supone que debía ser, y a pesar de que sabía que podría amarla, la verdad es que mi intención nunca fue amarla en el mundo real. Yo era así. Una muchacha que huía.

MESES DESPUÉS DEL campamento de entrenamiento, después de pasarme a la escuela de electrónica, caminando por los pasillos en el edificio de la escuela Tech Core, escuché a un par de marineros susurrando y riéndose y diciendo:

—Ey, ¡no preguntes!, ¡no lo digas!

Seguí caminando, sin prestar atención, hasta que lo escuché de nuevo.

—¡No preguntes!, ¡no digas!

Me di la vuelta, y los vi riéndose, tapándose las bocas, y me di cuenta de que era la única otra persona en el pasillo. Estaban hablándome a mí, riéndose de mí.

Todos los días después de eso, cuando pasaba por delante de grupos casi en su mayoría conformados por muchachos amontonados en los pasillos, tuve que escuchar y no escuchar y seguir caminando mientras decían una y otra vez y otra vez: *No preguntes, no lo digas. Ey, no preguntes, no lo digas.* Hasta que «No preguntes, no lo digas» se convirtió en mi apodo.

Unos días más tarde, mientras nos alineamos en formación fuera del cuartel, uno de mis compañeros se me acercó. Jones. Se paró justo a mi lado, sonriendo.

—¿Qué hay? —dije.

No contestó, sólo sonrió. Como si supiera algo que no sabía.

Detrás de él, se paró otro marinero.

—Ey, Díaz, me enteré de que te gusta comer chocha —me dijo, tan alto que todo el grupo lo escuchó. Todo el mundo se rió.

Jones seguía sonriendo, y me di cuenta, estaba al tanto del chiste.

No dije nada. Me viré y miré al frente, manteniendo mi porte militar, con cara de piedra, el corazón latiéndome en el pecho.

Siguió hablando.

—Todos lo saben. Todos hablan de eso. Alguien, no puedo decirte quién, incluso escribió una canción sobre ti.

Durante semanas sinfín, en la calle, en los pasillos de las literas, mientras mapeaba los pisos en la cuarta cubierta estando de servicio, los muchachos rapeaban y caminaban detrás de mí, irrumpían en rimas espontáneas en el momento en que entraba en la habitación. Más adelante, después de ser expulsada del Tech Core, después de un largo periodo de ausencias, después de haber estado ausente sin permiso ni aviso previo y de convertirme en una desertora militar, después de entregarme, de pie frente a mi antiguo cuartel delante de un contramaestre que me miraba con disgusto y que me llamaba «cobarde» y «traidora», palabras que se quedaron conmigo y que definirían mi autoestima durante años, después de que todo el mundo se enterase de que estaba de vuelta, después de que otro contramaestre me acorralase en el pasillo, me ordenara a ponerme en posición de atención, me gritara en la cara, su saliva aterrizando en mi mejilla, y después de que un recluta marinero, dos rangos por debajo de mí, se acercara a mí en la fila de la comida y me preguntase: *¿Qué haces respirando mi aire, Díaz? ¿Qué carajo haces en mi Marina?*, todavía sería Jones en quien pensaría. Nos vería a los cinco, nuestro equipo transportándolo en la camilla de combate, nuestro equipo cargándonos los unos a los otros durante ese último sprint después de doce horas, esa última milla final, Brooks quitándole la mochila húmeda a Williams de sus hombros, amarrándosela a sí mismo. G-mo detrás de mí, sin dejarme aminorar la marcha. Jones a mi lado, cuando sabía que podía correr más rápido, mucho más rápido, diciendo: «Más te vale que sigas golpeando ese pavimento, Díaz, más te vale que sigas esforzándote».

Me había encantado el campo de entrenamiento, la Marina. Fue ahí donde fui capaz de imaginarme viviendo más allá de los dieciocho años, donde finalmente había sentido que importaba. Pero, con el tiempo, huiría.

Secretos

y seguiré contando esto aunque me mate
—AUDRE LORDE, «For the record»

Hace más de un año que te saliste de la Marina, después de
haber regresado a Miami Beach. Vas caminando hacia el sur
por Biscayne Boulevard, donde la mayoría son narcotrafi-
cantes, trabajadoras sexuales paseando por las calles al amanecer,
mugrosos moteles. El Stardust, el Vagabond, el Shalimar. El
Miami icónico. El sol casi ha salido y tú has estado caminando
durante lo que parecen horas. Sólo caminando, esperando que
nadie se dé cuenta de tus pies descalzos. Tienes una sandalia. La
sostienes con ambas manos, apretándola firmemente contra tu
cuerpo, acunándola como un bebé. Las compraste cuando fuiste
de compras por Lincoln Road con tu mejor amiga. Eran caras,
pero te estabas preparando para sus veintiuno, e imaginaste que
llegarías a ponértelas para tu propio party de veintiuno, en unos
meses. Sólo las usaste una vez. Y ahora sólo tienes una.

Caminas más deprisa, y cada vez que pasa un carro, giras la
cara, te volteas para que tus rizos te la cubran. Esperas que ningún
conocido te reconozca de camino al trabajo o a la escuela. Cuando un hombre en bicicleta te pasa por el lado, aprietas la correa

desgarrada de tu traje, intentas reajustarla, de ponerla nuevamente en su lugar como si de alguna forma pudiera reajustarse sola. Como si pudieras volverte presentable. Tus pies están ensangrentados, y cada paso es un pinchazo, una perforación, y justo cuando crees que ya no puedes caminar más, ves un teléfono público. Cruzas la calle para llegar a él. Lo descuelgas. Pero no tienes dinero. Todo lo que tienes es la sandalia. Marcas «0», llamas a tu hermanita por cobro. Contesta, por favor. Una pausa. Estás conteniendo la respiración.

Entonces escuchas una voz. ¿Hello? Es tu hermana. Y puedes respirar nuevamente.

EN CUARTO GRADO, en la Escuela Elemental Ida M. Fisher, estaba toda nuestra clase sentada en las gradas durante Educación Física, cuando mi amiga Beba se acercó a mí.

—Tienes que escuchar esto —me dijo, con la voz temblorosa, sin aliento.

Yvonne, que no era muy cercana a nosotras, estaba con ella. Yvonne, con el pelo rojo que le caía por la espalda y los hombros, con una masa de pecas en las mejillas y en la nariz.

—Vengan —nos dijo Beba, y nos trasladamos a una esquina de las gradas, donde nadie escucharía nuestra conversación. El resto de nuestra clase, jugando «Around the World» esperaba a su turno en el canasto. Beba y yo escuchamos mientras Yvonne describía cómo su padrastro entró en su habitación por la noche, cómo se quitó la ropa y sintió su cuerpo desnudo bajo las sábanas, cómo a veces le quitaba su propia ropa, la obligaba a tocarlo.

—¿Por qué no se lo dices a alguien? —pregunté.

Fue mi primer instinto. Decírselo a alguien.

—Se lo dije a mi mamá —dijo Yvonne—. Pero no me creyó.

—¿Qué quieres decir con que no te creyó? —preguntó Beba. Estaba enojada, furiosa. No tenía sentido.

—Vamos a decírselo a miss Carey. Ella sabrá qué hacer.

Pero Yvonne no quería que se lo contáramos. Negó con la cabeza. Buscaba algo en nuestros rostros. No sabía qué. Nos rogó, con lágrimas en los ojos, que guardáramos su secreto.

—Por favor —dijo.

Y así lo hicimos.

Años después, a los veintidós años, mucho después de que me hubiera olvidado de Yvonne, en un road trip playero desde Miami hasta Maine con algunos amigos, nos detuvimos en un restaurante en Myrtle Beach, Carolina del Sur, para desayunar. Hablábamos de nuestro viaje, hacia dónde nos dirigíamos después, los Outer Banks, Virginia Beach, los Wildwoods. Le preguntamos al mesero sobre los pueblos costeros de la zona, adónde podíamos ir por el mejor helado, la mejor pizza. Adónde ir a bailar. Le contamos que veníamos de Miami Beach.

Nos estábamos yendo y uno de mis panas se dirigió a la caja registradora para pagar la cuenta, el resto nos fuimos, y ahí fue cuando la vi. Llevaba un uniforme de mesera. Pantalón negro, camisa blanca y un delantal negro. Estaba colocando bebidas en una mesa. Tan pronto la vi, evoqué el recuerdo: las tres sentadas en esas gradas en Fisher, ese gimnasio donde jugábamos al básquet y bailábamos square dance con nenes de caras grasientas. Yvonne, Beba y yo. Unas nenas.

Mis amigos salieron del restaurante, pero yo me quede allí observándola, buscando la etiqueta con su nombre, algo que me dijera que realmente se trataba de ella. Que de alguna manera estaba bien. No había etiqueta, nada para confirmar que había sobrevivido. Pero sabía que era ella.

No creo que me vio. O si lo hizo, me gustaría pensar que no me reconoció. Quería ir adonde ella, decirle algo. Pensé en nosotras tres en el cuarto grado ese día, su cara cuando nos contó lo de su padrastro, y cómo nos pidió que le guardáramos su secreto. «Háganlo por mí», dijo. «Hagan esta única cosa».

Guardé el secreto. Todos esos años, lo guardé. Se podría decir que era una niña, que no sabía mucho, que era lo que ella quería. Pero no lo hice por ella. La verdad es que lo hice por mí. Lo guardé porque no quería involucrarme, porque pensar en juntar esas palabras para recrear lo que Yvonne nos dijo me parecía demasiado para mí. Fue más fácil no decirlo.

No la saludé esa mañana en el restaurante. No dije nada. Me fui, sin decir una palabra.

Su nombre, como probablemente ya adivinaste, no era Yvonne.

Tu hermana te lleva al Hospital Monte Sinaí. No recuerdas el viaje hasta allí, pero cuando miras para arriba, ahí estas. Parquea el carro en el carril de la ambulancia y las dos se bajan. Entras en la sala de emergencias, donde una enfermera te entrega un portapapeles. No escribes tu nombre en él. En cambio, miras alrededor de la sala, a todas las personas, esperando. Algunas de las caras te devuelven la mirada. Miras tus pies descalzos, ensangrentados, y luego vuelves a la enfermera. Tienes que esperar. Como todos los demás.

Dejas el portapapeles en el counter, sales de la sala de emergencias, ignorando las súplicas de tu hermana mientras regresas al carro. En el asiento trasero, esperas a que encienda el motor.

Tienes que dejar que te ayude, dice ella. Sólo tiene dieciséis años, pero es tan adulta. Se parece a ti, pero diferente, mucho más como ella misma. Se ha teñido mechas azules en sus largos rizos. Se viste según su mood, camisetas descoloridas de bandas punk rock, pulseras de cuero hechas a mano, Chuck Taylors de todos los colores. Tú tienes veinte, pero te sientes como una niña, y jamás te pondrías Chucks. En su lugar, derrochas dinero en mini vestidos caros y en incómodos tacones con tiras que te rajan los dedos o en camisetas de básquet con Jordans que te cuestan casi tu semana de sueldo. *No sé cómo,* quieres decirle. Es mucho lo que quieres decirle, tanto que no lo haces.

Conocí a Beba cuando tenía nueve años, en cuarto grado. Acababa de ser trasladada a su clase, y mi nueva maestra, miss Carey, me gritó desde el otro lado del salón que me sentara al lado de Beba. Hice lo que me dijo, coloqué mi mochila en el piso, buscando caras conocidas. Eso fue tres semanas después del inicio del año escolar: me acababan de sacar de mi pequeña clase de Inglés para Extranjeros y de separar de mis amigos de cuarto grado para botarme en este enorme salón con al menos treinta desconocidos que hablaban un inglés perfecto y donde se suponía que esta señora que gritaba fuera mi maestra.

—Vamos a la clase de Arte en cinco minutos —dijo Beba.

Estaba dibujando en una carpeta manila y no le quitaba los ojos de encima, ni siquiera cuando me hablaba.

—¿Cómo te llamas? —le pregunté.

—Beba —respondió. Su lápiz se deslizaba sobre la superficie de la carpeta. Caballos, tantos caballos, luego un conejo, una ardilla, unos pájaros, alguna hierba, un árbol. Con un solo trazo de su lápiz, más rápido que un suspiro, firmó su nombre en la parte inferior, y luego lo fechó.

—¿Y tú cómo te llamas? —preguntó.

—Jaquira —respondí.

Miró hacia arriba, perpleja.

—¿Cómo se escribe eso?

Se lo deletreé, y lo escribió en la esquina superior derecha de la carpeta, y me lo entregó.

TAMPOCO RECUERDAS EL viaje a tu apartamento. Pero no tomas el ascensor. Corres por las escaleras hasta llegar al sexto piso, te detienes frente a tu puerta cuando te das cuenta de que no tienes las llaves. Esperas a que tu hermana te abra la puerta. Cuando la abre, te das cuenta de que todavía estás sosteniendo tu sandalia. Entras a tu estudio, abres el clóset. Quieres poner la sandalia en el piso, imaginas que la otra estará allí, lo que aquello significaría si fuera cierto.

Consideras tirarla al zafacón, pero son nuevas de paquete. Te niegas a pensar en ellas como una sola cosa. Son un par.

Entras a tu baño, abres el hamper, la metes adentro, debajo de toda la ropa. En el fondo. Más tarde, cuando estés organizando la ropa, la encontrarás y pensarás en lo inútil que es esa sandalia solitaria. Nueva, pero inútil.

Llaman a tu puerta. Crees que la gente no tocaría si supieran lo que esos golpes te hicieron. Tu hermana la abre. «Pase», dice.

Hay una policía en tu apartamento. Quiere saber qué sucedió.

«Yo no la llamé», le dices.

«Yo la llamé», responde tu hermana.

BEBA Y YO nos sentamos juntas en la clase de Arte mientras miss McKinney explicaba nuestra asignación. Había colocado fotos de

Ocean Drive por del salón, varias de ellas sobre nuestra mesa. Se suponía que debíamos dibujar imitaciones de uno de los hoteles art déco, primero con lápiz negro sobre un cartel, luego con lápices de colores, pasteles al óleo, crayolas o acuarelas para colorearlos. Me senté con un lápiz azul en la mano, observé a Beba dibujar una réplica exacta de la imagen que McKinney puso en nuestra mesa. Le tomó diez minutos dibujar y pintar el cuadro, escribir su nombre y llevárselo a miss McKinney.

Cuando volvió a nuestra mesa, Beba notó que mi cartel estaba en blanco. Estaba sentada allí torpemente, todo el mundo ignorándome, la nena nueva.

Beba sonrió.

—¡Dibuja y ya! —dijo.

Pero no podía dibujar nada.

—¡Dibuja un cuadrado grande! —ordenó.

Dudé, pero dibujé un cuadrado.

—Ahora dibuja pequeños cuadrados para las ventanas —dijo, señalando el lugar donde iban las ventanas—. Aquí, aquí, aquí y aquí.

Dibujé pequeños cuadrados.

Continuamos de esa manera, Beba dirigiéndome a través de toda la imagen hasta que tuve un edificio de verdad con ventanas y puertas, con palmeras a los lados, con una acera, y carros parqueados al frente. Parecía algo que otra persona había dibujado. Después, me enseñó a dibujar caballos.

QUIEREN QUE TE vayas con ellas. No es como el Hospital Monte Sinaí, dicen. No tendrás que esperar. Estaré contigo todo el tiempo, dice alguien, pero no sabes si es tu hermana, o la policía. De cualquier manera, no importa. No las estás mirando. No les estás prestando atención. Te estás mirando a ti misma ahora. Estás ensangrentada. No, estás sangrando. Hay sangre corriendo entre tus piernas. Quieres limpiarla, enjuagártela, pero tienes miedo de saber de dónde viene la sangre. Sabes, pero no lo sabes. Piensas en aquella primera vez, con toda su violencia, con toda esa sangre, y cómo nunca se lo dijiste a nadie. Accedes a irte con ellas, sólo porque no quieres verlo. Quieres que ellos lo hagan. Quieres que sean ellos quienes la enjuaguen.

CUANDO TENÍAMOS DIEZ años, Beba y yo estábamos jugando al básquet en Flamingo Park con Frank y Jorge, unos nenes del barrio. Después de que Beba y yo peleamos por el balón y nos empujamos, salí de la cancha y me dirigí al baño de las nenas. Estaba inclinada sobre la fuente de agua cuando sentí que alguien me agarraba por detrás. «¿Qué carajo?», pensé. Me viré, pensando que era Beba, y le pegué con el brazo. Siempre estábamos peleando y volviendo a ser amigas, por esa razón no le pegué demasiado fuerte, ya que apenas estaba molesta. Pero cuando me di la vuelta, no era Beba.

Era un hombre. Me arrastraba hacia el baño de los nenes. Ya casi estaba adentro cuando me di cuenta de lo que estaba pasando. Me estaba atacando, tratando de llevarme consigo, y no entendía por qué. Lo empujé tan fuerte como pude, tratando de luchar contra él. Puse una mano delante de mí, y la empujé contra su rostro, y sentí su boca contra la palma de mi mano, sus labios, sus dientes.

Retiré mi mano cuando sentí aquellos dientes, aquella boca pegajosa, la humedad, empapándole el pecho. Y entonces pude olerlo. Olía a basura. Pero no era sólo él, el olor estaba por todo mi cuerpo. Él estaba por todo mi cuerpo. Intentaba llevarme al baño de los nenes de nuevo, y por momentos parecía detenerse y yo pensaba *Al baño de los nenes no*, una y otra vez, *Al baño de los nenes no*, hasta que pensé en gritar, hasta que me quedara sin aire en los pulmones y no sabía si alguien podía escucharme. Intenté huir, pero me tenía agarrada. No sabía de dónde me estaba sujetando, de mis brazos o de mi torso, sólo sabía que no podía zafarme. Pateé, y pateé y pateé, pero no golpeaba nada, y entonces empecé a menear los brazos, tratando de golpearlo en la cara, en los hombros, en cualquier lugar, y cuando finalmente me dejó ir, me di cuenta de que Beba lo estaba golpeando también, y Frank y Jorge, los cuatro, mientras yo intentaba recuperar el aliento, los cuatro golpeando y pateando y dando bofetadas, y me abalancé sobre él, manos, pies, rodillas, hasta que estaba casi volando, y luego él corriendo, corriendo, corriendo, y nosotros corriendo también, recogiendo piedras en nuestro camino, hasta que le pegué justo en la espalda, y él arqueó los hombros del dolor, pero siguió corriendo, y lo perseguimos, lanzando nuestras piedras, por venganza, en busca de sangre, pero le perdimos el rastro en las pequeñas cuadras residenciales que hay entre Flamingo Park y Alton Road.

Beba quería contárselo a alguien.

Creía que debíamos ir a la policía, donde su madre, donde sus tías. Pero temía que papi y abuela no me dejaran salir más sola si se enteraban. Prefería el secreto. Además, le dije a Beba que no había pasado nada.

Al día siguiente en la escuela, Beba me pasó una hoja de papel con algunos de sus dibujos. Una tira cómica. Éramos nosotros cuatro jugando al básquet. Yo, con rizos ligeros y una burbuja con mis pensamientos sobre mi cabeza que decía: «Paz, amor y grasa para el pelo», alejándome de las canchas de básquet. El hombre me agarraba. Beba, Frank y Jorge corrían hacia nosotros. Después todos lo pisoteábamos, una nube de polvo elevándose sobre nosotros. Y después de todos los dibujos, escribió: «¡Le pegamos pal carajo!».

Hoy recuerdo lo mucho que luché por evitar entrar al baño de los nenes, cómo tal vez sería esa parte, lo prohibido que parecía ese lugar, lo que me asustó tanto, y me preguntaba si habría luchado tan fuertemente si hubiera ocurrido en el baño de las nenas.

TUS RECUERDOS DE la clínica están incompletos. Recuerdas un técnico de la escena del crimen frotando bastoncillos de algodón a lo largo del interior de tus uñas, limpiándote la sangre de las tres uñas que se rompieron, tomando fotos de tu mano. En algún momento durante todo esto, tu traje y tu brassier metidos en una bolsa de papel, etiquetados, confiscados. Tu hermana te ayuda a ponerte una sudadera, que te pones sobre la bata del hospital. Todavía no puedes ducharte.

Preguntan una y otra vez por tus pantis. Están en algún lugar de ese callejón, eso es todo lo que puedes decir. Recuerdas memorizar esa frase: «En algún lugar de ese callejón», porque cada pregunta te la hacen tres, cuatro, diez veces. Cuando siguen preguntando, dejas de hablar. Decides mirar fijamente a la pared. Quizás te dejen de hacer preguntas si piensan que estás loca.

Tu hermana se enfada con ellos. Eso ya te lo dijo. ¿No la escuchaste?

Alzas la parte de arriba de tu sudadera para que la mujer con la cámara pueda tomarles fotos a los moretones y los cortes en tu espalda. No recuerdas que te lo pidiera. Pide tomar fotos de tu cara. Te niegas. Ella te lo trata de explicar. Si atrapan al tipo, necesitan tener fotos de los moretones y de los cortes para mostrar la magnitud de los daños. Pero tú no quieres ninguna evidencia, ninguna foto que pruebe que estás así de dañada. Eso no es lo que ella quiso decir, te asegura. Lo lamenta tanto, tanto.

Después de estar duchada, vestida, cuando piensas que las miradas y las preguntas han terminado, te sientan en una mesa. Vas a hablar con una detective.

Cuando llega la detective, se sienta frente a ti. Cuéntame lo que pasó, dice.

Ya se lo conté al otro agente, le dices.

Lo sé, pero necesito que me lo cuentes a mí. No pregunta lo que tú quieres. No pregunta lo que tú necesitas. Te niegas a contar la historia una vez más.

Ella necesita saber la verdad, dice, necesita conocer toda la historia. ¿Estabas bebiendo? ¿Estabas consumiendo drogas? Empieza a explicar cómo tus palabras podrían poner a una persona inocente tras de las rejas, cómo podrías arruinarle la vida a alguien. Esto no es un juego, dice. Esto es serio. Y luego, finalmente, lo comprendes.

Escondes tu cara en tus manos. Sólo quieres irte a casa; se lo dices, pero ella sigue hablando, lo que te hace pensar que quizás no lo llegaste a decir realmente.

Te levantas, la dejas ahí sentada. No tienes nada más que decir.

EL VERANO ANTES de empezar la escuela intermedia, Alaina y yo nos quedamos con mami durante unas semanas. Yo seguía brincando entre los apartamentos de mami y papi, corriendo de un lugar a otro, o sencillamente huyendo. El 4 de julio, Alaina y yo nos sentamos afuera a ver fuegos artificiales después de una larga tarde de correr por el vecindario con los demás nenes. Estábamos sentadas en la acera bebiendo Capri Suns. Trataba de que me cundiese lo más posible: por lo general no podíamos darnos el lujo de comprar cosas como Capri Sun o Coca-Cola, y teníamos que conformarnos con la bebida de naranja genérica o de uva que podíamos comprar en la bodega de la esquina por un dólar el galón.

Cuando uno de los compañeros de clase de segundo grado de Alaina, que vivía en nuestro vecindario, se acercó y nos presentó.

—¡Hola, Barbarito! Ésta es mi hermana mayor —dijo, sonriendo.

Probablemente ya sabía quién era, ya que Alaina era una yo en miniatura.

—Ey —dijo, y se sentó con nosotras en la acera.

Vimos los fuegos artificiales durante un rato, y cuando oscureció, después de que arrojáramos nuestros jugos en la calle y la mayoría de los niños del vecindario ya hubieran sido llamados a casa por sus padres, Alaina entró. Me quedé unos minutos más, hasta que Barbarito dijo que se tenía que ir. Los dos nos levantamos, y me dirigí a nuestro edificio, y él empezó a subir la cuadra hacia el suyo. De repente, se dio la vuelta y corrió hacia mí y me agarró los dos pechos como si fuera algo normal. Acababa de cumplir los doce, pero ya llevaba una copa B. Lo aparté de mí de un empujón, pero regresó adonde estaba, envolviéndome con sus brazos por detrás, y metió su mano en mis shorts. Traté de empujarlo, traté de desprenderme de él, pero estaba detrás de mí, y era mucho más bajito y rápido. Me di cuenta por un momento de que ese nenito, que probablemente tenía apenas ocho o nueve años, tenía el control total. No logre quitármelo de encima. Sólo cuando él mismo decidió que ya había terminado. Entonces, de repente, me dejó ir.

Me quedé allí en shock, viéndolo irse, preguntándome a mí misma: «¿Qué acaba de pasar?».

Después, como para demostrarme que todavía tenía el control, se detuvo, me sonrió.

—¡Byeeeee! —dijo.

Crucé mis brazos, abrazándome, sintiendo que mi cuerpo me había traicionado y que mis pechos incitaban a la violencia. A pesar de que había sido atacada por un homeless en el parque hacía casi dos años, cuando era niña y pequeña, fue este nenito, uno de los pequeños compañeros de clase de mi hermana, a quien probablemente podría darle una paliza de muerte, quien me hizo sentir impotente.

Nunca se lo dije a Alaina. Nunca se lo dije a nadie. Pero al día siguiente, Alaina y yo regresamos a casa de papi.

HACES QUE TU hermana te lleve de vuelta a tu apartamento. Intenta convencerte de que sigas adelante. Intenta, de la mejor manera posible, explicarte que, si no lo haces, te arrepentirás por el resto de tu vida. Frente a tu puerta, te pregunta si quieres compañía. Dice que se puede quedar a dormir. Le dices que quieres estar sola.

Se queda de todos modos, se sienta en la cama contigo mientras te haces la dormida. Te levantas a las tres de la mañana, coges el teléfono, marcas el número de tu exmarido en Jacksonville, Carolina del Norte. A esa hora la próxima semana, tu apartamento estará empacado, almacenado, y tú estarás en otro estado.

EL AÑO QUE estoy en el campo de entrenamiento, recostada despierta en mi litera noche tras noche, escribiendo cartas a casa, de pie en la parte superior de la torre mirando el agua de abajo, Beba pelea con su novio. No le he hablado en unos cuatro años, y mientras marcho junto a G-mo y practico ejercicios de bandera y lustro mis boondockers hasta sacarles brillo, no pienso en Beba ni una sola vez. Y ella probablemente tampoco piensa en mí.

Ese año, mientras paso por la prueba de Estaciones de batalla, Beba deja a su novio. Después de esa última pelea, en mitad de la noche, se va de la casa de su novio, se dirige a la casa de una amiga. Mientras camina por Biscayne Boulevard, asaltan a un taxista con un cuchillo en su garganta. No puede moverse, mira el techo mientras el tipo en la parte de atrás se lleva su billetera, su reloj. El asaltante lo corta, y el taxista se agarra el pecho, los brazos, con los ojos cerrados y apretados, todo su cuerpo rígido, y le da al acelerador.

Al cruzar la calle, Beba es embestida, el taxi la arrastra tres, cuatro, cinco cuadras.

El taxi se estrella contra una casa en una calle lateral, se detiene en seco. Llaman a la policía, el taxista es llevado de urgencia al hospital, el carro es confiscado. El asaltante hace mucho que se ha ido. La escena del crimen despejada.

En el hospital, el taxista les cuenta la historia. Le robaron, cree que atropelló a alguien, pero no está seguro.

No encontraron a ninguna víctima en la escena del crimen, le dice el agente. Nadie. Tuvo suerte.

Gracias, dice el taxista, asintiendo, aliviado. Gracias.

A pocas cuadras del accidente, en una pequeña casa en el vecindario, Marcus Jess no puede dormir. Su perro no deja de ladrar. Sale al porche, pero la noche está muy oscura. No puede ver nada. Se regresa, cierra la puerta a sus espaldas. El perro no deja de ladrar.

Unas horas más tarde, cuando el perro finalmente deja de ladrar, Marcus Jess tiene que levantarse para ir a trabajar. Se lleva al perro a dar un paseo. Cruzan, llegan al lugar donde el perro por lo general hace sus necesidades. Marcus Jess ve un cuerpo. Una adolescente. De nuevo llaman a la policía. La escena del crimen está despejada.

Marcus Jess no llega al trabajo ese día. Su perro estuvo ladrando toda la noche, le dice a la policía. Toda la noche.

No hay nada que pudiera haber hecho, le dice el agente.

Gracias, dice Marcus Jess. Gracias.

Ese año, mientras la guerra de drogas arrasa la ciudad de Miami, la peor en el sur de Florida en décadas, con múltiples tiroteos de carro a carro, con la policía allanando casas y confiscando pistolas, cuchillos, dos granadas de mano, mientras el *Miami Herald* reportaba robos a mano armada y tres tiroteos mortales relacionados con pandillas en un mismo día, mientras un chamaco de quince años es tiroteado frente a su casa, el teniente de la policía de Miami, Bill Schwartz, es citado en varios periódicos: «Nuestra tasa de homicidios ha disminuido».

Regresarás a Miami más adelante, después de pasar seis meses en Carolina del Norte.

Sabrás que mudarte a Jacksonville fue un error.

No será lo único de lo que te arrepentirás.

Pasará mucho tiempo antes de que compres otro par de sandalias con tiras.

Pero lo harás.

Madre, Mercy

El verano del juicio de Casey Anthony, siete años después de irme de Miami para ir a la universidad, mientras los noticieros en todo el país informan sobre la mujer de Florida acusada de asesinar a su hija de dos años, mi abuela Mercy muere. Estoy viviendo en el centro de Florida y no he visto a Mercy ni a mami en los siete años que han pasado desde que me fui. En todo ese tiempo, Mercy me ha llamado sólo una vez para ver cómo estaba. Eso fue tres semanas antes. Tenía sesenta y nueve años.

Encuentran cinco frascos vacíos de somníferos en el piso al lado de la cama de Mercy. Encuentran un regalo que dejó para mi primita Lia: un collar con un pendiente de un ángel. Encuentran una carta.

Mi primo Junito es el que llama con la noticia.

Le pregunto si mi madre ya lo sabe.

—Nadie ha sabido de ella en todo el día —dice.

Mi madre casi nunca tiene un teléfono que funcione. Todavía vive en un apartamentito en Miami Beach —la ciudad de la que no ha salido desde que nos mudamos de Puerto Rico en 1987— a pocas cuadras de Mercy. Anthony sigue de camarero en el mismo restaurante para turistas donde empezó a trabajar cuando tenía dieciocho, así que está en Miami Beach todos los días, y a veces se ocupa de ella, tanto como se puede cuidar a alguien como mi madre.

Durante muchos años, mami y Mercy, ambas adictas, se hicieron compañía. Mercy tomaba pastillas, principalmente Xanax, Ativan, Oxy. Mi madre prefiere el crack, la cocaína, la metanfetamina. A ambas les han recetado fuertes antipsicóticos para la esquizofrenia. Antes de que Mercy muriera, se veían todos los días. Una era el refugio de la otra, incitándose la una a la otra, fiándose una a la otra, a veces viviendo en la calle juntas. Amándose y odiándose, como lo hacen los adictos.

Le pregunto a Junito qué dice la carta de suicidio, insegura de estar lista para la respuesta.

Exhala ruidosamente.

—Tú no quieres saberlo.

Pregunto por nuestras tías en Virginia y Puerto Rico. ¿Lo saben?

—Eres la primera persona a la que llamo —dice, y luego rompe a llorar. Me dice que siempre imaginó que cuando Mercy muriera no le importaría, que no la lloraría, que no sentiría nada.

—Lo siento —digo, como si no se tratara de mi abuela también. Como si esto fuera algo que le pasó a él, no a nosotros, no a mí. Más tarde, llamaré a mis tías en Virginia y se lamentarán. Oiré su respiración entrecortada e imaginaré lo que la noticia le hará a mi madre. «Lo siento», le diré. «Lo siento mucho».

ME ESCAPÉ DE Miami siete años antes de la muerte de Mercy. Cheíto y yo habíamos vuelto y comprado un townhouse después de que dejara el ejército. Había tomado clases nocturnas en Miami Dade Community College, y luego solicité que me transfirieran a la University of Central Florida. Quería salir de Miami, quería alejarme de mi madre, y de Mercy.

Cuando fui aceptada, decidí ir. No tuve una conversación con Cheíto sobre el tema, no éramos felices, y yo ya había decidido que lo quería dejar meses antes. Irme parecía ser lo más simple, así que empaqué la ropa y los zapatos que me cupieran en el carro y guié al norte, lo dejé con la hipoteca, con los pagos del carro, con los perros. Me quedé con parientes durante un par de semanas hasta que encontré un trabajo y un apartamento.

El día de mi orientación en UCF, después de decidir que el Inglés sería mi major, me citaron para reunirme con el Departamento de Inglés para una orientación grupal con otros ocho estudiantes que también se transfirieron. Nos entregaron unos formularios para rellenar, una lista de cursos con sus requisitos previos, requisitos generales y electivas.

Todos nos sentamos en una pequeña mesa con nuestros documentos. Mientras todos los demás estudiantes rellenaban sus formularios, miré los majors: Literatura, Comunicación Técnica, Escritura Creativa. Miré al tipo sentado a mi lado. Había marcado «Literatura». La mujer a su lado. «Literatura». La mujer a mi derecha. «Literatura». Un tipo de al frente. «Comunicación Técnica». Ninguna persona había marcado «Escritura Creativa». Quizás sabían algo que yo no, pensé. ¿Los escritores tan siquiera ganaban dinero?

Mientras esperábamos al consejero, di golpecitos en el papel delante de mí. Reflexioné sobre mi vida. Había llegado hasta aquí. Había dejado a mi marido, mi casa, mi trabajo. ¡Mis perros! Había dejado toda mi vida atrás. Miré alrededor de la mesa una vez más. ¿Qué carajo era Comunicación Técnica anyway?

Puse una «X» junto a «Escritura Creativa». Y luego la circulé, dos veces, sólo para asegurarme de que no hubiera confusión. Lo había sabido toda mi vida. Pero la «X», los dos círculos, lo hicieron sentir real. Ahora otras personas también lo sabrían. Y haría lo que tuviera que hacer, pero sería escritora.

Caminando a mi carro esa tarde, por primera vez en mi vida, me sentí como una mujer de verdad, no como una niña. Meses después de mi orientación universitaria, cuando estaba claro que no volvería, Cheíto empacó toda nuestra casa en Miami y me siguió a Orlando.

AL COLGAR CON Junito, pienso que quizás debería estar llorando, pero no lo estoy. Quiero preguntarle a Cheíto si es normal que no esté llorando. Me conoce mejor que nadie. Nuestros dos perros bóxer, Taína y Chapo, se suben al asiento conmigo. Taína coloca su cabeza en mi falda, y Chapo me lame la cara. Ellos hacen eso cuando estoy triste, así que sé que debo estarlo.

En la televisión, está puesto el caso de Casey Anthony, pero sin sonido. Le subo el volumen. La mamá de Casey Anthony está en la silla de testigos, y pienso: «Pobre mujer. Dios mío, pobre mujer».

Mi abuela está muerta y yo siento pena por la madre de una sospechosa de asesinato.

Hace tres semanas, Mercy me había llamada de manera inesperada. Estaba viviendo con Tanisha, su hija menor. Mami estaba en la casa también, pero fue Mercy quien había marcado mi número. Quería ver cómo estaba, dijo. Me preguntó cuántos años llevábamos juntos Cheíto y yo.

—Demasiados —respondí, y ambas nos reímos.

Hablamos del juicio de Casey Anthony.

—¿Qué clase de mujer pierde a su bebé y no llama a la policía? —preguntó ella.

—Una culpable.

Hablamos del caso del Baby Lollipops. Yo estaba en el medio del proceso de escribir sobre el niñito, sobre su madre, llevaba meses en ello. Había pasado horas revisando los artículos de periódicos y los documentos del tribunal la noche anterior. Leer los testimonios que nunca había visto antes me había quitado el sueño. Había estado luchando contra el insomnio toda mi vida, pero últimamente, había empeorado.

Le pregunté si se acordaba del niñito cuyo cuerpo había sido arrojado bajo unos arbustos en Miami Beach cuando yo era niña.

—Me acuerdo —dijo—. Fueron su madre y su amante lesbiana las que lo mataron.

Esperé a que Mercy dijera más. Me preparé para un odioso despotrique homofóbico. Más de diez años antes, después de que Alaina saliera del clóset, mi madre me había llamado para preguntarme si era verdad. A todo eso escuchaba a Mercy gritando en el fondo sobre cómo mi hermana estaba muerta para ella, cómo no quería a ninguna foquin pata en la familia.

—Pónmela —le dije a mi madre en defensa de Alaina, pero Mercy no aceptó ponerse. Finalmente dije:

—¡Dile a esa maldita que se puede ir a la mierda!

Pero en lugar de desatar insultos odiosos sobre Ana María Cardona, Mercy inhaló profundamente y respondió:

—De eso hace como veinte años —dijo con voz pesada, agotada. Supuse que era por las pastillas que tomaba: antipsicóticos, antidepresivos, ansiolíticos.

Ahora, sentada en el sofá, me pregunto: «¿Estaría bajo los efectos durante esa conversación? ¿Fueron las pastillas las que la hicieron llamarme, o habrá sido algo más?».

Llamo a Alaina y le doy la noticia. Se queda en silencio durante una larga pausa, y luego simplemente dice: «Wow».

Comparto con ella todos los detalles que Junito me dio, y le pregunto si viene para el funeral, a pesar de saber que no puede. Alaina dejó Miami Beach para siempre tan pronto cumplió los dieciocho: se fue a la universidad y nunca miró hacia atrás. Vive en España, donde es artista y activista por la justicia social, y no gana mucho dinero. Cuando le llega un poco de dinero extra, lo usa para rescatar perros realengos. Pero, incluso si tuviera los medios para hacerlo, no volvería de todos modos. No la culpo. Yo tampoco sé si podría.

Esto no es lo que se siente al perder a una abuela. Cuando abuela, mi verdadera abuela, falleció hace dos años, sentí un dolor profundo e inconmensurable, como si estuviera completamente perdida. Fue ella quien evitó que Mercy destruyera mi amor propio. Abuela, que nos crió para que nos amáramos a nosotros mismos, nuestra negritud, que cuando Alaina salió del clóset, la miró a los ojos y le dijo:

—Te amo como eres. Sólo quiero que seas feliz.

¿Pero esto? No sé qué es esto. ¿Qué significa perder a alguien que odia todo lo que eres, que odia a la gente que amas?

En la televisión, la madre de Casey Anthony describe cómo su nieta había estado desaparecida durante un mes antes de que ella misma llamara a la policía, cómo no sabía que Caley estaba desaparecida hasta ese preciso momento. Los reporteros compartían segmentos de las llamadas que la abuela hizo al 911 una y otra vez. Especulaban acerca de qué tipo de madre se va de compras, de fiesta y a beber, acerca de qué tipo de madre se tatúa cuando su hija acaba de morir trágicamente. La llaman «Mamá Tot». Mamá Tot. Es foquin absurdo.

Abruptamente, salto del sofá, asustando a Taína y a Chapo, y corro a nuestro baño, Cheíto está en la ducha. Los perros corren detrás de mí, moviendo sus colitas mientras me siento en la tapa del inodoro y miro la cortina de baño. Todo esto parece tan inútil ahora: esta cortina cara de Pottery Barn, nuestra casa demasiado grande de cuatro dormitorios, los televisores flat-screen, los muebles caros, el garaje de dos carros, los dos carros, la motora. Nos compramos esta casa hace cinco años, una deuda que no podíamos permitirnos ni siquiera juntando nuestros dos salarios. Aquí estoy, viviendo en esta casa con tantas habitaciones que no sé qué hacer con ellas, y mi madre está viviendo en las calles la mitad del tiempo y ni siquiera tiene un teléfono.

—Mi abuela está muerta —le digo a Cheíto a través de la cortina.

No dice nada, y me doy cuenta de que probablemente crea que estoy hablando de abuela. Cada vez que en los últimos dos años le he dicho esas palabras «mi abuela está muerta» ha sido el comienzo de una nueva ola de dolor, seguida de días encamada, incapaz de comer o dormir, incapaz de mantener una conversación. ¿Cuánto tiempo ha pasado desde que me referí a Mercy como «mi abuela»? ¿Cuánto tiempo ha pasado desde que la mencioné siquiera?

—Me refiero a Mercy —digo—. Se tragó un montón de pastillas.

MERCY SE CONVIRTIÓ en madre a los quince, en abuela a los treinta y dos. De joven, era conocida por pelear en la calle con otras mujeres, con hombres adultos. Ella nunca, nunca se negó a pelear, no importaba quién la amenazara. Una vez, Alaina y yo la vimos atacar a una vecina afuera de una farmacia, la noqueó y comenzó a patearla porque la mujer la había llamado loca. Más adelante descubrimos que la mujer estaba saliendo con papi.

Mercy era feroz e implacable, tenía una lista con cada persona que alguna vez le había hecho daño, le encantaba contar historias de cómo se había vengado. ¿La mujer que se había colado delante de ella en la fila en el supermercado? Mercy se había tropezado a propósito con ella y había dicho que se fuera al carajo. ¿El ciclista que la había mirado mal? Le había vaciado las gomas después. ¿El nene que había golpeado a una de sus hijas? A la mañana siguiente había ido al trabajo de su hermana y la había abofeteado, le dijo que era un mensaje para su hermano, y que la próxima vez le rajaría la cara con una navaja.

La primera vez que papi dejó a mami, Mercy estaba lívida. La única razón por la que un hombre deja a la madre de sus hijos es por otra mujer, dijo. Juntas, ella y mi madre, tramaron un plan para recuperarlo: se suponía que yo debía escuchar todas las llamadas de papi y averiguar el nombre de la mujer. Después la asustarían para que se alejara de él, la arrastrarían fuera de su casa y le darían una prendía en plena calle. Mercy usaría su navaja y tallaría las iniciales de mi madre en la cara de la mujer.

Pero en vez de espiar a mi padre, le conté sobre su plan. Cuando se enteró, Mercy me llamó chota; dijo que estaba muerta para ella por ayudar a mi padre a engañar a mi propia madre y que si no podía averiguar quién era la mujer, bastaría con mi padre. Que ella le tallaría branquias, como un pez.

Mi tío Junior, el marido de titi Xiomara, también estaba en la lista negra de Mercy. Junior y Xiomara se habían enamorado de teenagers, luego tuvieron dos hijos, Junito y Ángel. Amaban a sus hijos, y se amaban el uno al otro, ferozmente. Alaina y yo habíamos crecido con Junito y Ángel. Eran como nuestros hermanos. Cuando vivíamos con mami, Xiomara venía a menudo a vernos, nos traía comida. Algunas veces Xiomara y Junior nos rescataban, nos llevaban a su casa cuando mami estaba teniendo uno de sus breakdowns. Junior también había rescatado a Mercy. Una vez, le pegó a un tipo que la había toqueteado en un party, que trató de agredirla. Pero, aun así, cuando Junior la enojaba, Mercy lo amenazaba como a cualquier otro.

Al igual que mi padre, Junior era negro, así que Mercy había estado en contra de su matrimonio desde el principio, e incluso delante de Junito y Ángel, les recordaba cómo Xiomara provenía de una familia blanca, cómo el padre de Mercy era rubio de ojos azules, y cómo la familia de Junior eran un bonche de negros. Mercy aseguraba que la madre de Junior era una bruja que utilizaba brujos contra su hija, que había dejado un trabajo fuera de la puerta de Xiomara una tarde: un pimiento verde utilizado como una almohadilla para alfileres, con una aguja larga, en forma de «X» en el interior. «X» de Xiomara.

Una vez, después de discutir por teléfono con Junior, Mercy finalmente decidió cumplir sus amenazas. Xiomara y los niños habían pasado la tarde en la casa de Mercy. Junior fue a recogerlos, amarró a los niños en los car seats; Xiomara se estaba montando en el asiento del pasajero. Entonces, justo allí, en su vecindario, en medio de la acera iluminada por la luna, con la gente paseando sus perros y corriendo sus bicicletas y regresando a casa del supermercado, mientras Junior cerraba la puerta del pasajero de Xiomara, Mercy sacó una navaja y le rajó la cara.

Terminó en el hospital y le cogieron unos doce puntos de sutura que le dejó una cicatriz en forma de «V» sobre la ceja.

Años más tarde, cuando yo tenía trece años, después de tener una garata nasty con un exnovio, lo amenacé con tallarle mis iniciales en la cara.

DE NIÑA, PENSABA que mis tías en Virginia y Puerto Rico eran afortunadas. Sus madres, las mujeres que se habían tomado la molestia de criarlas eran amorosas y abnegadas. Abuela también era así, aunque no siempre hubiera vivido con ella. Abuela murió la semana del Día de las Madres. Desde entonces, me he considerado una huérfana de madre.

Cada Día de las Madres paso horas en la farmacia mirando tarjetas. Compro una y la dejo así durante semanas, luego la guardo en una caja de zapatos en mi clóset. La tarjeta de este año todavía está en el counter de la cocina, junto al tazón de cristal donde guardamos las llaves de nuestros carros. Mirándolas allí, me pregunto qué pasará con mi madre ahora que Mercy se ha ido. ¿Quién le hará compañía? ¿Quién le hará su café de la mañana? ¿Quién estará allí tarde en la noche cuando llegue borracha?

Todos estos años, he pensado en mí misma como una fugitiva, después de haber dejado Miami Beach para estar lo más lejos posible de mi madre y de Mercy, y de todo su drama. Antes de irme de Miami, mi madre había estado viviendo en la calle. Había sido arrestada un par de veces, y yo quería enviarla a un centro de rehabilitación en Virginia, donde mis tías la pudieran chequear de vez en cuando. Era un lugar especializado en el tratamiento de mujeres adictas que también padecían de enfermedades mentales, un lugar donde podrían ayudarla a tener una vida. Pero cuando Mercy se enteró de que quería obtener una orden judicial para enviar a mi madre lejos, le dijo a mami que yo iba a encerrarla en

un hospital psiquiátrico. Todos los días durante una semana mi
madre me llamó, amenazándome. Yo había sido un error, dijo,
un aborto fallido. ¿Quién carajo pensaba yo que era? Un tiempo
después de eso, me marché.

Desde entonces, había ido a la universidad, y luego a la escuela
de posgrado. Había sido maestra, trabajado como consejera de
ayuda financiera, editado una revista. Alaina y yo nos habíamos
ocupado de abuela. Ambas habíamos trabajado mucho para tener
el tipo de vida que queríamos. Pero, lo más importante, nos habíamos apartado de Mercy, y de mami.

Pero ahora, tan pronto escucho las noticias, la muerte de
Mercy se convierte en una liberación, e irrumpe como una
inundación el deseo de ver a mi madre.

Le digo a Cheíto que necesito verla, para asegurarme de que
está bien. Empacamos nuestros bultos, montamos a los dos perros
en el carro y hacemos el viaje de doscientas veinte millas guiando
rumbo al sur hasta Miami Beach. Escucho la radio y miro hacia
fuera de la ventanilla mientras Cheíto guía.

EN CLEWISTON, NOS detenemos en un sitio de hamburgers para
usar el baño. Me lavo la cara en el lavamanos y me miro en el espejo, mis ojos enrojecidos, mis labios craqueados, la cara pálida.

Hace un año, durante un viaje a Washington, D.C., me de-
tuve en la casa de titi Iris. No la había visto desde que era una
delincuente juvenil de quince años, con el pelo con trencitas, con
lipliner marrón oscuro y las cejas finitas, una argolla en la nariz y
las argollas de oro y otros dieciséis piercings. Cuando fui a su casa
esta vez, sin piercings y con muy poco maquillaje, tomó mi cara
con sus manos.

—Dios mío, Jaqui —me dijo—. Te ves igualita a tu mai.

Yo no le creí, pero cuando llegué a casa unos días después, revisé los viejos álbumes de fotos y encontré una foto de mi madre a los veintiún años, con su pelo rubio corto, y por primera vez en mi vida me di cuenta de que tenía su cara redonda, sus mejillas, su sonrisa.

Ahora mismo, mirándome en el espejo del baño, no veo ningún parecido.

De vuelta en la carretera, mi celular no deja de sonar. Junito llama. Ángel llama. Papi llama. Alaina. Titi Xiomara.

Xiomara está en el apartamento de Mercy, dice que los paramédicos vinieron y que se fueron, y que ahora la policía está allí. La gente sigue entrando y saliendo de la habitación mientras el cadáver sigue ahí recostado, dice. Han pasado horas. Aún no ha podido encontrar a mi madre.

Apago el celular. Desde el asiento del conductor, Cheíto toma mi mano. Me alegra que él no sea el tipo de hombre que dice mierdas como: «Está en un lugar mejor» o «Debes recordar los buenos tiempos». Pero en el carro, me encuentro haciendo exactamente eso, tratando de recordar algo bueno sobre Mercy.

Esto es lo que hay: ella me contaba historias. Cuando era niña, me habló sobre su primer amor —mi abuelo— un hombre que conoció en Nueva York. Era apenas una teenager, y él era mucho mayor y estaba casado, pero lo amaba de todos modos. Me contó de todos los hombres que había amado, de su hermanito que había muerto, de sus experiencias sobrenaturales: había vivido una vez en una casa embrujada y había visto el fantasma de una mujer que había muerto ahogada. La había mordido un alacrán venenoso y sobrevivió a través del poder de la oración. Había sido testigo de cómo todo un caldero de arroz volaba de un lado al otro de la habitación. Cosas así le pasaban a Mercy todo el tiempo. Sillas que se movían por su propia cuenta. Vasos vacíos que se llenaban de agua. Los carros se podrían voltear diecisiete veces, y ella saldría con vida, sin un rasguño. Los pájaros muertos resucitaban en sus manos cuando oraba sobre ellos. Y, de vez en cuando, se encontraba con alguien que había conocido en otra vida.

Cuando me contaba historias, comprendí que la amaba. Pero nunca estaba segura de si ella me amaba a mí, o a cualquiera de sus nietos, o sus hijas. Nunca nos abrazó ni nos besó. Nos negaba la comida como castigo. Nos pegaba regularmente. Nos echó a la calle, llamó a la policía acusándonos e incluso amenazó con matarnos a algunos de nosotros. Y tenía apodos desagradables, hasta para sus propios nietos: «Cara e pizza», «La anoréxica», «La puta», «El gordo», «El cabrón», «El alcohólico», «La ganguera», «La delincuente».

Y luego está esto: el suicidio fue nuestro legado familiar. Su propio padre, nos dijo, había estado tan desconsolado cuando su madre murió, que había intentado suicidarse, pero sobrevivió. Pero ella se aseguraría de hacerlo bien.

Toda mi vida, mi abuela amenazó con suicidarse. Amenazó con saltar delante de una guagua y dejar atrás un cadáver aplastado, con subir al piso quince de nuestro edificio y arrojarse desde el balcón, con cortarse las muñecas con una navaja de afeitar o tragarse trescientos somníferos. Y cuando encontráramos su cadáver, decía, nos arrepentiríamos de todo lo que le habíamos hecho. Oh, qué arrepentidos estaríamos.

Es el fin de semana del Memorial Day y el tráfico está taponando el MacArthur Causeway. Vamos con las ventanillas bajadas, sudorosos y en silencio, viendo un cielo rojo brillante oscurecerse. Apenas nos hemos movido en casi una hora.

Los perros sacan la cabeza por la ventanilla, y miro las Venetian Islands: palmeras reales, mansiones con balcones y casas al estilo español con elaborados techos de tejas. Cuando era una niña, solía echar un vistazo a estas casas desde la guagua de camino al centro de Miami. Me imaginaba en una de ellas, sólo que era una muchacha diferente, con una familia diferente, y nadaba en la piscina y luego iba a tocar el piano de cola o veía películas en nuestro cine privado. La fantasía persistía, no importaba cuántas veces me montara en la misma guagua y mirara hacia fuera por la misma ventanilla.

Miami Beach está abarrotada de turistas, de pariseros, de discotequeros. El parking está imposible. Cuando llegamos al edificio, el cuerpo de Mercy ya ha sido transportado a la oficina del médico forense. Parqueamos en doble fila con las luces intermitentes encendidas y llevamos a pasear a Taína y a Chapo. Cheíto se ofrece a quedarse en el carro con los perros mientras voy arriba y me reúno con mi familia, pero la última cosa que quiero hacer es entrar en el apartamento de Tanisha, el lugar que Mercy llamaba hogar, y pararme en el cuarto donde encontraron su cuerpo.

Esperamos en la acera a que lleguen los miembros de mi familia, con los ojos llorosos y agotados: mis primos Junito y Ángel, tres de mis titis, sus maridos, sus hijos. Cheíto y yo los abrazamos uno por uno, Taína y Chapo mueven sus colitas y juegan con los niños. Todo el mundo habla de lo amigables que son y de lo bien que se portan los perros. Hacen preguntas sobre el viaje, el tráfico, mi trabajo, el trabajo de Cheíto. Nadie dice una palabra sobre Mercy.

Veo por primera vez a los nenes de Tanisha, Lia y Jayden, que tienen ocho y tres años. Me miran de reojo, luego vuelven a jugar con los perros. Lia, la mayor, se detiene abruptamente y se para cabizbaja y de brazos cruzados. Es ahí que se me ocurre: hacía apenas una hora Lia y Jayden estaban en el mismo cuarto con el cuerpo de nuestra abuela. Me pregunto si la amaban. Pero ¿qué estoy diciendo? Por supuesto que la amaban.

Mi titi Iris toma mi mano, me lleva a un lado. Me mira a los ojos.

—Tu mamá —dice, negando con la cabeza—. Dios mío, Jaqui, tu mai.

Entonces todo el mundo se calla.

Por la calle, una raquítica vieja arrastra los pies hacia nosotros en unos Converse Chuck Taylors desgastados. Lleva un suéter negro y mahones andrajosos con agujeros, su pelo rapado. Se acerca y nos sonríe sin dientes, a mí y a Cheíto. Me armo de valor: viene a pedir cambio, un cigarrillo, algo. Cheíto comienza a buscar en sus bolsillos y saca un puñado de pesetas. Alcanzo su mano, enviando todas las pesetas y los vellones al piso, que ruedan por la acera. Aún estoy aferrada a él cuando la mujer me envuelve con sus brazos, y siento sus huesos afilados y frágiles contra mí. Me besa la mejilla, esta pequeña criatura destrozada que huele a ropa sucia y a orín de gato y a cigarrillos, esta desconocida. Entonces, se aparta, y así es como sucede, todo a la vez: los carros bloqueando la intersección, los turistas dirigiéndose hacia aquí y hacia allá y mi familia reunida en la acera, los perros ladrando y moviendo sus colas, mi marido cogido de mi mano. Miro sus ojos verdes y algo así como una ola estalla dentro de mi pecho, y lo sé, o quizás siempre lo supe: estoy viendo a mi madre por primera vez en siete años.

Cuando era niña, mi madre se aparecía a menudo sin previo aviso dondequiera que estuviera, a veces acompañada por Mercy. Recorrían todo Miami Beach a pie buscándome. Se presentaban en casa de mis panas, exigiendo verme y me arrastraban fuera porque no había pedido permiso para estar allí. Se presentaban en el cine, abrían la puerta de la sala llena, y gritaban mi nombre en la oscuridad. Se presentaban en la pista de patinaje, en la piscina pública, en las canchas de básquet de tres parques diferentes. A veces, si me estaba quedando en casa de mi padre, mi madre llegaba temprano por la mañana e insistía en acompañarme a la escuela. Me aterrorizaba que los demás nenes pudieran vernos juntas y descubrieran que era mi madre. Con el tiempo, lo hicieron. La llamaban «homeless lady», «crazy lady» y, cuando me hice mayor, «crackhead» y «tecata» y «junkie».

MI MADRE ESTÁ casi irreconocible. Recuerdo que hace un tiempo atrás llamó para decirme que le habían sacado la mayoría de los dientes y que necesitaba dinero para arreglarse los pocos que le quedaban. Anthony llamó al día siguiente. «A ella no se los sacaron», dijo, «se le cayeron».

Tiene meth mouth, boca de adicta. Lo sé desde hace años, pero el saberlo no me preparó para verlo. Cheíto me aprieta la mano, pero me hace sentir peor, quizás es porque tiene una madre que no es una adicta, dos abuelas que lo adoran e incluso una madrastra que lo considera un hijo propio.

Mami me abraza de nuevo, me dice: «No parecía muerta. Parecía estar durmiendo».

La abrazo, pero no demasiado fuerte. Tengo miedo de aplastarla, de que su clavícula se fracture, de que sus costillas se craqueen, de romperla con mi necesidad de componerla de nuevo.

Se aleja y le pide a mi tía un cigarrillo, doy un par de pasos hacia atrás. Incapaz de estabilizarme, me siento en la acera, me inclino hacia delante con la cara en las manos. Me siento aliviada de que mi madre esté viva, pero no puedo creer que he dejado que esto suceda. Nunca debí dejar que mi hermano y que Mercy se hicieran cargo de ella.

Me limpio el sudor de mi labio superior con el dorso de la mano. Junito se sienta a mi lado. Parece mucho mayor que la última vez que lo vi, hace unos meses. Pregunto, apenas lo suficientemente fuerte como para que me oiga, si leyó la carta. Dice que todos lo hicieron, hasta mi primita Lia.

—¿Lia? Dios mío. ¿Por qué Tanisha la dejaría leer eso?

Dice que fue Lia quien la encontró. Fue Lia quien encontró el cuerpo.

Lia y su hermano Jayden siguen jugando con los perros. Junito la llama, y se sienta en la acera con nosotros. Es pequeña, con la piel oscura, pelo oscuro, ojos oscuros. Me pregunto cómo se sentiría Mercy al respecto.

Lia nos cuenta que le gusta leer, que le lee a su hermanito por la noche, que quiere ser bióloga marina.

—Wow —digo—. ¿Y qué hacen los biólogos marinos?

—Estudian a los tiburones.

Me cuenta todo sobre el gran tiburón blanco y el tiburón martillo y el tiburón tigre. Me cuenta que se graduará de cuarto grado esta semana y que Mimi no estará allí.

—¿Quién es Mimi? —pregunto.

—Mi abuela —dice—. Murió hoy.

Escucho mientras mi prima de diez años me habla de la mujer a la que llama «Mimi», que vivía con ella y con su hermanito y su madre, una mujer que iba a la iglesia todos los días, que le hacía el desayuno por las mañanas y la acompañaba a la escuela después. Mimi le enseñó sus pasajes de la Biblia, le cepillaba el pelo, le cantaba canciones sobre Jesús, le decía que la amaba.

Así es como quiero recordar a mi abuela, tierna y gentil, una mujer que apreciaba a sus nietos y que se ocupaba de ellos, que los hacía sentir seguros. Pero esos no son mis recuerdos. Esta Mimi no es la mujer que yo conozco.

Lia me muestra el pendiente de un ángel que lleva colgado de una cadena de plata alrededor del cuello. Dice que Mimi se lo dejó cuando murió.

Junito coge su mano. Tiene lágrimas en los ojos y de repente se parece al nene que solía ser.

—Ella también era mi abuela —le digo.

Lia me mira con curiosidad, frunciendo el ceño.

—¿En serio?

Le explico que Jeannette, su tía, es mi mamá, así que eso nos hace primas.

—Pero eres vieja —dice.

Junito y yo reímos, y luego le digo que sabía que Mimi la amaba.

—La extraño —dice Lia, acariciando el pendiente de ángel con sus dedos.

—Yo también la extraño —respondo.

—Lo sé —dice, como si no se le pudiera ocurrir ninguna otra posibilidad.

TRES SEMANAS ANTES de morir, mi abuela me llamó. Me dijo que estaba viviendo con Tanisha y con los nenes, que ahora estaba en silla de ruedas porque se había caído en el baño y se había roto ambas piernas. Había demandado al propietario por la caída, por un tubo que liqueaba que el propietario jamás arregló. Yo dudaba sobre los detalles, pero pensé que mientras menos supiera, mejor.

Me contó que una enfermera venía a cuidarla de vez en cuando. Me habló de su nieta favorita, Lia, lo grande e inteligente que era, y de su hermano Jayden, que tenía tres años y era un malhablao, como su madre. Las dos nos reímos con esto.

Me contó de algunos de sus amigos que habían muerto recientemente, dijo que estaba envejeciendo, que la mayoría de las personas que amaba estaban muriendo. De cáncer, de sobredosis, de ataques cardíacos.

—Soy la última que queda —me dijo—. La última.

Hablamos cerca de dos horas, como no lo habíamos hecho en años, probablemente más que en todas nuestras vidas.

UNA SEMANA DESPUÉS, preparándonos para el funeral, mis tías Xiomara e Iris discuten y gritan por cada arreglo, los insultos escalan como una guerrilla. Cada una llama a la otra «egoísta», «loca», «chismosa», «mala», «maldita hija de puta».

Xiomara se pasea por el apartamento mirando las cosas de Mercy, tratando de encontrar respuestas, su pelo ámbar fijado con un doobie, sus ojos rojos e hinchados. De vez en cuando estalla en lágrimas, lamentando, preguntando: «¿Por qué, Dios mío? ¿Por qué?».

Iris trata de mantenerse centrada, calmada. Hace llamadas. Llama a mis otras tías en Virginia para dejarles saber lo que está sucediendo, cada paso sobre los arreglos. Llama a su trabajo, a su esposo, a mi primo Amir. Llama a mi titi Jenesis, a su hermana gemela, pregunta por los nenes, por mis primos Nasir y Halimah. Ella está bien mientras esté ocupada. Nunca la veo llorar.

Mi madre fuma como chimenea afuera en los escalones, hablando sola.

Lia y Jayden se sientan en su cuarto, negándose a comer los sándwiches que traje del Sergio's Latin Café. ¿Quién puede culparlos? Su abuela acaba de morir.

Tanisha y su hombre se insultan, se golpean, luego se lanzan zapatos, cepillos de pelo y botellas de perfume a través del dormitorio donde encontraron el cadáver de mi abuela, cada uno culpando al otro por el suicidio de Mercy.

Iris, con una sola mano, interrumpe la pelea, toma por el pelo al hombre de Tanisha, y lo deja fuera de la puerta trasera, mientras todos los miramos.

—Hoy no, honey —dice—. En esta casa no.

Cierra la puerta detrás de él. Intercambio miradas con mis primos Junito y Ángel. Bienvenidos a nuestra familia.

Ojalá Alaina estuviera aquí. Hace dos años, cuando abuela estaba muriendo de cáncer, Alaina viajó de regreso a Miami para estar con abuela durante sus últimos días. Papi, su esposa Meira y yo habíamos dormido en el hospital durante semanas, turnándonos entre dormir en una silla junto a la cama de abuela y en la sala de espera. Anthony y yo habíamos pasado esas últimas semanas peleando, pero cuando Alaina llegó, sentí que todo iba a estar bien. Más tarde, en la funeraria, después de que Anthony se hubiera ido, después de que la mayoría de la gente ya se hubiera quedado dormida en sus sillas, con papi y tío David hablando hasta las tantas de la noche, Alaina y yo nos quedamos juntas, tiradas en un sofá, nuestros pies apuntando en direcciones opuestas. Era como si fuéramos nenas de nuevo, excepto que ahora éramos huérfanas. Perder a abuela fue como perder todo lo que pensaba que sabía de mí misma, perder todo lo que una vez me había unido al mundo, a Puerto Rico, a mi familia.

De niños, Junito y Ángel, Alaina y yo, teníamos un entendido tácito: no importaba lo jodida que estuviera nuestra familia, no nos pelearíamos entre nosotros. Éramos los normales, los cuatro contra el mundo.

Cuando Junito y Ángel empiezan a discutir, me levanto de golpe, agarro mis llaves, mi bolso, y me voy a mi carro.

Cheíto y los perros se han ido a casa hace dos días, así que guié las cuatro horas en carro sola de Miami Beach a Winter Haven, tomo la ruta del norte por la autopista US-27 con la radio puesta a todo volumen. Estoy en algún lugar a las afueras de South Bay cuando Iris llama para preguntar a dónde me he ido.

—Estás loca si crees que me voy a quedar pa eso.

Le recuerdo que por esa misma razón dejé Miami en primer lugar, porque nuestra familia no puede ser civilizada, ni siquiera en un funeral.

Ángel llama sólo para decirme que me quiere. Junito llama para decirme que no me sienta culpable: él tampoco irá. Cuando Xiomara llama, ella sólo se limita a llorar. Al cabo de un rato, apago mi celular.

Cada vez que salgo de Miami, me digo a mí misma que nunca volveré sólo para terminar justo donde empecé. Me voy y vuelvo una y otra vez. Miami, como mi familia, es un lugar al que aprendes a amar y a odiar al mismo tiempo. Puedes pasarte toda la vida abandonándolo, pero nunca lo logras del todo, pasas el resto de tu vida regresando y nunca llegas a hacerlo realmente.

Cuando llego al lago Okeechobee, a mitad de camino a casa, me meto en el John Stretch Memorial Park, guío sin rumbo por un tiempo, luego me parqueo. Estoy rodeada de agua: un lago más pequeño, la vía fluvial que corre paralela a la US-27 y después el lago Okeechobee. En el cielo, una bandada de buitres de rapiña, sus cuerpos levemente angulados, las alas en forma de «V». Me siento en la orilla del lago más pequeño, observando a los buitres durante mucho tiempo, la oscilación de péndulo de sus cuerpos en el aire, y me pregunto si habrán visto a su presa, si están esperando a que algo muera aquí. Más adelante, leeré que un grupo de buitres en vuelo se llama «bandada» y que una bandada de buitres alimentándose se llama «velorio».

A lo largo de toda mi vida, mi abuela amenazó con suicidarse. La visité en el hospital cuando era una niña, después de que se tragara dos botellas de pastillas y después de que le pidiera a Tanisha que llamara al 911. Vi a mi tío Junior quitarle un cuchillo de carne de sus manos a la fuerza cuando juraba que se apuñalaría el corazón. Hasta que finalmente cumplió con sus amenazas, mi abuela había estado matándose durante más de veinticinco años. Y, de alguna manera, me había llevado con ella: la primera vez que intenté suicidarme tenía once años. La segunda vez, trece. Y después vendrían una tercera, una cuarta.

En la orilla, mientras los buitres sobrevuelan mi cabeza, me doy cuenta de que tal vez siempre supe que no iría al funeral. Tal vez es aquí donde tengo que estar: en algún lugar que no sea Miami, en algún lugar que no sea Winter Haven, en algún lugar que no sea mi hogar.

A veces no puedo creer que ella lo hiciera. A veces pienso que siempre supe que lo haría, que siempre he sido como un pájaro, esperando, dando vueltas, esperando.

DESPUÉS DE REGRESAR de Miami Beach, veo casi todas las horas del juicio del caso por asesinato de Casey Anthony. Cuando el jurado regresa con un veredicto de no culpable, siento el impulso abrumador de llamar a Mercy, para contárselo.

Seguiría pensando en esa última llamada, volvería a ella una y otra vez. Me preguntaba si ella ya había pensado en suicidarse, si me había buscado para ayudarla. Me quedo despierta por la noche pensando en qué significa tener tantas ganas de morir, y recuerdo todas las veces en que sostuve las pastillas de mi madre en mis propias manos. Me preguntaré si se sentía sola, si estaba asustada o cansada o amargada. ¿Fue un acto de venganza, o de desesperación? ¿Pensó en mí, en mi madre, en cualquiera de nosotros? Pienso en lo difícil que debe haber sido para ella ver a mi madre deteriorarse con los años, soportarla, tratar de rescatarla, pero fallar una y otra vez. Me pregunto si mi abuela, en su silla de ruedas, con ambas piernas rotas, ya no pudo vivir con eso.

Me gusta imaginar que, en su último día, Mercy se levantó, se vistió y leyó su Biblia. Que ya podía caminar nuevamente, que le habían quitado los yesos la semana anterior. Que salió afuera al balcón, sintió el sol en su cara, la brisa del océano acariciando su cabello. Que le dio de comer a los gatos realengos del vecindario, como se sabía que hacían los residentes de Miami Beach, que dejó una lata abierta de atún en el callejón detrás de su edificio. Que después de dejar a Lia frente a su salón en la Escuela Elemental Ida M. Fisher, paró en la casa de una amiga, comentó la novela de la noche anterior, tal vez el juicio de Casey Anthony de la tele. Imagino que más adelante esa tarde fue al apartamento de mi madre para una última visita. Le habría dado unos cigarrillos, arrugado un par de dólares en la palma de su mano, para unas tostadas cubanas y un café con leche en Puerto Sagua. Habría chequeado la nevera para asegurarse de que mi madre tuviera huevos, leche, queso. Se habría asegurado de que mi madre tuviera su pase del metro, y que hubiera tomado las pastillas por la mañana.

Me digo que en el momento de su muerte pensó en mi madre, que la transformó en esa muchacha que había sido años atrás: Mercy a los quince años, una madre primeriza, con su niña en brazos. Me imagino a mi madre, pequeña e inocente y sonriendo, mirándola con esos ojos verdes. Y Mercy, cuando mira a su bebé, de repente se siente como si estuviera mirando al centro del universo, el mundo entero en sus brazos, el mundo entero tan aterrador.

CUARTA PARTE

Regresar

Regresar

La primera vez que Cheíto y yo nos separamos, unas semanas después de haber dejado la Marina y de que él esté viviendo con otra mujer, regreso a Miami y consigo un trabajo como cobradora de ventas de jarabe de tos y cigarrillos por seis dólares la hora. Voy al trabajo en Metrobús todos los días, y me encuentro a veces con gente que conocía de la high. Los evado, miro por la ventanilla, finjo estar perdiéndome en las luces de neón y los hoteles art déco, reacia a darles los detalles sórdidos de mis decepciones más recientes. Un matrimonio fallido, mi abandono de la universidad, el ejército, estar viviendo con mis padres. Sí, de nuevo.

Un viernes, salgo temprano del trabajo, cambio mi cheque en la bodega a la vuelta de la esquina, tomo la línea L y me dirijo a la playa. Me siento atrás, vigilando ambas salidas a medida que nos acercamos al puente de la calle Setenta y Nueve. Todo este efectivo me pone paranoica.

Un hombre se sienta frente a mí, calvo, con una perilla, insiste en que me conoce del barrio. Bebe de un cuarto de galón de

licor de malta envuelto en una bolsa de papel. Agarro mi bolso.
Cuando le digo, «No, nunca viví en Spanish Harlem», él pregunta,
«¿Estás segura?».

—Segura.

Me levanto, me mudo a la parte de al frente de la guagua, me
siento justo detrás del conductor. Al otro lado de la calle, los clientes habituales están haciendo fila para el early show en The Fat
Black Pussy Cat. A dos asientos de mí, otro desconocido. Aparta
la mirada de su copia de *Vibe*, me mira de arriba abajo. «Tienes
pies hermosos», dice «para una gorda». Vuelve a su revista. Este
tipo está sobrio.

Luego se monta ella, con su cara sucia y flacucha, con el pelo enmarañado en un mono desordenado. No paga la tarifa. Se tropieza
hasta llegar a la parte de atrás del todo, preguntando si alguien tiene cambio para que pueda regresar a casa para estar con sus hijos.
Que la asaltaron, dice, le llevaron todo. La mayoría de la gente la
ignora. Han escuchado esas palabras cien mil veces, probablemente en esta misma guagua. Probablemente esta misma mujer. Unos
pocos entregan su cambio sólo para deshacerse de ella.

Cuando llega donde mí, justo cuando estoy a punto de recitar
mi línea «Lo siento, no tengo efectivo», me doy cuenta de que la
conozco. Fuimos juntas a la escuela. Comí en su casa unos cuantas veces y vimos *Dirty Dancing* comiendo unas rebanadas frías
de Domino's Pizza, y ambas juramos que un día, cuando una de
nosotras se casara con Patrick Swayze, la otra sería la dama de ho-
nor. Luego peleamos por un novio en sexto grado, y como yo era
una queer en el clóset en un lugar homofóbico, empecé un rumor
de que ella era lesbiana, y como sabía exactamente lo que más me
dolería, dijo que mi mamá era una bicha drogadicta.

La conozco.

Excepto que no se parece a como la recordaba. Se ve doblemente vieja, delgada, hecha polvo, con las uñas rotas, los blancos de sus ojos una mezcla de sangre y amarillo, su rostro cubierto de lesiones. Ha perdido algunos de sus dientes, probablemente tenga meth mouth. Y parece que no me reconoce.

Años más tarde me enteraré de que fue atacada por un cliente, o un chulo, que le llevó un cuchillo a la garganta, la rajó de izquierda a derecha y la dejó desangrarse. Pero sobrevivió, y después de salir del hospital, volvería derechita a las calles, sería arrestada al menos cuatro veces más, con la cicatriz en su garganta visible en cada una de esas fotos policiales.

Pero eso está a años de distancia. En este momento, en esta guagua, ella extiende su mano, dice, «Disculpe, miss, ¿le sobra una peseta?». Lo dice, no como si fuera una pregunta, sino como una disculpa. ¿Y qué es una peseta, un dólar, un billete de veinte? ¿Acaso no le daría los ciento noventa y dos dólares de mi cartera sólo para que volviera a la sala de su casa a comer pizzas de cartón soñando con un futuro en el que seríamos movie stars y felices? ¿Acaso no será posible que en otra vida, en otras circunstancias, sólo por la gracia de Dios, ésta pudiera haber sido yo?

Busco en mis bolsillos mientras espera. Los otros pasajeros se sientan, sus rostros vueltos hacia nosotras. La guagua se detiene en la luz roja. Y entonces recuerdo: todo mi dinero, todo mi sueldo, hasta el último centavo, está metido en el sobre que me entregaron en la bodega y no puedo sacarlo aquí, en esta guagua donde cualquiera pueda verlo, donde probablemente me asalten antes de que incluso llegue a casa desde la parada de guagua.

Respiro hondo. Exhalo.

—Lo siento. No tengo efectivo.

En mi cabeza, digo su nombre.

Orlando, 2004

EN LA UNIVERSIDAD, junto con páginas y páginas de notas sobre La Masacre de Ponce, el Levantamiento de Jayuya, el Grito de Lares y los asesinatos de Cerro Maravilla, llevo un retrato de una joven Lolita Lebrón, quien siempre había sido una figura controversial, incluso para los puertorriqueños, debido a su papel en el tiroteo de marzo de 1954 dentro de la Cámara de Representantes de los Estados Unidos.

El interés de Lolita por la política y el activismo se profundizó tras la Masacre de Ponce, después de que se mudara a Nueva York en busca de trabajo. Allí, observó la forma en que los trabajadores boricuas eran marginados y maltratados. Se cansó del racismo, de los insultos, día tras día. Se unió al Partido Nacionalista Puertorriqueño. Con el tiempo, ascendería los escalafones hasta convertirse en una líder del movimiento, siguiendo los pasos de Blanca Canales, quien ya había ayudado a establecer una facción femenina dentro del Partido Nacionalista, las Hijas de la Libertad, y quien lideró el Levantamiento de Jayuya. Después de la Revuelta Nacionalista de 1950, después de que Blanca Canales ya estuviera cumpliendo una cadena perpetua en una prisión federal tras la Masacre de Utuado, después de que la Ley Mordaza hubiera estado suprimiendo los derechos de los puertorriqueños durante años, Lolita Lebrón comenzó a intercambiar cartas con Pedro Albizu Campos. Él le escribió desde su celda en La Princesa. Juntos, diecisiete años después de la Masacre de Ponce, planificaron el ataque en Capitol Hill.

En la fotografía, Lolita se ve estoica, decidida. Una mujer pequeña detenida por los agentes de la policía armados, lleva tacones altos, un traje largo, joyas, un sombrero. Fue tomada antes de que fuera sentenciada, cuando tenía treinta y cinco. Cincuenta años después del ataque, en el 2004, el *Washington Post* publica un artículo sobre Lolita Lebrón y utiliza esa misma foto. Lo titulan «When Terror Wore Lipstick (Cuando el terror llevó lipstick)».

Tengo sentimientos encontrados con Lolita. Me digo que no puedo entender el tiroteo, la violencia. Pero sigo cargando con la foto. Quiero creer que ella no es la suma de las peores cosas que hizo en vida. Quiero ser el tipo de persona que cree en la redención, el tipo de persona que, en unos años, le escribirá cartas a Ana María Cardona mientras espera la pena de muerte por el asesinato y tortura de su hijo.

Pero tampoco quiero olvidar cómo el mundo nos percibe. Cómo Lolita Lebrón, una figura polémica, una heroína para algunos, una terrorista para otros, una mujer que lideró una revuelta en Capitol Hall, apareció en el *Washington Post*, un periódico que en el 2004 contaba con treinta y un premios Pulitzer. ¿Cómo es posible que, incluso todos esos años después, el titular no mencione nada sobre su vida, o sobre su muerte, o sobre su pistola, o el tiroteo, o la planificación, o los heridos, o Puerto Rico, o la bandera, o el colonialismo, o la libertad, o la liberación, o el racismo, o la tortura, o la maternidad, o la pérdida de sus hijos, o los años que pasó en prisión, o las voces que oyó o las visiones que vio mientras estaba encarcelada, o lo que gritó cuando sacó su pistola en la galería de visita del Capitolio de los Estados Unidos, «¡Viva Puerto Rico Libre!», o lo que dijo cuando fue arrestada, o lo que dijo en cualquiera de sus varias entrevistas, o lo que dijo cuando protestaba por la ocupación del terreno puertorriqueño y la opresión de la gente de Puerto Rico o cualquier cosa relacionada con quién era o lo que hizo? En cambio, el titular menciona su foquin lipstick.

Orlando, 2006

LA MAÑANA DE mi graduación de la universidad, un sábado de julio, mi familia llega de Miami. Mi tío David vuela desde Puerto Rico, y luego conduce hasta ahí con Anthony, Papi y Meira, mi madrastra. Alaina trae a abuela.

Cheíto y yo nos detenemos en el parking fuera de la universidad, los encontramos a todos esperando allí, Alaina empujando la silla de ruedas de abuela, papi sonriendo y sosteniendo una cámara, Anthony y tío sumidos en una conversación profunda sobre dónde almorzaremos más tarde.

Primero me inclino para abrazar a abuela, y ella me besa suavemente en el cachete.

—Mírala —dice a todo el mundo—. ¿Alguna vez pensamos que este día llegaría?

Mi hermano se ríe.

—No.

Cheíto abraza a abuela.

—Yo siempre lo supe.

Papi envuelve sus brazos alrededor de mí, luego se aleja, observándome.

—Estoy tan orgulloso de ti —dice con los ojos llorosos.

Meira, mi madrastra, nos toma una foto. Sólo han estado juntos cinco años, pero se siente como familia.

Alaina me abraza, sonriendo, con los ojos llorosos también. Alaina, que también está en la universidad, se graduará el próximo año, y después saldrá a ver el mundo.

—Estoy tan orgullosa de ti —dice.

Una vez que estemos dentro del estadio, haciendo fila con todos los demás graduandos, buscaré a mi familia entre la multitud.

Los encontraré: abuela sentada junto a Alaina en un lugar reservado para sillas de ruedas y, unas filas más arriba, papi, Meira, Anthony, tío y Cheíto. Allí sentada, con mi birrete y toga, todos los demás graduandos con sus birretes y sus togas, el estadio ensordecido con la gente hablando y riendo, los flashes, la gente aun buscando sus asientos, no puedo dejar de sonreír. Me siento abrumada por la felicidad, por el amor, por la esperanza, por la certeza de que algún día seré escritora. Pero también, más que cualquier otra cosa, desearía que mi madre estuviera aquí.

Miami, 2008

Es HALLOWEEN y mi madrastra, Meira, y su hija están organizando un party. Es en la casa de mi hermanastra, con tres dormitorios, una piscina, todos en la terraza de la piscina: hadas malvadas y hombres lobo, demasiados vampiros, Elvira, la Señora de la Oscuridad, al menos tres brujas diferentes. Cuento cuatro mujeres con trajes negros de gata sexy de la tienda de adornos, un Cat in the Hat sexy, un leopardo sexy, un gatito rosa sexy que claramente lleva algo que compró de Frederick's of Hollywood.

China y Flaca vienen con sus hijos, Flaca con su hijo de cuatro años, otro en camino, y China con sus dos niñas, de seis y de ocho. De todos mis amigos, soy la única que no tiene hijos.

Cuando Flaca me ve, da un paso atrás, riendo y riendo. «Nena, te ves loca pal carajo». Me toma la mano, mira mi Ring Pop azul, y acto seguido arranca una de las paletas que sobresalen del bolsillo trasero de mis mahones.

Cuando China me ve, se tapa la boca con los ojos bien abiertos, luego da vueltas a mi alrededor, chequeando cada detalle de mi traje. «¿De dónde sacaste esos aretes de bambú?», pregunta.

Le doy una paleta.

—Aventura Mall.

China y sus dos nenas también llevan disfraces de gato, orejas peludas con estampado de leopardo, colas, esposas peludas alrededor de sus muñecas, narices negras, bigotes pintados con eyeliner negro. Flaca es un gato negro, con un gatito en su vientre. Su hijo es Batman, y corre alrededor de la terraza de la piscina con los demás nenes, agitando su capa de Batman.

Se acerca gente que ni siquiera conozco, me mira, intentando adivinar mi disfraz, todo el mundo preguntando: «¿Y tú, de qué estás disfrazada?».

Mi hermanastro, Quentin, nos ve desde el otro lado de la casa, grita mi nombre: «¡Jaquiiiiii!». Así es como siempre me saluda. Se acerca, me da un abrazo de oso, y le presento a Flaca y China. Él es Michael Jackson. Me mira de arriba abajo. «¿Estás vestida de rapera?».

Flaca y China se ríen. Yo también me río. No me conocía de cuando era teenager. Pero Flaca y China sí lo entienden. Lo supieron desde el momento en que me vieron.

Llevo mahones holgados, una camiseta blanca, unas hightop Jordans, una cadena de oro alrededor del cuello, el pelo en trencitas. Me puse diecisiete piercings de embuste, argollas de oro de mentira, y aretes en miniatura; llevo los labios delineados con lipliner marrón oscuro, un lipstick marrón, eyeliner delineado intensamente y sabe Dios cuántas capas de mascara. Me pinté un ojo morado y sangre de embuste debajo de mi nariz, en mis nudillos. Me llené los bolsillos de Charms Blow Pops y Ring Pops.

—Soy yo —digo—. De teenager.

Y luego China y Flaca y yo empezamos a contar historias, recordando cuando éramos apenas unas nenas. La vez que Kilo y yo les tiramos huevos a unos tipos que luego regresaron donde nosotros con pistola en mano. La vez que todos nos pintamos nuestras caras blancas a lo *Dead Presidents*, nos pusimos pantalones militares y nos fuimos a Society Hill, bailamos hasta que cerró el sitio, y cómo no sabíamos que meses después, todo ardería en llamas. El año que compré mi primer carro, un Mazda Millenia que compré de un concesionario de carros usados, cómo llenábamos el carro de gente, yo y Flaca y Cisco y Omar y China y la hermanita de Flaca, cómo fuimos a Orlando, y nos fumamos dos blunts antes de tropezarnos de frente con Terror on Church Street, todos nosotros gritando y riéndonos tan fuerte que hasta lloramos.

Flaca y China se van a jugar con los nenes, y yo paso el resto del party flirteando con Quentin, y más tarde esa noche, sola en el baño de papi, voy a recordar cuando Halloween se trataba de monstruos, cómo una noche de Halloween hace dieciocho años Ana María Cardona y Olivia González arrojaron el cuerpo de Lázaro fuera de la casa en North Bay Road, cómo he pensado en él cada Halloween desde entonces, con todas esas paletas en mis bolsillos, pensando en cómo ahora sería un hombre. Y cuando estoy parada frente al botiquín de mi padre, cuando me enjuago el maquillaje, cuando me seco la cara con una toalla que mi madrastra ha dejado para mí en el lavamanos, cuando me miro en el espejo, mis labios y mi lengua azules por todos esos dulces, me parece imposible que alguna vez fuéramos esas personas, que yo alguna vez haya sido esa muchacha. Cómo nunca volveremos a ser esas personas, esas muchachas, jamás.

Miami Beach, 2014

EN EL VERANO, después de estar fuera durante casi una década —en siete ciudades en menos de diez años— me mudo de vuelta a Miami Beach con Cheíto. Quería estar más cerca de mami, lo suficientemente cerca como para caminar a su casa, para llevarla a la playa los sábados por la mañana, para formar parte de su vida nuevamente, para tenerla en la mía.

Encuentro un apartamento en North Beach, a dos cuadras del mar, a diez minutos a pie de Normandy Isle. Por la mañana, tomo la guagua al centro de Miami para trabajar. Por la tarde, tomo la guagua de vuelta, bajo por el North Beach Bandshell, que solía usarse como pista de patinaje en su época, antes de que llegasen todas las agencias de modelaje y restaurantes de lujo, cuando los productores de películas y equipos de videos musicales se largaban de nuestro vecindario, a menos que vinieran a comprar drogas.

Llevaba de vuelta en Miami Beach apenas unas semanas cuando recibí una llamada de titi Xiomara.

—Tu madre se está muriendo —dice, con la voz entrecortada—. Tenemos que hacer algo.

Tras todos estos años de vivir con esquizofrenia, adicción y parkinsonismo causado por las drogas, mi madre también ha sido diagnosticada con enfisema, síndrome de Diógenes y varias otras enfermedades. La mayor parte de los días apenas puede respirar. En un par de años, le removerían una masa del pecho y, meses después, otra masa del pulmón.

Regresé a Miami Beach por mi madre, pero el día que titi Xiomara me llama, aún no la he visto.

He ido a su edificio, he tocado y tocado la puerta hasta que los vecinos abren sus puertas para mirarme y preguntarme a quién busco.

—No sabía que tenía una hija —dicen a veces, pero nunca logro saber si lo que realmente quieren decir es: «Ella nunca habla de ti» o «¿Cómo puedes dejar que tu madre viva así?».

Es cierto. Mi madre se está muriendo. Dolorosamente. De adicción y de enfermedad mental, de soledad, de desesperación. Mi madre lleva muriéndose más de veinticinco años.

Miami Beach, 2015

ANA MARÍA CARDONA había pasado veintidós años esperando la pena de muerte cuando recibí su primera carta. Cuando llegó a la prisión de Florida Lowell en 1992 tenía treinta años y era una madre joven.

En sus cartas me dice que fue agredida sexualmente cuando era niña, que intentó suicidarse varias veces de teenager, que a los dieciséis años estaba consumiendo drogas, bebiendo, chingando en las calles. Llegó a los Estados Unidos en 1980 durante el éxodo de Mariel, dice, sola y embarazada, y se prostituyó por desesperación. Vivió en las calles durante un tiempo, tuvo dos hijos y luego conoció a Fidel Figueroa, el padre de Lázaro, un narcotraficante de Miami. Pronto empezó a consumir cocaína. Antes de que lo supiera, ya era una adicta.

Diez años después de su primera condena, tras varias apelaciones e investigaciones, se descubre algo: en 2002, un tribunal de apelaciones descubre que el estado de Florida retuvo evidencia de la defensa que debía haber sido revelada. Durante sus entrevistas con la policía, Olivia González confesó que había mentido a los investigadores, que golpeó a Lázaro en la cabeza con un bate de béisbol. Admitió a regañadientes que el golpe fue tan duro que cabría la posibilidad de que pudiera haberle causado la muerte a

Lázaro. Y había pruebas contundentes para apoyar la teoría de que González lo había matado: el médico forense había informado inicialmente que el trauma de un golpe contundente había sido la causa de la muerte.

Una tarde de mayo, recibo otra carta:

Toda mi familia murió en Cuba, me escribe. *Lo único que me queda son Dios y mis hijos. Es difícil. Te encuentras en la calle con niños pequeños, como me sucedió a mí, y ni una sola persona extiende su mano.*

Ella niega haber torturado a Lázaro, insiste en que estaba drogada mientras fue abusado. Cree que estaría vivo si no fuera por Olivia González, admite que dejó que Olivia lo golpeara mientras estaba bajo los efectos del crack, que no pudo protegerlo. Hizo lo que pudo para poner un techo sobre sus cabezas, incluyendo, decía, soportar su relación con Olivia.

He leído la mayor parte de esas cosas antes, en sus cartas, en las transcripciones de los juicios. He leído testimonio tras testimonio, detalles menores que van cambiando aquí y allí. A veces, hay enormes discrepancias: algunos informes dicen que Cardona tiene tres hijos. Algunos dicen que cuatro. Ella me dice que tiene tres nenes vivos al sol de hoy. No pregunto por ellos, sus nombres, sus edades. No quiero saberlo: durante todos esos años, fueron también víctimas. Pero no deja de hablar de ellos. Son su vida entera, dice. Ahora todos son adultos, y espera tener una relación con ellos, si logra salir de prisión.

Sigo leyendo, y finalmente dice una cosa que no he oído antes: cuando comenzó su segundo juicio, se le ofreció un acuerdo de culpabilidad. Si se hubiera declarado culpable de un cargo menor, habría sido sentenciada a veinte años. Con el tiempo cumplido, ya estaría fuera.

Pero me negué, escribe. *No firmaré un papel que dice algo que no hice. Estoy lista para morir...* Ella quiere que sus hijos sepan que ella no mató a Lázaro, dice. Quiere que sepan la verdad.

Anthony se lleva a mami a un apartamento a pocas cuadras de mi edificio, a pasos de la playa. Por un tiempo, paro en casa de mami casi todos los días. Limpio su baño, le traigo comida de su restaurante chino favorito en Collins Avenue, le dejo unos billetes en el counter de la cocina. A veces cocino para ella en casa, camino allá y le dejo unos Tupperware con arroz y habichuelas, chuletas de cerdo, estofado de ternera, pollo frito y tostones. A veces suelto sábanas para su cama, toallas, un traje, un par de tenis, pasta de dientes, jabón.

En el Día de las Madres, le compro a mami una tarjeta, un arreglo de claveles de Walgreens, nada fancy. Hago comida en casa y me siento con ella en el patio. Bebemos café con leche mientras ella fuma como chimenea, lanza trozos de pan a las palomas, trabaja en su pequeño jardín. Cuando el sol se pone, abre una lata de atún y la deja fuera para un gato realengo que llama Mishu, flaco y color negro esmoquin con una sola oreja.

Vivo tan cerca del mar, tan cerca de mi madre, a un corto paseo del parque donde conviven tantos de mis recuerdos.

No he dormido bien. A veces me pongo mis chancletas y me voy a pasear a lo largo de la orilla. A veces corro por el malecón. A veces voy en bicicleta hasta Haulover y regreso. Creo que esto me ayudará a dormir, pero luego me recuesto en la cama, despierta.

Y dondequiera que voy, en bicicleta por el malecón, acostada en la playa, empujando mi carrito de compras dentro de la bodega del barrio, esperando en la guagua de camino al trabajo, creo que la veo, a mi abuela, a Mercy. Lleva cuatro años muerta, pero es

ella. Estoy segura de ello. Los mismos ojos verdes que mi madre,
el mismo swing de sus caderas. Mi abuela, como un fantasma,
acechando.

Y me pregunto si mami también la ve.

A VECES ME despierto en medio de la noche, arrancada de un sueño por las palabras de Ana, sus cartas. *Yo no maté a mi bebé*, dice.

Me visto, cojo las llaves de mi carro, me dirijo a la casa de
North Bay Road. Sé que esto es una locura mientras conduzco
rumbo al sur por Alton Road a las dos de la mañana, desacelero,
giro a la calle Cincuenta y Cuatro, paro en seco frente a la entrada
circular. Pero esta casa tiene algo.

Yo no maté a mi bebé, dice en sus cartas, aunque nunca pregunté si lo hizo. Al menos no con esas palabras. No quiero ser el
tipo de persona que hace ese tipo de pregunta, el tipo de persona
que busca los artículos de periódicos y ve imágenes de los noticieros que se emitieron hace más de veinte años, el tipo de persona
que pasa días repasando las transcripciones del juicio y dejando
mensajes para abogados de defensa y fiscales.

Son más de las dos de la mañana y estoy sentada en mi carro
frente a la casa en North Bay Road. En menos de un año, su con-
vicción será anulada. En menos de un año, será librada de la pena
de muerte.

Mañana enviaré otra carta.

HE ESTADO DE vuelta en Miami Beach durante un año, después
de pasar un verano en Puerto Rico, donde participé de varias
manifestaciones: con los maestros mal pagados que protestan en
contra de la privatización de las escuelas públicas, con los estudiantes que protestan el estatus colonial de Puerto Rico bajo el

gobierno estadounidense, con los activistas que piden la liberación de Oscar López Rivera, el preso político puertorriqueño que más tiempo ha pasado en la cárcel y que cumple una sentencia de setenta años por «conspiración sediciosa».

Desde que regresé, mis padres han estado crónicamente enfermos, uno tras otro. Ambos han estado entrando y saliendo de los hospitales durante meses. A pesar de que he estado escribiendo, me siento incapaz de escribir algo significativo. Llega sin previo aviso, una depresión severa y paralizante. Del tipo suicida. Sigue empeorando, y de repente me estoy autodestruyendo. Salgo del mi trabajo un día y nunca regreso. Tengo otra aventura amorosa imprudente. Destruyo mi matrimonio, otra vez, y destruyo a Cheíto, un hombre que me adora.

Tras varias noches en vela, me encuentro sentada en el piso de la cocina con un cuchillo, sin recordar cómo llegué allí, pero tratando de juntar el coraje suficiente para rajarme las muñecas. Durante días, pienso en Mercy. Durante días, los cinco frascos de pastillas, la carta de suicidio. Durante días, pienso que tiene perfecto sentido, que es el principio del fin, que siempre se ha estado terminando.

Cheíto me encuentra en la cocina esa noche, me quita el cuchillo y me lleva a la cama. Se acuesta conmigo, me abraza hasta que me quedo dormida. No lo sabe todavía, ni yo tampoco, pero pronto empacaré mi ropa, mis libros, todas mis cosas y lo dejaré por última vez.

Al día siguiente, China y Boogie me llaman desde el carro de Boogie. Están fuera de mi edificio.

—Vístete —me dice Boogie—. Vamos a salir a cenar.

Me pongo una camiseta sin mangas, unos mahones, chancletas. Nos sentamos a hablar mierda durante horas en Flanigan's, comiendo costillas y papas fritas y key lime pie.

—¿Cómo va la escritura? —pregunta Boogie.

No les hablo de la tristeza, ni del no dormir, ni de las noches en que me pongo una camiseta, unos shorts y me voy a caminar rumbo a la playa a medianoche, a la una de la madrugada, mientras Cheíto duerme. Cómo me paro en la oscuridad, escuchando la resaca de las olas. Cómo una vez, cuando tenía dieciséis años, un cliente en la farmacia donde trabajaba —sus mejillas estaban rojas, sus ojos ensangrentados, olía a jerga de una semana— me dijo que podía ver mi futuro. *Eres hija de Yemayá*, dijo, *madre del agua*. Cómo me dijo que fue el mar quien me creó, y que al mar debía de volver. *Morirás ahogada, cuando Yemayá te llame a casa.*

Hablamos de películas y de televisión, de Daddy Yankee, de Rihanna y de Drake. Nos reímos cuando el mesero trajo tres cucharas para mi key lime pie y le dije que se llevase dos cucharas porque no iba a compartir un carajo. Nos reímos cuando alguien pone «So anxious» de Ginuwine en la vellonera y ya han pasado más de diez años desde la última vez que la escuché, pero me sé todas las letras, y de repente todas sentimos lo viejas que estamos.

—Fuck that —digo—. Yo dejé de envejecer a los veintisiete.

Nada ha mejorado, todavía no, y lo sé, pero al menos tengo mis nenas. Es como si me hubieran oído llamarlas a millas y millas de distancia. Y esa noche, y la noche después de ésa, finalmente, dormiré.

Puerto Rico 2015

ESE VERANO, REGRESO al caserío Padre Rivera. Paso por la tienda de dulces en carro y viro, más allá del portón, lista para ver la cancha donde papi me enseñó a tirar al canasto. Chequeo nuestro viejo apartamento, mi primera escuela elemental, guío alrededor del edificio de Eggy para ver si puedo parquear cerca de la plaza. Me pregunto si todavía vive aquí, pero sé que es improbable. Recuerdo como si fuera ayer a los nenes que corrían sus bicicletas con sus pistolas, cómo escuché en las noticias esa mañana que justo allí mismo hubo un tiroteo la semana pasada, y dos personas fueron asesinadas.

He estado dentro del caserío menos de cinco minutos cuando un niño en una bicicleta se acerca al carro, haciéndome señas para que baje la ventanilla.

—¿Qué haces aquí? —me pregunta.

No puede tener más de dieciséis.

—Estoy de visita —le digo—. Yo nací aquí.

Le cuento que fui a la escuela elemental de la siguiente cuadra, que vivía al otro lado de la calle y que corría su bicicleta por allí. Señaló mi viejo edificio.

Mantiene las manos en el manillar, revisa el interior de mi carro un rato, luego me da las direcciones para la salida más cercana, a pesar de que no se las he pedido.

—Yo sé pa dónde ir —digo—. Yo vivía aquí.

—Tú no eres de aquí —dice.

Luego pedalea, desapareciendo a la vuelta de la esquina.

Puerto Rico, 1950

Dos años después de que aprobaran la Ley 53 en Puerto Rico, una ley de mordaza que buscaba reprimir a los activistas independentistas, que criminalizó exhibir o poseer una bandera puertorriqueña, cantar «La Borinqueña», organizarse o hablar en contra del gobierno de los Estados Unidos, los ciudadanos y los nacionalistas boricuas fueron arrestados por toda la isla. Sus crímenes:

exhibir la bandera, abogar por la independencia, hablar en contra del gobierno estadounidense o el gobernador designado por los Estados Unidos. Cada persona cumplió hasta diez años en la cárcel de La Princesa, sin juicio, sin el debido proceso.

La policía había estado tratando de capturar a Pedro Albizu Campos, que había estado fuera de la prisión durante unos tres años. Había estado ganando seguidores, hablando públicamente sobre la independencia, organizándose. Así que cazaron a sus amigos, otros miembros del Partido Nacionalista, a cualquiera que sospecharan que podría estar ayudándolo. El 27 de octubre, la policía de Peñuelas asesinó a cuatro personas durante una parada de tráfico.

Aquel día, Albizu Campos fue arrestado en su casa en San Juan, enviado de vuelta a La Princesa, donde viviría el resto de sus días. Años más tarde, nos enteraríamos de cómo había sido torturado con radiación. Leeríamos las declaraciones de los médicos confirmando que las heridas en sus piernas eran quemaduras por radiación. Veríamos fotos de sus piernas hinchadas y carbonizadas, incapaz de ponerse de pie. Y sabríamos que había sido asesinado por un gobierno colonial, en su propio país, por querer la independencia.

Tres días después de su arresto, los nacionalistas se rebelaron.

En Jayuya, Blanca Canales, quien había estado acumulando armas y municiones, reunió a un grupo de nacionalistas, los llevó al cuartel de policía, a la oficina de correos y a través del pueblo. Allí, en el centro de Jayuya, izaron la bandera puertorriqueña prohibida, declarando a Puerto Rico una república libre. Durante tres días, Puerto Rico —o por lo menos Jayuya— fue libre.

En Utuado, otro grupo de nacionalistas se tiroteó con la policía. La mayoría fueron asesinados; el resto se retiró, escondiéndose en la casa de uno de los líderes. Para tratar con ellos, el gobernador, Luis Muñoz Marín, llamó a la Guardia Nacional estadounidense. Y fue así como, en noviembre de 1950, pilotos estadounidenses bombardearon los pueblos de Jayuya y Utuado. Más tarde, después de que los pueblos hubieran sido aplacados por las bombas estadounidenses, después de que la gente de Utuado y de Jayuya hubiera muerto, después de que la Guardia Nacional caminara por las calles con sus ametralladoras y sus bayonetas y hubieran ocupado la tierra que había sido saqueada una y otra vez, después de que ordenaran a los nacionalistas sobrevivientes rendirse, después de escoltarlos por la calle Doctor Cueto a la plaza de Utuado, donde se les ordenó quitarse los zapatos, sus correas, todo lo que tenían, todo el mundo oyó los tiros. La Guardia Nacional había detenido a los sobrevivientes. Los había llevado detrás del cuartel local de la policía. Los alineó. Sus espaldas contra la pared, con los ojos abiertos. El más joven tenía sólo diecisiete, suplicando por agua, rogando por su vida, bayoneado una y otra vez hasta que murió. Julio Colón Feliciano, Antonio Ramos, Agustín Quiñones Mercado, Heriberto Castro y Antonio González. Todos ejecutados por soldados estadounidenses sin que se les celebrara un juicio.

Puerto Rico 2016

Estoy escribiendo un artículo para *The Guardian* sobre Oscar López Rivera. Después de hablar con su abogado por teléfono, me encuentro con un grupo de activistas en el Viejo San Juan. Hablamos unos minutos, luego caminamos. A lo largo de las calles adoquinadas, me encuentro con un mural en un edificio en la calle de Tetuán donde alguien escribió: «Mandela sigue igual de avergonzado. Libertad para Oscar». Por todas partes de la ciudad, la gente lleva camisetas que dicen LIBERTAD PARA OSCAR, los estudiantes universitarios salen a las calles con pancartas improvisadas, pidiendo su liberación.

Esa tarde, caminando por el Viejo San Juan, entro en la antigua prisión La Princesa, donde Juan Antonio Corretjer y Pedro Albizu Campos fueron encarcelados. En 1993, La Princesa fue rebautizada, y ahora es la Compañía de Turismo de Puerto Rico, un edificio con aire acondicionado que alberga una galería de arte, un piano de cola, donde se pueden conseguir mapas del trolley turístico que recorre el Viejo San Juan.

La Princesa está llena. Las familias caminan, los turistas se toman selfies, estudian sus mapas, les echan un vistazo a las esculturas y las pinturas, dándome sus celulares para que tome sus fotos en el lugar donde tanta gente murió, donde, durante los años de la Ley Mordaza las personas fueron encarceladas por ondear banderas puertorriqueñas, por celebrar asambleas, por querer la independencia. La Princesa, una sala de tortura donde la gente murió de hambre, donde Pedro Albizu Campos pasó décadas viviendo entre ratas, sobrellevando quemaduras permanentes por radiación, con las piernas hinchadas y carbonizadas. La Princesa, un sitio donde conviven nuestros fantasmas, nuestra historia ahí mismo para que la veamos, pero que ninguno de nosotros realmente logra ver.

Conozco en algo ese intermedio, entre ser vista pero no ser vista realmente. He vivido allí toda mi vida. O sea, literalmente soy hija del colonialismo, nacida en la pobreza en una isla que fue ocupada y saqueada, primero por los colonizadores españoles, luego por los estadounidenses. Mi familia, aunque también son ciudadanos estadounidenses, son sujetos coloniales, y la mayor parte de lo que sabemos acerca de nuestra familia negra es limitado debido a la esclavitud. Podemos rastrear nuestro pasado hasta Haití, pero antes de eso, nada. Como la mayoría de los negros en los Estados Unidos, el Caribe y Latinoamérica, nuestras historias, nuestras culturas, nuestra gente, fueron robadas.

En el patio, dos de las celdas están en su estado original: paredes de piedra, barras oxidadas, el olor a orín seco, a mierda de paloma. Incluso en el calor del verano, los turistas hacen fila para tomarse fotos.

Una mujer se acerca, me pregunta si le puedo tomar una foto a ella y a sus dos niños. Agarro su teléfono, me paro frente a una de las celdas. Tomo la foto.

—Gracias, mamita —dice.

Y entonces, sin pensarlo, le doy el mío para que me tome una foto a mí.

Qué fuerte es nuestro deseo colectivo de borrar nuestra historia, nuestro dolor.

Qué fácil nos permitimos olvidar.

DESPUÉS DE IRME de San Juan, paso un par de días pa rriba y pa abajo guiando por caminos escabrosos de montaña, abrazando las curvas, cantando «Un amor de la calle» de Héctor Lavoe. Llamo a papi desde la carretera para contarle, para contarle sobre mi viaje por la montaña, adentrada en la isla, sin señal, sin GPS, todo el camino hasta Cerro Maravilla, donde dos jóvenes activistas independentistas, estudiantes universitarios, fueron asesinados por la policía en 1978. Le cuento cómo junto a la antena de una torre de comunicación en la punta del Cerro Maravilla, encontré un pequeño homenaje bajo una bandera de Puerto Rico a su nombre, con dos cruces, una para Carlos Soto

Arriví, y otra para Arnaldo Darío Rosado, con sus retratos y las palabras «Prohibido Olvidar».

—Llámame de nuevo mañana —me dice papi antes de despedirnos.

Guío al pueblo de Comerío para ver a mi tío David. Al cruzar de la calle de la iglesia católica en la plaza del pueblo, frente a la Parroquia Santo Cristo de la Salud, donde mi tío es uno de los sacerdotes, encuentro un mural: el rostro de Oscar López Rivera, las montañas, la bandera. Oscar no se olvida.

Tío y yo almorzamos en un nuevo restaurante en el Hotel Media Luna, con vistas a los barrancos, donde hablamos de cuánto Comerío está creciendo. Ha envejecido: su afro ahora tiene tonos grises, sus espejuelos se han vuelto más gruesos. Pero sonríe tanto. Es feliz.

—¿Cómo está tu pai? —pregunta, y durante la próxima hora hablamos, nos reímos.

Pedimos cervezas y hablamos de papi que ahora está divorciado y se fue a vivir con Anthony. Hablamos de Anthony, que ahora tiene un bebé. Hablamos de Alaina, que está en el extranjero, viendo el mundo, rescatando animales. Hablamos de mi escritura.

—Algo hizo bien tu abuela —dice.

Entiendo que me quiere decir que está orgulloso de mí, y me doy cuenta de que, a pesar de que es un sacerdote, y un hombre, me parezco mucho a mi tío. Es independentista, como mi padre lo fue hace tantos años, que todavía lee la poesía de Corretjer y de Burgos, que mira el mural de Oscar López Rivera al otro lado de la calle de la parroquia y se siente orgulloso de vivir en un pueblo que aún se aferra firmemente a la cultura puertorriqueña. Nosotros aún no lo sabemos, pero dentro de un año el huracán María golpeará Puerto Rico, dejando a nuestra gente en la oscuridad, sin luz, sin agua, sin ayuda. Pasará por Comerío, arrasará tan fuerte que el Hotel Media Luna sufrirá daños, el área alrededor del hotel se inundará y los niveles de agua en el Río de la Plata se elevarán a más de once pies sobre la orilla, causando inundaciones repentinas, destruyendo la mayoría de las casas, arrasando con gran parte del pueblo. No sabría nada de tío durante más de un mes. Pero no sabemos nada de eso todavía, así que, por ahora, estamos bien.

Cuando lo suelto en la parroquia, lo abrazo fuerte, le prometo volver más tarde esa semana.

Guío por las montañas de Comerío, me detengo al borde de la Ruta 167, con vistas a una de las represas hidroeléctricas del Río de la Plata. Me bajo del carro, subo a un área rocosa sobre la represa y el río. Después de que María nos impacte, la represa se romperá y el río inundará todo Comerío, ahogando casas enteras, y durante semanas la gente en la comunidad extraerá barro de sus salas, de sus cuartos. Pero ese verano no. Ese verano hay sequía, y el suroeste de la isla está completamente seco, seco. Ayer, camino a Ponce, vi un pequeño fuego por el lado de la carretera, la grama muerta carbonizada y negra. Pero aquí, el agua desciende a la represa, las montañas verdes nos rodean, las casas escondidas entre sus árboles, el río rocoso por debajo. El aire es caliente y húmedo, y no oigo nada más que el ruido de la cascada, un largo y suave *shhhhhhhh*. Nubes de niebla se elevan, gotitas salpican mis brazos desnudos y cara, el llamado del agua, alcanzándome.

Mañana me subiré al carro nuevamente y guiaré a Ciales. Un puñado de hombres jugarán al dominó al frente del porche de alguien a medida que entro por la calle principal. Un puñado de perros satos vagarán por el barrio. Una mujer empujará su cochecito de bebé a través de la calle. Y luego, de pie en la misma plaza donde vi a Juan Antonio Corretjer por primera vez, con mi libreta en mi bulto de mensajera, con la foto de Lolita Lebrón escondida entre sus páginas, intentaré memorizar el azul de ese cielo, y seré de nuevo esa nenita, la hija de mi padre.

Miami, 2017

SHORTY ME RECOGE en Miami. Sus dos hijos, Arianna, que tiene doce, y Sean, trece, van en la parte de atrás de la guagua y yo voy en el asiento del pasajero. Vamos rumbo al sur hacia su casa, nos paramos en un restaurante peruano en el camino. Me siento junto a Shorty y los nenes se ríen al otro lado de la mesa, bebiendo sus jugos y divirtiéndose entre ellos, sonriendo. Es aterrador lo mucho que se parecen a ella, lo mucho que sonríen, lo felices que son, lo graciosos. Tienen sus ojos, su sonrisa, su risa particular, sus hoyuelos.

—No puedo creer que pariste a dos humanos —digo—, y se parecen tanto a ti.

Es algo que digo una y otra vez, a cada uno de mis panas, porque es verdad. No puedo creer que seamos tan viejos, que realmente lo hayamos logrado, que todos tengan hijos y que algunos de esos nenes ya hayan crecido. Algunos de ellos están en la universidad, tienen sus propios carros, sus propias relaciones.

A Arianna le gusta la música y el arte, y hablamos de sus dibujos, de leer música, de cantar, de una nueva amiga que hizo en la escuela. Sean es escritor. Escribe sátira sobre candidatos presidenciales, historias largas sobre héroes y magia, ensayos sobre su familia. Cuando lleguemos a su casa más tarde, imprimirá una de sus historias, me la dará, y la leeré, le haré algunas observaciones y antes de irme de su casa, me abrazará, y Arianna me abrazará, y mi corazón anhelará una familia propia.

POR FAVOR, ESCRÍBEME, dice en una carta fechada el 20 de julio. *He estado pensando mucho en ti. Necesito tu ayuda.*
    No le escribo de vuelta.
    Por favor, escríbeme, dice en una carta fechada el 27 de julio. *Mi nuevo juicio comienza el 27 de noviembre. Estoy luchando por mi vida.*
    No le escribo de vuelta.
    Por favor, escríbeme, dice en una carta fechada el 30 de julio. *Necesito tu ayuda. Yo no maté a mi hijo.*
    No le escribo de vuelta.
    A finales de noviembre, cuando empieza el tercer juicio de Ana María Cardona, vuelo a Miami desde Ohio, donde estoy viviendo temporeramente por una beca de escritura.
    En el tribunal, día tras día, me siento con otros periodistas que cubren la historia para *Rolling Stone*, el *Miami Herald*, ABC News, NBC. Todos tomamos notas detalladamente, miramos hacia otro lado cuando nuestros ojos se encuentran. Todos llevan trajes, blazers, pantalones planchados. Yo llevo un hoodie gris, mahones, tenis. Todos ellos tienen empleos full time, trabajan para *Newsweek* y CBS. Yo he estado tratando de sobrevivir con trabajos freelance, becas y enseñando.
    Ana está sentada con su abogado de defensa, Steve Yermish, con quien hablé por teléfono hace unos meses. En el banquillo del jurado, los jurados toman notas, escuchando atentamente cómo el fiscal presenta la evidencia. Ninguno de los jurados mira a Ana.
    Después de unas horas, uno de los jurados comienza a dormirse. Lo observo por un rato. Su cabeza se va de lado inesperadamente, y

me ve mirándolo, mueve los pies. A partir de ahora, me mirará, me buscará en la sala para ver si lo he pillado durmiéndose nuevamente. Y sí que lo he hecho, varias veces. Cada vez que nuestras miradas se encuentran, lo sabemos.

En una, cuando los abogados piden un turno en privado, Ana Cardona mira al otro lado del tribunal, donde he estado sentada todo este tiempo. Es la primera vez que la veo mirar donde mí. Se ve demacrada, cansada. Cuando nuestras miradas se encuentran, me pregunto si sabe quién soy. Me mira casi demasiado tiempo, sin expresión facial. Cuando el señor Yermish vuelve a sentarse a su lado, aparta la mirada.

El fiscal, Reid Rubin, saca una foto, la coloca en un proyector para mostrársela al jurado, para que toda la sala la vea. Es el cuerpo de Lázaro en la mesa de la autopsia. La he visto antes. Un lado de su rostro magullado, ennegrecido, con los ojos hinchados y cerrados, su cuerpo flaco desnutrido, roto. Me quedo sin aliento, aparto la mirada, miro hacia abajo a mis tenis, a mis apuntes. Detrás de mí, varias personas también se quedan sin aliento, una mujer dice: «Ay, Dios mío».

Reid Rubin alza la voz.

—Ella lo mató lentamente —dice—. Con el tiempo.

Ojeo el otro lado de la sala, a Ana.

Sus ojos se ensanchan.

—Oh my God —dice dramáticamente, negando con la cabeza.

El señor Yermish pone la mano sobre su mano, le susurra algo que no logro escuchar, y ella se calla.

El fiscal saca otra foto, la proyecta. Desde un ángulo diferente. Comienza a describir todas las lesiones, cada una de ellas, en detalle.

Empiezo a sentirme mareada, ansiosa. Mis ojos empiezan a humedecerse. Detrás de mí, una mujer dice: «Ay, Dios mío» cada vez que el fiscal describe otra lesión.

Considero irme, chequeo detrás de mí a los otros periodistas, escritores, corresponsales.

Nadie se levanta.

Me quedo.

Ante el tribunal, mirando al jurado, Reid Rubin dice:

—Después de que Lázaro muriera, ellas fueron a Disney World. Mientras la policía la trasladaba a Miami desde Orlando, se besuqueaba con Olivia en la parte trasera de la patrulla.

Y ahí es que lo veo: mientras el señor Rubin describe lesión tras lesión, los detalles de cada hueso roto, señala a la foto ampliada, cada diente roto y quemadura de cigarrillo y fractura de cráneo, Ana cabecea con los ojos cerrados. Detrás de mí, una mujer dice: «¿Se está quedando dormida? Wow. No me lo puedo creer».

El señor Rubin mira al jurado, señala la foto ampliada de Lázaro en la mesa de autopsias y dice:

—Según el examinador médico, el bebé ya lucía así desde hacía meses.

El señor Rubin mira al jurado, dice:

— Señoras y señores, ustedes la oyeron. En el estrado, dijo que la última vez que vio a su hijo fue en agosto. Y luego, cuando le pregunté qué hicieron por el cumpleaños del bebé, dijo que le cantó «Feliz Cumpleaños», que ella lo abrazó.

El señor Rubin mira al jurado, dice:

—Por cierto, su cumpleaños fue el 18 de octubre. Menos de dos semanas antes de morir.

El señor Rubin mira al jurado, dice:

—Ella confesó tres veces en el estrado. La pillaron mintiendo en tres ocasiones distintas.

Dentro de unos meses, después de que termine el tercer juicio, un amigo me preguntará: «¿Por qué te atrae tanto la gente que hace cosas terribles? ¿Por qué todas las personas sobre las que escribes están en prisión?».

En el área del jurado, todos los jurados están despiertos, tomando notas. Al otro lado de la sala, Ana cabecea.

Gambier, 2017

ESTOY A PUNTO de culminar mi beca de escritura, preparándome para volver a Miami, de nuevo, cuando me entero de lo de Chanty. Es China quien me llama para decírmelo.

—Dios mío, Jaqui. ¿Has mirado Facebook hoy?

Estuve ocupada todo el día, enseñando, escribiendo, calificando el trabajo de los estudiantes.

—¿Qué pasó?

—Chanty murió —dice.

Ella sigue hablando, explicando lo que leyó en el perfil de Chanty, la gente despidiéndose, cómo había estado luchando contra la drogadicción por mucho tiempo. No digo nada. No he visto a Chanty en casi veinte años, no he hablado con ella desde que tenía dieciséis años y trabajaba en la farmacia.

Me llevo el teléfono a la mesa de comedor y entro a Facebook en mi laptop, le echo un vistazo al perfil de Chanty.

—Es verdad —digo finalmente.

—Lo sé, Jaqui. Te lo acabo de decir.

Me quedo con China en el teléfono durante mucho tiempo, callada mientras ella habla.

—No puedo creerlo —empieza a decir, y luego la dejo de escuchar.

Miro todos los mensajes publicados en su perfil, todos de gente que no conozco. No hay un solo mensaje, ni uno, de alguna persona que conozca. Busco mensajes de sus hermanas, de su madre. Y entonces me doy cuenta de que eso es lo que estoy buscando, a su madre. Quiero saber si su mama está bien.

—Yo tampoco puedo creerlo —le digo a China.

Más tarde, en la ducha, pensaré en comunicarme con su madre. Pero no lo haré, porque no sé qué decir, cómo decirlo. ¿Qué podría decirle? Que Chanty fue una de las primeras amigas que tuve cuando llegamos a Miami. Que se sentó frente a mí en cuarto grado. Que era inteligente, divertida y revoltosa. Que yo tenía un diastema y que a veces me llamaba «Gapita». Que cantamos juntas en sexto grado, en el coro, por los pasillos de la Escuela Elemental Ida M. Fisher, al son de Wilson Phillips y Whitney Houston y Mariah Carey. Que tenía razón al apartarme de ella, que sé que ella estaba tratando de proteger a Chanty. Que Chanty era mi amiga. Que me importaba. Que lamento que ya no esté.

Puerto Rico, 2017

DESPUÉS DE QUE el huracán María arrasa con Puerto Rico, no logro encontrar a mi tío. Llamo a todos mis conocidos en la isla. Me pongo en contacto con organizaciones de voluntarios. Publico fotos por todas las redes sociales. Me pongo en contacto con un grupo de bomberos voluntarios que viajan por toda la isla rescatando y chequeando a la gente usando teléfonos satelitales, crean una web improvisada para que las víctimas se hagan check in, para que pidan ayuda, usando un mapa de rescate. Llamo. Llamo. Llamo. Hay equipos de rescate en la isla, me dicen, pero algunos caminos están destruidos, algunos caminos están inundados, algunos puentes se han derrumbado. No hay manera de llegar a Comerío ahora mismo.

En San Juan, el barco hospital de la Marina no ha llegado. En Humacao, mi titi Jenesis, que es diabética, necesita ver a un médico, pero no puede llegar al hospital. En Caguas, un primo pierde su casa. En Naguabo, nadie ha visto ni ha oído de FEMA, nadie tiene agua ni luz.

En la televisión, Trump lanza rollos de papel toalla a los sobrevivientes del huracán, los tira como si estuviera tirando al canasto. Sonríe para un selfie, luego mira a la cámara y dice: «Hay mucho amor en esta sala», dice, «a lot of love in this room».

Más tarde, durante una conferencia de prensa, afirmará que sólo dieciséis personas murieron en Puerto Rico. Que debemos estar «muy orgullosos» de que no tuvimos «una verdadera catástrofe como Katrina». Un año después, los investigadores de Harvard revelarán que murieron más de cuatro mil puertorriqueños.

Pero ahora mismo, mi tío está desaparecido y la gente no tiene agua, ni luz, ni ayuda, y Trump les está tirando rollos de papel toalla y felicitándose a sí mismo y diciéndonos que debemos estar orgullosos.

Sigo llamando. Envío dinero para gasolina, comida, agua. Envío cajas de suministros. Llamo. Llamo. No duermo. Todos los días, mi tío está desaparecido. Todos los días podría estar herido, o haber muerto o estar muriéndose de sed. *Vox* informa de que hay una crisis de suicidios en la isla tras el huracán. Cerca de diez mil personas llaman a la línea directa de suicidio del Departamento de Salud en tres meses. Todos los días mi tío está desaparecido. Todos los días no duermo. Todos los días no siento nada, excepto rabia. Y finalmente, un día suena el teléfono, y es él.

Miami Beach, 2017

Llego a Miami la semana de Acción de Gracias. No he regresado en un año y medio y, durante ese tiempo, la salud de mi madre se ha deteriorado. Ha estado en el hospital al menos cuatro veces este año.

Pasamos el jueves en el hospital, mami conectada al oxígeno. Tiene neumonía por segunda vez este año, tiene problemas para respirar, para hablar y no quiere más tratamiento. Comerá sólo gelatina y caldo y nada más. Tomaré café negro durante cuatro horas seguidas y luego me encerraré en el baño con palpitaciones. No dormiré hasta dentro de tres días. La dejaré en una semana. Cuando me haya ido, Anthony hará los arreglos para un centro de cuido que no la cuidará del todo, pero donde será capaz de vivir con su tanque de oxígeno, donde le prepararán las comidas, donde se asegurarán de que no esté sola por la noche, que no fume con su tanque de oxígeno y que no salga a la calle sola.

Haré planes para volver a Miami Beach, de nuevo, y en la noche, voy a cerrar los ojos y nos veré exactamente como estábamos hace dos años:

Camino a lo largo del paseo marítimo en la costa norte, la pista de patinaje convertida en bandshell a sólo una cuadra de distancia, las mujeres corriendo en parejas, los nenes en patinetas, zigzagueando y casi atropellando a los peatones, giro a la derecha hacia la arena, hacia mi puesto favorito de salvavidas, azul, naranja y amarillo. Me quito mis chancletas, me dirijo al agua, luego camino hacia el norte a lo largo de la orilla, hacia Surfside, mientras las olas borran mis huellas. Y luego me encuentro con mi madre caminando por la misma ruta, en dirección opuesta, dirigiéndose al sur, fumándose un cigarrillo Camel, con sus tenis en mano, sus pies descalzos pateando nubes de arena. Cuando la veo, el sol en su cara, el viento en su pelo, las gaviotas en la distancia, sé que siempre sentiremos la misma pulsión, el llamado del océano.

Incluso cuando se haya ido, siempre nos encontraremos aquí.

Miami, 2018

CHINA Y YO llegamos media hora tarde. Es culpa mía. Me tomó tres horas prepararme, peinarme, maquillarme. Me cambié de traje tres veces. Me pierdo de camino a recoger a China aunque he estado en su casa más de diez veces.

Cuando por fin llegamos, es el novio quien nos abre la puerta. Se presenta, me abraza. China ya lo conoce, estuvo allí cuando se conocieron, pero es la primera vez que yo lo veo en persona.

—Gracias por venir —dice sonriendo—. Qué bueno que finalmente nos conozcamos. He oído hablar mucho de ti.

—Felicidades —dice China.

—Felicidades —digo, también, no estoy segura de qué más se supone que le debo decir a este hombre que se está casando con una de mis mejores amigas, alguien que ella conoció hace un mes. Se enamoraron de inmediato, me dijo en el teléfono. Ella tampoco podía creerlo.

Nos lleva arriba, donde todo el mundo nos está esperando, y allí está ella, con un vestido blanco que ella misma escogió, Boogie. Abraza primero a China. Y luego envuelve sus brazos alrededor de mí, y yo intento no llorar cuando me dice: «Te amo».

China será la madrina, y yo me pararé en el fondo, tomaré fotos con mi iPhone, viendo cómo él le coloca el anillo en su dedo. Ella sonreirá todo el tiempo, y habrá lágrimas en sus ojos, y aunque no hemos hablado mucho en el último año, me sentiré, egoístamente, como si la estuviera perdiendo, como si ya la hubiera perdido.

Puerto Rico, 2018

Exactamente un año después del huracán María, vuelvo a Puerto Rico. Mi amigo James viene conmigo para hacerme compañía. Va en el asiento del pasajero mientras guío la Jeep, me escucha emputarme por el tráfico, por las noticias, por la hipocresía de la seudoayuda de algunas personas mientras la isla está en crisis, por los fóquers de las criptomonedas y su dinero, por el gobernador vendepatria, por Trump, que sigue negando a los miles de puertorriqueños que murieron, todo el mundo fingiendo que las cosas van a volver a la normalidad, cuando los puertorriqueños negros siempre han estado en crisis. Un año después, y aún sigo en un estado de rabia constante.

Comemos en San Juan, nos dirigimos a Humacao, al caserío, y parqueo la Jeep frente a mi antigua escuela primaria por unos minutos. Comienza a llover. James me pregunta qué es exactamente lo que estoy buscando. Y la verdad es que no lo sé.

Nos dirigiremos al Malecón de Naguabo, donde pasé tantos fines de semana, tantos veranos escuchando salsa y comiendo alcapurrias y ensalada de pulpo frente al mar. Compramos un par de cervezas, caminamos por el malecón mirando las olas, las casas de los acantilados al otro lado del agua. La mitad de los quioscos están cerrados, dañados tras el paso de María. Una casa cercana frente al mar se está desmoronando. Aquí es donde nació mi abuela, le digo a James. Mi familia es de aquí. En aquellos días, el barrio de mi abuela tenía la comunidad negra más grande de Naguabo.

Conducimos a Fajardo, a Santiago Iglesias Pantín, donde estaba el liquor store de mi padre, justo debajo de la casa de mi abuela. Me acerco a la plaza al otro lado de la calle, conozco el camino. La veo enseguida.

La última vez que vi la casa de mi abuela, un año antes, estaba vacía, abandonada. Pero ahora está destruida. La casa de la abuela, que solía ser amarilla y blanca, está pintada de color guayaba y azul, con trozos de cemento y bloques de cemento desmoronados, y huecos donde antes estaban las ventanas. En el lado de la casa, alguien ha pintado con espray *XL Los Black Magic* y *BM* en blanco. Abajo, donde papi tenía el liquor store, todas las ventanas y las puertas ya no están. Hay tablas rotas en algunas ventanas, como si alguien hubiera tratado de taparlas. Hay barras de metal oxidadas en la entrada principal, rotas y tiradas. En el interior, hay botellas y latas, los restos de los homeless, una manta sucia, demasiada basura.

He soñado con este lugar tantas veces, el balcón donde abuela ponía sus plantas, los pollos que criaba atrás, la cocina de abuela, el retrato de abuelo en la pared, Caviche Liquors, mi padre arrastrando la madera para los pisos, clavando tablas, puliendo, tiñendo, poniendo los toques finales. Cómo él construyó esto desde cero.

¿Cómo seguimos viviendo en el mundo cuando todo lo que construimos ya no está? ¿Cómo podemos siquiera continuar?

En el carro, en el camino de regreso, seré fuerte. James leerá Octavia Butler por un tiempo, y luego me leerá una entrevista a Dionne Brand, y hablaremos y me reiré, pero más tarde, después de que él se duerma, me iré al baño y lloraré. Agarraré el lavamanos con ambas manos y me mantendré firme, y sentiré esta cosa en el pecho, algo que no podré describir, algo tan espeso y tan pesado que apenas podré respirar.

Capitol Hill, 1954

DESPUÉS DE SU encarcelamiento, Lolita habló de visiones. En la cárcel, dijo que había oído la voz del mismo Dios. Fue visitada por ángeles, por Jesucristo, por la Virgen María en su celda. Dios le había otorgado una misión divina.

Me imagino que mucho después de ser condenada y sentenciada a cincuenta y seis años en una prisión federal, el día del tiroteo se había convertido en una obra de Dios: el viaje en tren desde Nueva York a Washington, D.C., Lolita sentada junto a la ventana mirando el campo, entregándose a la idea de morir en nombre de la libertad. Cómo conoció a Rafael Cancel Miranda, Irvin Flores y Andrés Figueroa Cordero, los tres hombres que la seguirían hasta el Capitolio, hasta lo que llamaban la «Galería de las Damas». Cómo después de una comida en Union Station, ya tarde, los cuatro se perdieron. Cómo vagaban por las calles, desconocidos en este lugar extranjero, en esta ciudad tan lejos de casa, hasta que finalmente pidieron direcciones. Cómo cuando empezó a llover, en los escalones del Capitolio de los Estados Unidos, Rafael señaló la hora en su reloj, le pidió a Lolita que esperara. Cómo ignoró la hora, la lluvia, los tres hombres nerviosos, todo poniendo a prueba su determinación. Cómo vio la duda, el miedo en cada uno de sus rostros, y pensó: estoy sola. Cómo había decidido, de nuevo en ese tren, que iba a sacrificar su vida por su isla. Y luego lo dijo: «Estoy sola», dejando a los tres hombres atrás para seguirla o darse la vuelta. Había venido aquí a morir.

Lolita de pie frente a ese edificio del gobierno, una mujer entre todos esos hombres. Cómo había estado viviendo en un país que no sentía suyo. Cómo recordaba a los colonos europeos que violaron y esclavizaron y mataron a los taínos que no entrega-

ron sus tributos de oro y el algodón hilado, las manos cortadas,
los cuerpos tirados por las orillas del río. Los comerciantes de
esclavos europeos que robaron y esclavizaron y violaron y asesinaron a los africanos, los llevaron, encadenados, a través de los
continentes. Puerto Rico, incautado, saqueado, primero por los
colonizadores, después por los estadounidenses que confirieron
la ciudadanía a los puertorriqueños sólo para que pudieran ser
reclutados para el servicio militar durante la Primera Guerra
Mundial, pero a los que no se les permitió el mismo derecho de
voto que a otros ciudadanos estadounidenses. Las mujeres puertorriqueñas esterilizadas por el gobierno estadounidense sin su
consentimiento. Pueblos que se convirtieron en ciudades fantasma, todas las escuelas cerradas porque no había más niños.
Bürekün, Borikén, Borínquen, Puerto Rico. Nuestra historia,
nuestra cultura, nuestra negritud, nuestros nombres, nuestra
gente. Robados. Borrados. ¿Había escuchado Lolita las historias?
¿Las había leído en los libros de su padre antes de convertirse en
una luchadora por la libertad? ¿Los llevó con ella? Lolita subiendo las escaleras hasta la Galería de las Damas, posicionando su
pistola Luger, Bürekün, Borikén, Borínquen, Puerto Rico, viva
Puerto Rico libre, toda esa gente en las calles de Ponce cantando
mientras la banda tocaba «La Borinqueña», el sermón del sacerdote de la misa católica de esa mañana todavía fresco en sus
mentes, la palabra del Señor, la penca de palma en sus manos,
sus rostros, cuando el primer disparo sonó, los Tommy Guns
detonando, la tierra abriéndose como una herida.

«Estoy sola», dijo, pero lo que realmente quería decir era: soy
mujer.

Miami, 2018

MI AMIGO KEITH y yo llegamos juntos a Miami. Estamos aquí para una lectura benéfica para PageSlayers, una organización sin fines de lucro que brinda campamentos de verano de escritura creativa gratuitos a los niños de escuela pública, impartidos por escritores de color, un proyecto cercano a mi corazón. Keith y yo nos ofrecemos como voluntarios para leer en la recaudación de fondos, y Dana, la fundadora —y mi antigua estudiante— nos recoge en el aeropuerto.

Keith y yo pasamos el día visitando mis viejos lugares en Miami Beach y Wynwood. Caminamos por Ocean Drive por un tiempo, le muestro la Escuela Elemental Ida M. Fisher, algunos de los edificios donde viví de niña. Nos detenemos en un puesto donde una mujer vende joyas, llaveros, pulseras. Keith coge una pulsera que dice «Best Friends ».

—Ay —dice—, deberíamos comprarnos unas de éstas.

La sostiene y le pregunta a la mujer:

—¿Cuánto vale?

Elijo una azul, mi color favorito, me la pongo, y después de que le pagamos, caminamos por la calle con nuestras pulseras de amistad, como dos niños.

La noche antes de la lectura, Keith y yo recogemos a China, vamos a Duffy's en North Miami Beach por bebidas y hamburgers. Dana se nos une allí, y luego mi amigo Evy, y nos sentamos afuera, en una mesa al lado de la piscina mientras el DJ pasa una mezcla de hip-hop de la vieja escuela, Salt-N-Pepa y L.L. Cool J. y Biggie. Tomamos shots de Patrón, comemos batatas fritas del plato de Keith, nos tomamos selfies con nuestros ojos bizcos y lenguas por fuera. Keith y yo tomamos fotos mostrando nuestras muñecas, mostrando nuestras pulseras de amistad. Keith dice, canturreando: «Best Friends».

Cuando Keith está hablando con Dana, China se inclina hacia mí, y pregunta:

—¿Están saliendo?

—Somos amigos —digo—. Lo quiero, pero no así.

China me echa un vistazo.

—Déjate de mierdas —digo yo.

—Parece que están juntos —dice—, la forma en que se miran el uno al otro.

—Es la misma forma en que te miro a ti —digo—. De la misma manera que miro toda la gente que quiero, como a mi familia.

Sonríe, me abraza.

—Yo también te quiero, bitch.

Veo a Keith que nos está sonriendo.

Evy cuenta la historia de cuando estábamos en Nautilus, en séptimo grado, cuando China quería luchar contra ella.

—Jaqui y yo éramos muy cercanas, éramos partners in crime. ¡Pero China me odiaba! Ni siquiera sé por qué.

Tomo un sorbo de cerveza, me lo chogueo con la cabeza para atrás, me río, muy fuerte.

—¡Porque estaba enamorada de mí y estaba celosísima!

Todos se ríen.

China se tapa la cara con las manos. Luego las aparta y dice:

—Porque era una nena. Era inmadura. Y también porque amaba a mis amigas y era sobreprotectora.

Me dirijo a Keith:

—Sigue igualita.

El camarero trae otra ronda, y levanto mi shot. Dana me sonríe desde el otro lado de la mesa, levanta el suyo también. China se baja el suyo, rápido.

—¡Bitch, iba a hacer un brindis! —digo yo.

—Tengo que guiar —dice Evy, y deja su shot sobre la mesa.

Keith no está bebiendo, nunca bebe. Así que me tomo su shot y China el de Evy.

—Salud, dinero, y amor —digo—, que belleza sobra.

Y bebemos.

Evy se inclina sobre la mesa.

—Entonces, ¿cómo se conocieron? —pregunta, refiriéndose a Keith y a mí.

—Nos conocimos hace unos años, en una conferencia de escritores —dice.

Seguimos hablando, contando historias, bromeando, bebiendo, y es extraño, pero también cool, que mi mejor amiga y mi amigo de escritura y mis amigas de la niñez, todos ellos de mundos completamente diferentes, estén sentados en la misma mesa riéndose de los mismos chistes.

Antes de que se acabe la noche, la música sonará más fuerte y todos nos pondremos de pie, dejaremos nuestras bebidas atrás, y tomaré la mano de Keith y todos nos dispersaremos por la pista de baile improvisada al lado de la piscina y bailaremos sin pensarlo dos veces mientras todo el restaurante mira, la gente en la mesa de al lado ríe, y luego todos ellos se levantarán, también. Después las luces se apagarán y la pista de baile estará llena y estaré rodeada de la gente que amo. Pensaré en mis amigos: Boogie y yo, no llegábamos a los quince años, las dos con trajes negros y tacones, cantando en un club en Ocean Drive. Shorty y yo, caminando de una punta a la otra por Bayside, flirteando con todos los chicos, bailando salsa en los boat parties. Evy y yo, pasando notas en la clase de Educación Cívica, nadando con Beba en la piscina de Forte Towers. China y Flaca y yo, las tres posando para fotos fuera de Miami Beach High, yo pillando a China por sorpresa, poniendo mis manos sobre sus hombros, saltando sobre su espalda, y China, gritando, riendo. Y Keith, firmando su libro para mí, *Generación Oz*, cómo me escribe «I love you!», y cómo le digo que yo también el día después de las elecciones de 2016, y más tarde, cuando las noticias se tornan sombrías, después de que una persona negra tras otra persona negra tras otra persona negra fuera asesinada por la policía, y meses después de eso, cuando él me pide un simple favor. «Sabes que te quiero», digo. «Mataría dragones por ti».

Muchos años después, volveré a esa pista de baile. Me meceré de un lado a otro y la música me llenará y seré una muchacha nuevamente. Mis panas estarán allí, y bailaremos toda la noche, una canción tras otra, y estaremos riendo y nos reiremos en brazos del otro. Tendré trece años de nuevo, o catorce, o veintiséis, o treinta, respiración y ritmo, todos torpes y ridículos y perfectos. Seremos jóvenes, estaremos vivos, y estaré profundamente agradecida por estos amigos. Sabré que tuve suerte de encontrarlos, de tener el tipo de amigos que puedes llevar por todo el mundo, que vuelan contigo a Puerto Rico, que te abrazan en el funeral de tu abuela, que te invitan a su casa, te invitan a ser parte de sus familias, que cuidan de ti, que te vigilan, que luchan por ti, que te dan ganas de ser mejor persona, que te dan su tiempo y su atención, que comparten sus secretos, sus sueños, sus comunidades, que aparecen cuando los necesitan, que te ven, que oyen tu llamado desde cientos de kilómetros de distancia, y lentamente, lentamente, con su amor, te devuelven la vida.

Muchachas ordinarias

A veces, en sueños, vuelvo a aquellos lugares donde pasamos nuestra niñez, donde comenzamos nuestras vidas, donde soñamos con ser mujeres. A veces puedo visualizarnos: muchachas caminando por Lincoln Road con sus disfraces de Halloween, bailarinas, roqueras punk y novias de Frankenstein; muchachas bailoteando y dándose vueltas las unas a las otras en la pista de baile del Miami Beach Community Center de Ocean Drive; muchachas persiguiéndose entre sí en el campo de Educación Física en Fisher; muchachas que pelean en la parada de guagua frente a la Escuela Intermedia Nautilus. Y a veces estoy sólo yo: una nena sosteniendo la mano de su padre en la plaza del pueblo de Ciales, una nena leyendo los libros de su padre, una nena pasando sus dedos sobre el moriviví.

Ya no somos muchachas. Ahora somos mujeres. China es asistente médica en una clínica de cirugía estética, y madre soltera, criando a sus tres nenes por su cuenta. Boogie es enfermera, sus hijos ya adultos. Shorty es la gerente general de un hotel en los Cayos de la Florida. Flaca es asistente ejecutiva en una firma inmobiliaria.

Pero algunas de nosotras no lo logramos: Beba. Chanty. Pienso en ellas casi todos los días. Las llevo conmigo, sus risas fuertes pal carajo haciéndose oír por encima de las gradas en el gimnasio de la escuela, la forma en que se zambullían en la piscina y hacían un splash que era más grande que todo el grupo entero. La forma en que las fosas nasales de Chanty se ensanchaban cuando sonreía. Beba siempre convirtiendo algo en una caricatura.

Ellas son sobre quienes escribo y para quienes escribo. Para las muchachas que fueron, para la muchacha que fui, para las muchachas de todo el mundo que son como nosotras solíamos ser. Para las muchachas negras y trigueñas. Para las nenas en el carrusel haciendo girar el mundo. Para las nenas salvajes y las pariseras, las malhabladas y las buscabullas. Para las muchachas que están enojadas y perdidas. Para las muchachas que nunca se vieron reflejadas en los libros. Para las muchachas que aman a otras muchachas, a veces en secreto. Para las muchachas que creen en los monstruos. Para las muchachas que están al límite, listas para volar. Para las muchachas ordinarias. Para todas las muchachas que me rompieron el corazón. Y para sus madres. Y para sus hijas. Y si yo pudiera volver atrás en el tiempo y en el espacio a esa muchacha que yo era, a todas mis muchachas, te diría que te cuides, que se amen, que peleen menos, que bailes, bailes, bailes hasta que no puedas respirar. Y maldita sea, nena. Vive.

AGRADECIMIENTOS
\|\/\|\/\|\/\|\/\|\/\|\/\|\/\|\/\|\/\|\/\|\/\|\/\|\/\|\/\|\/\|

Primero, ante todo, y siempre: a abuela. La mujer afropuer-
torriqueña que me crió, amó y me cargó durante todos esos
años. Quien me carga todavía. Te quiero y te adoro.

Por su generoso apoyo durante los años que tomó escribir este
libro, le doy las gracias a la MacDowell Colony, al Centro de
Artes Creativas de Virginia, a la Fundación Ragdale, al Insti-
tuto de Escritura Creativa de Wisconsin, a Kenyon College y a
la *Kenyon Review*, al Programa de Escritura Creativa de la Universidad de Florida Central, al Programa de Escritura Creativa
de la Universidad de South Florida, al Consejo de las Artes de
Ohio, al Bread Loaf Writers' Conference, al Sewanee Writers'
Conference, al Tin House Writers' Workshop, al Center for
Women Writers de Salem College, al National Endowment for
the Arts, al Hambidge Center for the Creative Arts and Sciences,
a la John D. and Catherine T. MacArthur Foundation, a la Mrs.
Giles Whiting Foundation, a la Elizabeth George Foundation y
al Florida Individual Artist Fellowship.

Gracias al Departamento del Programa de Escritura Creativa
de la Universidad de Wisconsin-Madison: Amy Quan Barry, Ron
Wallace, Ron Kuka, Amaud Jamaul Johnson, Sean Bishop, Jesse

Lee Kercheval y Judith Claire Mitchell. Qué sueño ha sido volver y terminar este libro en Madison. Y gracias al personal, a los compañeros y a mis estudiantes. Todos ustedes son increíbles.

Estoy muy agradecida a mi agente, la brillante y maravillosa Michelle Brower, que se sienta conmigo cada vez que tiene la oportunidad y escucha mis sueños y luego trabaja como el diablo para hacerlos realidad. Soy tan afortunada de tenerte. Gracias a mi generosa editora, Kathy Pories, por sus consejos, por escuchar y por creer en este libro. Y mi afectuoso agradecimiento a toda la gente de Algonquin Book que se unió detrás de este libro, especialmente a Lauren Moseley, quien escuchó y creyó en él antes de que fuera incluso un libro. Y para Michael McKenzie y Carla Bruce-Eddings. ¡Gracias!

Gracias a los editores y revistas que apoyaron mi trabajo, especialmente a Jonathan Franzen y Robert Atwan de *The Best American Essays*, Celia Johnson y Maria Gagliano de *Slice Magazine*, Krista Bremer, Molly House, Derek Askey (tenías razón sobre Nicki Minaj) y toda la gente de *The Sun Magazine*, Sari Botton de *Longreads*, Lance Cleland, Michelle Wildgen, Thomas Ross y toda la gente de *Tin House*, The Pushcart Prize Anthology, Dinty Moore, Jessica Reed de *The Guardian*, Chekwube O. Danladi de *Ninth Letter*, Dinah Lenney, Cara Blue Adams de *Kenyon Review*, Marcia Aldrich, Karl Taro Greenfeld, Ryan Rivas y Shane Hinton de Burrow Press, *The Fader*, Deesha Philyaw y *The Rumpus*, *T: The NYT Style Magazine*, la Dra. Ivelisse Rodríguez, Kathie Klarreich, Jennifer Maritza McCauley, *Rolling Stone*, *TriQuarterly*, G.C. Waldrep y *West Branch*, John D'Agata y al Essay Prize de la Universidad de Iowa.

Por su amistad y apoyo incondicional durante los tiempos más oscuros, a Margaree Little y Rebecca Seiferle (¡y Oso!). Gracias, Geeta Kothari, Dra. Clara Román Odio, Dra. Ivonne Sarah Heidt, por todo su apoyo. Gracias a la Universidad de Miami, al Miami Book Fair International, al Centro de Escritura y Literatura del Miami Dade College, al Hotel Betsy, Books & Books, Siân Griffiths y a Weber State University, la Fundación YoungArts, Dana DeGreff, Andrew Boryga y PageSlayers, Write a House, el Notre Dame Arts & Culture Center, Kyle Dacuyan y PEN America, Rosebud BenOni, Nicole Cullen y Mehdi Tavana Okasi, Jill Talbot y la University of North Texas, la Blue Field Writers House en Detroit, a Jamie Lyn Smith, Ru Freeman, Nita Noveno y Sunday Salon, Lilliam Rivera, Kima Jones y a todo el equipo de Jack Jones Literary Arts. Gracias, Miami. A los maestros de escritura y líderes de talleres de escritura que vieron algo en mi obra, incluso cuando yo no lo veía: Douglas Williamson, Cecilia Rodríguez Milanés, Jocelyn Bartkevicius, Terry Ann Thaxton, Dan Wakefield, John Henry Fleming, Rita Ciresi, Ira Sukrungruang, Jo Ann Beard.

Son tantos los amigos (demasiados para nombrarlos a todos) que me han mantenido en pie todos estos años, durante la escritura de este libro, en maneras grandes y pequeñas: Walton Muyumba, por tu amistad, por tus palabras, por creer en mí. Karen Russell, mi hermana de Miami, por tu calidez y generosidad. A Sheree Renée Thomas, el mundo es un lugar mejor gracias a ti. Adriana Páramo, por tu generosidad. Sharon Pinson, Shima Carter, M.J. Fievre, Adeline Oka, Amina Gautier, Anjanette Delgado, Melissa Chadburn, Jonterri Gadson, Joseph Earl Thomas, Yesenia Flores Díaz, Laurie Thomas, Melissa Falcon Field, Angela Palm, Shamala Gallagher, Kimberly Elkins, Tiana Clark, Chaney Kwak, Phillip B. Williams, Rion Amilcar Scott, Chelsea Voulgares, Christina Askounis, Randall Tyrone, Michelle Peñaloza, Kavita Das, Tabitha Blankenbiller,

Jeremy Hawkins, Julie Bloemeke, Julia Ridley Smith, Julie Alpert, Destiny Birdsong, Christina Stoddard, Kateema Lee, Courtney Sender, Doreen Oliver, Elisha Wagman. Gracias, Eric Sasson, (El Graciosísimo Embajador de la Comunidad Gay). El MacDowell Queer Coven, Guinevere Turner, Naomi Jackson, Amy Lam, Melissa Sipin y Kristin Dombek, que me hizo bailar, reír, y sentir todos los sentimientos humanos. Patricia Engel y Jennine Capó Crucet, por sus historias de Miami. Tenemos suerte de tenerte. Aurielle Lucier, Kimberly Reyes, Erica Anyadike, Rebecca Fisseha, Nicole Sealey, John Murillo, todos ustedes hicieron que Nairobi y Loita Hills mejoraran, muchísimo. Maaza Mengiste, Marco Navarro, Jenny Zhang y Gabriel Louis, por los días y noches locas en Tiflis y Estambul. Un agradecimiento de todo corazón a Luis Alberto Urrea y Cindy Urrea, que me ayudaron a ver lo que este libro podría ser, lo que yo podía ser. Y a mis Bread Loaf Homies, que dieron (y me siguen dando) tanto: Jen Choi, Aurvi Sharma, Elena Passarello, Laura Wagner, Casandra López, Katie Moulton, Nick Robinson y Char Gardner. Gracias. A Vanessa Mártir, por tu amistad y aliento y tu luz. No puedo esperar a ver tu libro en el mundo. Kenyatta Rogers, por todas las horas que hemos pasado hablando mierda, bailando y riendo. Keith S. Wilson, mi amigo, compañero de escritura Young Adult, mi mejor amigo. Me robaste mis medias de alien. Pero te perdono.

Gracias a T Kira Madden, John Murillo, Sandra Cisneros, Nelson Denis, Audre Lorde, Julia Alvarez y Karen Russell por sus palabras.

Lázaro Figueroa. Que en paz descanses.

Gracias a mi pueblo, y gracias a toda mi gente del caserío. Palante, que Puerto Rico se levanta.

Gracias a todos en HarperCollins Español, especialmente a Edward Benítez, Ariana Rosado Fernández y Laura Rivera Ayala, por hacer realidad uno de mis sueños: traer *Muchachas ordinarias* al mundo en español boricua.

A mis nenas, a mi familia, a Cheíto, y a todos ustedes a los que no he nombrado, o cuyos nombres he cambiado por privacidad: estoy viva porque ustedes me amaron. Gracias por confiar en mí con sus vidas y sus historias. Por los días buenos y los días malos, por todos los días llenos de alegría. Gracias por perdonarme una y otra vez. Hermana: te extraño, siempre. Papi: gracias por los cuentos. Cheíto: siempre creíste en mí, siempre me apoyaste. Gracias.

Lars: me diste cielos, peces torpedo, tanta música. Eres cada río, cada océano, mantarraya, caballito de mar. Cisne y minotauro. Electric. Ultramarine. Todos y cada uno de los tonos de azul.